제대로 된 통역·번역의 이해

제대로 된 통역·번역의 이해

통역·번역학 박사
정 호 정 지음

한국문화사

 통역·번역의 이해

1판 1쇄 발행 2007년 10월 30일
2판 1쇄 발행 2008년 9월 10일
2판 2쇄 발행 2011년 9월 10일
2판 3쇄 발행 2013년 3월 15일
2판 4쇄 발행 2016년 2월 25일
2판 5쇄 발행 2018년 8월 30일
2판 6쇄 발행 2021년 5월 10일

지 은 이 | 정호정
펴 낸 이 | 김진수
펴 낸 곳 | 한국문화사
등   록 | 제1994-9호
주   소 | 서울시 성동구 아차산로49, 404호(성수동1가, 서울숲코오롱디지털타워3차)
전   화 | 02-464-7708
팩   스 | 02-499-0846
이 메 일 | hkm7708@hanmail.net
홈페이지 | http://hph.co.kr

ISBN 978-89-5726-594-9 93740

- 이 책의 내용은 저작권법에 따라 보호받고 있습니다.
- 잘못된 책은 구매처에서 바꾸어 드립니다.
- 책값은 뒤표지에 있습니다.

Avec Lui

|저|자|서|문|

⌘ 지난 봄학기 통역·번역대학원 '번역 세미나' 수업. 이론 중심의 세미나 수업임에도 불구하고 강의에 들어왔던 통역·번역대학원생들의 신신당부는 "실제 현장에서 써먹을 수 있도록 이론강의는 최소화해 달라"는 것이었다. 이번 가을학기. 생각이 변한 것일까? 그때 '이론'을 극구 사양했던 학생들의 절반이 나의 '심한 만류'에도 불구하고 '번역 프랙티컴' 수업에 다시 들어와 이번에는 "실제에 적용할 수 있는 이론들을 가르쳐달라."고 요구한다.

지난 1995년부터 전문대학원에서 번역을 가르쳐오고 있고, 2000년 학부 통역·번역 트랙이 만들어지는 과정에서부터 함께 해오고 있으니, 그 동안 통역·번역을 가르치는 일로 보낸 시간만도 13년. 학생들의 가장 큰 고민은 "무엇이 잘 된 통역·번역인지 기준이 없다"는 것이다. 학생은 똑같은데 교수자에 따라 잘했다 못했다 평가가 갈리니 천국과 지옥을 왔다 갔다 하다 보면 "도대체 통역·번역 평가에는 기준이 있을 수 없는 것인가?" 답답해한다.

어떤 통역을 들었을 때, 또는 어떤 번역결과물을 보았을 때, "아, 좋은 통역이구나!" "잘된 번역이구나!" 반응들은 대부분 공통적이다. 그러나 누군가가 의견을 달리하면 반박하기가 어렵다. 반박의 근거를 객관적으로, 혹은 적어도 간주관적으로(intersubjectively) 제시하기가 어렵기 때문이다. 이론은 '간주관성' 확보를 도와주는 지름길이다.

학생들에게 '방어운전'처럼 '방어번역'을 할 수 있어야 한다고 강조한다. 번역의뢰인이나 번역비평가, 교수, 번역사가 나의 번역에 '딴지'를 걸고 다른 대안이 더 낫다고 '처방(處方)'을 제시할 때, 왜 나의 선택이 정당한지, 왜 내가 택한 번역기재가 더 타당성을 가질 수밖에 없는지를 합리적으로 설명할 수 있어야 한다고 가르친다. 그러자면 제기될 수 있는 문제들을 미리 예상할 수 있어야 한다. 문제들을 예상할 수 있으려면 '번역의 문제'가 될 수 있는 구체적인 고려사항 들을 알고 있어야 한다. 다양한 대안들을 알고 구체적 번역상황에서 각 대안의 효용을 평가할 수 있어야 한다. "총천연색으로 그릴 수 있는 그림을 흑백 색연필밖에 없어 흑백으로 그려내는 화가"는 되지 말라는 말도 잊지 않는다. 이런 모든 것들에 대해 이론은 출발점이 되어주고 나아갈 방향을 제시해준다.

Neubert는 번역학을 "방이 무수히 많은 집(a house of many rooms)"이라고 불렀던가? 통역·번역학 이론에 접근하는 일은 생각보다 녹녹치가 않다. 언어학, 인지심리학, 커뮤니케이션 이론, 정보처리과학, 언어철학, 문화학 등 수많은 인접학문분야의 학문적 성과가 공존하고 있어, 동일한 현상을 기술하고 설명하는 데에도 서로 다른 용어들이 넘쳐난다. 전제와 접근법이 달라 양립이 불가능한 이론들도 있고, 똑 같은 이야기를 용어만 바꾸어 다시 설명하는 이론들도 있다. 학파마다 자신의 주장이 가장 타당하고 설득력이 있다고 내세울 뿐만 아니라, 연구자들의 분포도 세계적이어서 이름을 발음하기도 어려운 학자들이 부지기수이다. 추상적 개념과 이질적인 접근법과 다양한 연구성과의 홍수 속에 가라앉지 않고 헤쳐나가려면 적절한 안내가 필요하다는 생각이 절로 들게 된다.

이 책은 '친절한 안내자'의 역할을 자임하기 위해서 쓰여졌다. 가능한 한 다양한 이론을 쉽게 소개하는 것, 균형감각을 갖고 이론들을 검토하는 것, 여기저기 산재해 있는 서로 다른 연구전통을 하나의 줄거리로 엮어내는 것,

적절한 우리말 입문서가 없어 원서의 추상적 개념과 씨름해야 했던 연구자들에게 한국어-영어의 대응어쌍을 제시하는 것—이 책을 쓰게 한 구체적인 동인(動因)이다.

'부끄러움을 가르칩니다'라는 소설 제목처럼, 원고를 끝내면서 아쉬움을 느끼는 것은 모든 저자의 공통된 소회(所懷)일 것이다. 용어정의와 용어목록 형식은 물론 중요개념을 설명하는 방식에 이르기까지, 시간이 조금 더 있었으면 달라졌을 것들이 너무 많다. 하지만 학생들에게 늘 입버릇처럼, '과감히 실수함으로써 반면교사(反面敎師)할 기회를 갖고 싶어' 부끄러움을 무릅쓰고 일단 원고를 접었다. 보다 성실한 증보판을 내어야겠다는 생각에 벌써 마음이 바쁘다.

무더웠던 봄 끝자락부터 여름 지나 가을이 다 가도록 공연히 혼자 바쁜 엄마를 견뎌준 희재와 희지, 컴퓨터 앞에서 졸고 있을 때 진한 커피를 내밀며 채근해준 남편 라우렌시오에게 한없이 감사한 마음이다. 기획단계에서 공감하고 서둘러준 최도욱 과장님, 야근을 밥먹듯하며 편집을 맡아준 김태균 부장님, 바쁜 중에도 환한 웃음을 잃지 않은 유승희 선생님 등 한국문화사 식구들에게도 고마움을 전한다.

2007년 가을
저자 정호정

|2|판|서|문|

⌘ 책을 낼 때의 마음은 대부분 비슷할 것 같다. 책을 쓰는 동안은 어떤 힘에 휩싸여 써내려 가는 데에만 정신이 팔려 아무 생각이 없지만, 막상 마무리할 때가 되면 미진하고 부끄러운 심정 때문에 마침표를 찍기가 어렵다. 2007년 가을『제대로 된 통역·번역의 이해』초판을 낼 때도 마찬가지였다. 서문을 쓰면서 "보다 성실한 증보판을 낼 생각에 벌써부터 마음이 바쁘다"고 말한 것은 단순한 소회라기보다 스스로에 대한 다짐이었는데, 개정판 원고를 넘기는 오늘, 여전히 마음은 미진하고 묵직하다. 서둘러 개정판을 낼 것인가, 아니면 좀더 확실하게 증보판을 내기 위해 더 기다릴 것인가의 고민에 대한 답이 개정판 쪽으로 굳어진 순간이다. 초판이 나오자마자 책이 절판된 마당에 독자들의 기다림을 더 이상 방치할 수 없는 것도 개정판 쪽으로 기울어진 이유이다.

초판을 내자마자 감사하게도 많은 분들이 관심을 보여주셨다. 통역·번역에 막연한 호기심을 갖고 있던 일반 독자들이 통역·번역을 제대로 아는 계기가 되었다는 감사 메일을 주시기도 했다. 통역·번역을 공부하는 학생들도 좋은 길라잡이가 생겼다고 반겼지만, 특히 통역과 번역 관련 과목을 가르치시는 교수님들은 교재로 삼을 만한 책이 생겼다고 과분할 만큼 기뻐해주셨다. 연구자들은 연구자들대로 많은 피드백을 주셨는데, 그 중에서도 특히 영어 이외의 언어를 제2언어로 사용하는 연구자들이 영어와 한국어의 학문적 대응어를 쉽게 확인할 수 있어서 '작은 사전(?)'으로서의 활용도가 높다며 반겨준 것도 뜻밖의 소득이라면 큰 소득이다.

『제대로 된 통역·번역의 이해』 이후 통역과 번역을 각각 다루는 책들의 출간이 이어지는 것을 보면서 작은 물꼬를 트는 역할은 한 것 같아 기쁜 마음이 든다. 이 책을 기획하면서 가진 생각이 하나 있다. 통역·번역을 둘러싼 수많은 이론들을 단순히 요약하여 정리하기보다는, 각 장이 유기적으로 연결되어 책 전체가 하나의 이야기를 이루는 구조가 되도록 하겠다는 마음, 전체적으로 하나의 '이야기 들려주기(story-telling)'의 형태가 되도록 책을 쓰겠다는 것이었는데, 이런 방식으로 책이 되었다는 것도 위안이다.

하지만…

수업에서 내게 통역과 번역을 배우는 학생들이 통역번역 실습 후 크리티킹(critiquing)을 기다리면서 가장 두려워하는 말이 이 "하지만…"인 것처럼, 이 반전(反轉)의 접속사 뒤에 숨어 있는 질책들을 분명히 알고 있다. 자신의 통역과 번역이 절대적 최선이라고 생각하며 세상에 내놓는 통역사나 번역사는 없을 것이다. 자신이 처한 그 순간 그 공간, 그 구체적인 통역·번역 상황에서 내놓을 수 있는 유일한 대안으로서 내놓아지는 것이 통역과 번역이다. 마찬가지 심정으로 일단 개정판 원고를 내어놓는다. 부분부분 더 세심한 퇴고 과정과 내용 추가가 꾸준히 이루어질 수 있도록 독자 여러분들의 적극적인 피드백을 기대해본다.

2008년 8월
저자 정호정

| Contents | 제·대·로·된·통·역·번·역·의·이·해 |

PART 01 통역·번역이란 무엇인가?

제1장 통역·번역과 커뮤니케이션　　　　　　　　　　1

1.1. 통역·번역을 어떻게 정의할 것인가?__1
1.2. 커뮤니케이션으로서의 통역·번역 __3
1.3. 커뮤니케이션이란? __4
1.4. 커뮤니케이션의 4대 요소 __5
1.5. 커뮤니케이션의 성공과 실패 __11
1.6. 소통 중심의 통역·번역 __17

제2장 커뮤니케이션의 이해　　　　　　　　　　　22

2.1. 커뮤니케이션의 본질과 경제성의 원리 __22
2.2. 함축 및 추론과 경제성의 원칙 __25
2.3. 적합성 이론의 비용-효용 모델 __26
2.4. 협동의 원칙과 대화의 4대 격률 __27
2.5. 대화의 격률의 의도적 위반과 추론 __32
2.6. 명시의-비(非)명시의/ 외연의-내포의 __34
2.7. 추론의와 집단공유지식 __35
2.8. 이문화간 커뮤니케이션과 공유배경지식 __38

제3장 전문직으로서의 통역사/번역사　　　　　　40

3.1. 메시지의 문화특수성 __40
3.2. 언어장벽과 문화장벽의 중개 __44
3.3. 통역사/번역사의 자질 __46
3.4. 통역사/번역사의 언어 분류 __51
3.5. 특수언어와 한영 통역·번역 __53

3.6. 삼자간 대화와 통역사/번역사의 역할__54
3.7. 전문통역사/번역사단체__56
    3.7.1. 국제회의통역사협회(AIIC)__56
    3.7.2. 세계번역사연맹(FIT)__57
3.8. 용어의 표준화: 번역자-번역사-번역가__58
3.9. 제반분야전문가 대 특수분야전문가__61
3.10. 통역사/번역사의 전문성__63

PART 02 통역·번역의 핵심 개념

제4장 번역가능성   69

4.1. 직역 대 의역 논쟁__69
4.2. 번역가능성의 정의__72
4.3. 순수언어와 번역가능성__72
4.4. 의미: 시니피앙과 시니피에__76
4.5. 어휘·문화적 공백과 번역가능성__77

제5장 메시지와 의미   81

5.1. 의미의 정의 및 분류__82
5.2. 적합성 이론의 설명__87
5.3. 언어장 이론__89
5.4. 틀과 스크립트 이론의 '학습되는 프레임'__91

제6장 등가와 대응   98

6.1. 의미의 형태와 내용__98
6.2. 등가와 대응__99
6.3. 등가의 양적(量的) 관계 중심의 분류__101
6.4. 다양한 층위에서의 등가__102

6.5. 텍스트적 등가__104
6.6. 기능적 등가__104
6.7. 해석이론의 '등가'와 '대응'__105
6.8. 등가에서 대응으로 __110

제7장 텍스트 규범과 수용가능성　　　　　　　　　　111

7.1. 번역학에의 접근법__112
7.2. 기술적(記述的) 접근법__113
7.3. 번역규범__115
7.4. 번역보편소__117
7.5. Chesterman의 번역 규범 분류__120

PART 03 통역·번역 이론

제8장 통역·번역모델　　　　　　　　　　　　　　　127

8.1. 커뮤니케이션 모델__128
8.2. 삼단계 전이 모델 및 채널 모델__130
8.3. 해석이론의 삼각형 모델__133
8.4. 기능주의적 접근__137

제9장 번역과 번역학의 분류　　　　　　　　　　　143

9.1. 번역학의 구성 __144
　　9.1.1. Holmes의 번역학 세부 분야 도해(圖解)__144
　　9.1.2. Toury의 번역학 세부분야 도해__146
9.2. 번역의 분류__147
　　9.2.1. Jakobson의 번역 분류__147
　　9.2.2. Newmark의 번역 분류__148
　　9.2.3. Nida의 번역방식의 분류__149

  9.2.4. Gutt의 번역 분류__150
  9.2.5. House의 번역 분류__151
  9.2.6. Nord의 번역 분류__151
 9.3. 적절한 번역 유형의 선택__155

제10장 번역사의 결정   157

 10.1. 결정과 문제해결__157
 10.2. 번역을 둘러싼 결정의 어려움__158
 10.3. 번역사 결정의 두 가지 층위__159
 10.4. 번역과정의 계획__161
 10.5. 번역 브리프__162
 10.6. 상향식 번역 과정__163
 10.7. 하향식 번역 과정__164

제11장 번역사의 중개 기재   167

 11.1 번역 전환의 정의__168
 11.2. 선택적 번역 전환과 의무적 번역 전환__169
 11.3. Catford의 번역 전환__169
 11.4. Vinay & Darbelnet의 번역 전환__172
  11.4.1. 직접 번역 전략__173
  11.4.2. 간접번역전략__174
 11.5. 이국화 전략 대 자국화 전략__176
 11.6. 번역사의 불가시성과 번역의 투명성__177

PART 04 통역·번역의 실제

제12장 통역·기억력·노트테이킹   181

 12.1. 통역의 분류__182

XV

12.1.1. 통역 상황별 분류__182
   12.1.2. 통역방식별 분류__183
   12.1.3. 통역언어 중개 방향별 분류__185
   12.1.4. 통역사연사 간 물리적 거리별 분류__187
 12.2. 통역과 기억__187
   12.2.1. 통역과 기억의 관계__187
   12.2.2. 축어적 기억과 실질적 기억__188
   12.2.3. 인간의 단기 정보처리용량: 7±2단위__189
   12.2.4. 기억 도우미로서의 노트테이킹__191
   12.2.5. 통역에 있어서 노트테이킹의 중요성__191
   12.2.6. 노트테이킹을 어떻게 할 것인가?__194
   12.2.7. 노트테이킹 기호의 예__197

제13장 번역 종류별 접근법 199

 13.1. 번역분류__200
   13.1.1. 문어텍스트 대상의 번역 유형 분류__200
   13.1.2. 텍스트 모드 중심의 번역 유형 분류__202
 13.2. 실용전문번역__203
 13.3. 문학출판 번역 및 일반출판 번역__206
   13.3.1. 인바운드 번역 시장__206
   13.3.2. 아웃바운드 번역 시장__208
   13.3.3. 인바운드 일반 출판 번역__211
 13.4. 영상번역__213
   13.4.1. 영상번역의 중요성__213
   13.4.2. 영상번역의 정의__214
   13.4.3. 영상번역의 종류__215
   13.4.4. 영상번역의 특징__216
   13.4.5. 영상번역의 원칙__217

PART 01

통역·번역이란 무엇인가?

제1장 통역·번역과 커뮤니케이션
제2장 커뮤니케이션의 이해
제3장 전문직으로서의 통역사/번역사

제1장 통역·번역과 커뮤니케이션

> **주요 내용**
>
> ❶ 커뮤니케이션으로서의 통역·번역
>   (interpretation/translation as an act of communication)
> ❷ 커뮤니케이션의 정의(definition of communication)
> ❸ 커뮤니케이션의 4대요소(4 factors of communication)
> ❹ 커뮤니케이션의 성공/실패(success/failure of communication)
> ❺ 일반적 커뮤니케이션 모델(general communication model)
> ❻ 통역·번역이 개입되는 커뮤니케이션 모델
>   (communication model with interpretation/translation involved)
> ❼ 통역사/번역사의 중개(mediation by interpreter/translator)
> ❽ 소통중심적 통역·번역(communicative interpretation/translation)

1.1. 통역·번역을 어떻게 정의할 것인가?

통역·번역을 어떻게 정의할 것인가?

통역·번역을 어떻게 정의하는가는 이를 어떤 관점에서 바라보는가에 따라 달라진다. 우선 해당 행위의 대상인 텍스트의 성격에 주목하여 정의하는 입장에서는 "하나의 언어로 이루어진 텍스트를 다른 언어로 구두로 전달하는 행위"(Köller 1987[1990]:1) 또는 "하나의 언어로 이루어진

텍스트를 다른 언어의 문자로 바꾸어놓는 것"(Köller 1987[1990]:1)으로 통역과 번역을 각각 정의한다. 바꾸어 말하면 문어텍스트(written text)를 대상으로 이루어지는 행위를 번역으로, 구어텍스트(spoken/oral text)를 대상으로 이루어지는 행위를 통역으로 정의하는 것이다.

두번째로 통역 또는 번역의 대상인 텍스트를 구성하는 언어간의 관계를 중심으로 통역·번역을 구분하는 입장에서는 '언어내적 번역[1](intra-lingual translation)', '언어간 번역(inter-lingual translation)' 및 '기호간 번역(inter-semiotic translation)'으로 나눈다(Jakobson 1959 [2000]: 114). 우선 '언어내적 번역'이란 한 언어로 생산된 텍스트를 그 언어와 동일한 언어를 사용하여 재생산하는 것을 말하는데, 예를 들어 14세기 영어로 쓰여진 초서(Chaucer)의 작품이나 16세기말 영어로 표현된 셰익스피어의 작품을 현대 영어로 옮기는 것, 혹은 17세기에 집필된 윤선도의 '어부사시사'를 현대 우리말로 옮기는 것 등이 이에 해당한다. 두번째로 '언어간 번역'이란 한 언어로 구성된 텍스트를 다른 언어의 텍스트로 옮겨내는 것을 말하며, 그 예로 영어와 불어로 이루어진 유엔 사무총장의 취임사를 한국어로 옮기는 것을 들 수 있을 것이다. 세번째로 '기호간 번역'이란 한 기호체계에서 다른 기호체계로의 번역을 가리키는 것으로, 그림체계로 되어있는 도로표지판을 보고 언어적으로 설명한다든지, 언어로 표현된 메시지를 마임(mime)이나 춤과 같이 비(非)언어적인 기호체계로 변환하는 행위가 그 예에 해당할 것이다.

세번째 입장은 통역·번역의 대상과 결과가 되는 두 텍스트간의 관계

---

[1] 여기서는 '통역'과 '번역'을 모두 아우르는 상위개념으로 '번역'의 용어를 사용한다.

를 중심으로 통역·번역을 정의한다. "출발어 텍스트(source text)를 도착어 텍스트(target text)로 변환하는 과정을 통해 두 텍스트간에 등가관계가 존재하도록 하는 텍스트 처리 행위"(Köller 1995: 196, Hatim 2001: 27), "출발텍스트를 도착어 및 도착문화(target culture)로 전이하는 모든 행위"(Nord 1997: 141), "출발텍스트에 구현된 텍스트적 관계(textual relations)를 도착어의 언어체계를 위반하지 않으면서 도착텍스트에 구현"(Even-Zohar 1975: 43, Nord 1997: 35에서 인용)하는 행위라는 정의들이 이런 맥락에서 내려져있다. 서로 다른 세 정의에서 볼 수 있는 것처럼, 두 텍스트간의 관계가 무엇인가에 대한 성격 규정은 학자마다 다르다. 본서 제6장 「등가와 대응」, 제7장 「텍스트 규범과 수용가능성」에서 자세히 다루어지겠지만, Nida, Seleskovitch, Köller 등은 '등가(equivalent)'를, Vermeer, Hurtado-Albir 등은 '충실성(fidelity)'을, Even-Zohar, Toury, Chesterman 등은 '충분성(adequacy, Adäquatheit(獨))의 개념을 중심으로 이 관계를 규정한다.

그러면 텍스트의 성격, 텍스트를 구성하는 언어간 관계, 혹은 통역·번역의 대상과 결과에 해당하는 두 텍스트간의 관계를 중심으로 통역·번역을 설명하는 것이 통역·번역을 정의하기 위한 필요충분조건을 충족하는 것으로 볼 수 있을까? 위의 세 접근방식은 전체 그림의 절반만을 제공하는 것에 불과하다고 할 수 있다.

1.2. 커뮤니케이션으로서의 통역·번역

Wikipedia에서는 번역을 "한 언어(출발어, the source language)로 쓰여진 텍스트(출발텍스트, the source text)의 의미를 해석하여 다른 언어(도착어, the target language)로 ST와 동일한 메시지를 소통해주는 등가의 텍스트로 생산하는 것²"이라고 정의하고 있다. 프린스턴 워드넷(Wordnet)에서는 "제1언어로 이루어진 문어 커뮤니케이션과 동일한 의미를 갖도록 제2언어로 쓰여진 문어 커뮤니케이션"³으로 정의한다.

이 두 가지 정의에서 공통적으로 나타나는 요소는 (1) 두 개의 서로 다른 언어가 사용되고 (2) 서로 다른 언어로 구성되는 두 개의 텍스트들이 전달하는 메시지 또는 의미 간에 등가(等價)가 이루어져야 하며 (3) 이 메시지 또는 의미가 소통되어야한다는 점이다. 이것이 시사하는 바는 통역과 번역은 커뮤니케이션 행위의 일종이고, 커뮤니케이션과 불가분의 관계에 있다는 사실이다. 즉 서로 다른 언어문화집단간에 둘 이상의 언어를 사용하여 이루어지는 의사소통을 돕기 위한 행위인 통역·번역을 제대로 이해하기 위해서는 먼저 커뮤니케이션이 무엇인가를 제대로 이해하는 것이 반드시 필요해진다.

1.3. 커뮤니케이션이란?

커뮤니케이션이란 동일한 의사소통 과정에 참여하는 당사자들끼리 서로 정보를 전달/교환하는 과정을 가리킨다. 이때의 정보 전달 내지 교환의 형태에는 지식과 경험의 제공, 충고하기, 명령하기, 질문하기 등이 포

---

[2] "Translation is the interpretation of the meaning of a text in one language (the "source text") and the production, in another language, of an equivalent text (the "target text," or "translation") that communicates the same message."

[3] "a written communication in a second language having the same meaning as the written communication in a first language"

함된다. 커뮤니케이션 행위는 크게 문어와 구어로 이루어진다. 문어를 통한 커뮤니케이션은 문자화된 텍스트를 통한 정보 전달 및 교환 과정을 가리키는 반면, 구어를 통한 커뮤니케이션에는 발화 내용뿐만 아니라 비언어적 수단, 즉 제스처 같은 보디 랭귀지, 수화, 준(準)언어(paralanguage), 시선 처리 및 배분 등도 포함된다.

1.4. 커뮤니케이션의 4대 요소

커뮤니케이션은 크게 메시지 생산자, 메시지 사용자, 메시지, 커뮤니케이션 상황에 따라 그 내용이나 성패가 갈리게 된다. 이렇게 커뮤니케이션 자체에 영향을 주는 네 가지를 '커뮤니케이션의 4대 요소(4 factors of communication)'라고 부른다.

〈표 1.1〉 커뮤니케이션 당사자

	커뮤니케이션 당사자	
정보이동 방향별	정보의 시원(始原) source	정보의 귀결점 destination
행위별	(메시지) 생산자 [message] producer	(메시지) 사용자 [message] user
	(메시지) 발신자 [message] sender	(메시지) 송신자 [message] receiver
언어작업별	부호화 작업자 encoder	탈부호화 작업자 decoder
소통행위별	소통자 communicator	피소통자 addressee
일반용어	연사(speaker)/ 발화자(utterer)[4] 저자(author)[5]	청중(audience)/ 청자(listener)[6] 독자(reader)[7]

이때 메시지 생산자와 메시지 사용자처럼 커뮤니케이션에 참여하는 두 당사자를 지칭하는 용어 쌍은 커뮤니케이션의 어떤 측면에 주목하는가에 따라 다양하게 나타난다. 이를 정리한 것이 <표 1.1>이다.

커뮤니케이션의 첫번째 요소는 커뮤니케이션 행위의 직접적인 대상으로서의 메시지이다. 커뮤니케이션을 시작하는 사람의 지식과 경험, 태도, 조언, 명령, 질문, 궁금증과 같은 감정까지를 포함하는 총체적인 정보를 가리키는 메시지는 '정보의도(informative intention)'를 전달하는 '형태(form)'와 전달하고자 하는 '내용(content)'으로 이루어진다. 문어로 이루어지는 커뮤니케이션 행위에서는 '문어텍스트(written text)'가, 구어로 이루어지는 커뮤니케이션 행위에서는 '구어텍스트(oral/spoken text)', 혹은 텍스트 생산자인 발화자/연사의 발화(utterance)가 이에 해당한다.

메시지 다음으로 커뮤니케이션에서 중요한 것이 이 메시지를 전달하려는 사람과 이를 전달받을 대상, 곧 커뮤니케이션의 두 당사자이다. 이때 메시지를 소통하고 교환하고자 하는 사람과 메시지를 전달받는 사람이 반드시 달라야 할 필요는 없다. 메시지 수신자는 대개 다른 사람이거나 존재, 혹은 집단이나 기업일 수 있다. 하지만 문어 메시지인 일기나 구어 메시지인 독백처럼 메시지 생산자와 메시지 수신자가 동일한 사람일 수도 있다.

마지막 요소는 커뮤니케이션 행위 전체를 둘러싸고 있는 커뮤니케이

---

[4] 구어 메시지의 경우
[5] 문어 메시지의 경우
[6] 구어 메시지의 경우
[7] 문어 메시지의 경우

션 상황(communication situation)이다. 동일한 메시지를 대상으로 이루어지는 커뮤니케이션 행위라 하더라도 커뮤니케이션 상황에 따라 메시지의 의미도 달라진다.

이 네 가지 커뮤니케이션의 요소들이 커뮤니케이션 상황 속에서 구체적으로 어떤 의미를 갖는지 살펴보자. 우선 커뮤니케이션 행위에서 전달/교환되어야 할 대상인 메시지의 내용에 따라 커뮤니케이션이 이루어지는 방식이 달라지고, 심지어 커뮤니케이션의 성공 여부조차도 영향을 받을 것임은 두말할 필요가 없다.

그러면 정보의 시원 또는 메시지 생산자가 커뮤니케이션에 어떤 영향을 끼칠까? 우선 동일한 정보의도를 전달하는 경우라도 메시지 생산자가 어떤 사람인지, 그의 교육정도와 성격, 화법에 따라 메시지의 형태가 달라질 것이다. 성격이 불같이 급하고, 직설적인 화법을 구사하는 것을 정직함이라고 믿는 메시지 생산자라면 예의를 갖추고 에둘러서 간접적인 표현으로 메시지를 전달하는 것을 정직하지 못한 행위라고 생각할 것이다. 여기서 볼 수 있는 것처럼 동일한 내용의 메시지를 전달하더라도 메시지 생산자가 누군가에 따라 그 형태가 완전히 달라질 수도 있다.

반대로 메시지의 형태가 동일하더라도 그 내용이 전혀 달라지는 경우도 있다. "The safety factor of this new dam has been reduced by 50%.[8]"라는 구어 메시지를 예로 살펴보자. 이 메시지의 발화자가 누구인가에 따라 메시지의 의미는 상반되게 해석될 수도 있다. 예를 들어 수력댐 건설 사례 발표 중에 한 토목공학 전문 엔지니어에 의해 이루어진 발화라면, 이는 건축자재 내구성 증대 덕분이든 아니면 댐의 횡단면 설

---

[8] Seleskovitch 저 『국제회의통역에의 초대』 53쪽에서 인용

계 개선 덕분이든 댐 건설 기술이 진보하여 댐의 안전성이 '긍정적인 방향'으로 크게 향상되었다는 의미가 된다. 그러나 사회고발프로그램을 담당하는 기자나 프로듀서가 새로 준공된 댐 앞에서 흥분한 목소리로 발화한 것이라면 정반대의 의미임을 직감할 수 있다. 즉 공사비를 절감하거나 떼어먹기 위해 기준미달의 자재를 사용하였거나 부실공사를 한 결과 댐의 안전성이 '부정적인 방향'으로 이동되었음을 지적하는 것이 분명하다. 이 예에서 보는 것처럼 형태적으로 동일한 메시지라도 메시지 생산자가 누군가에 따라 정반대의 내용을 갖는 것으로 해석될 수 있다. 이처럼 커뮤니케이션에서 메시지 생산자가 차지하는 역할은 매우 중요하다.

세번째로 메시지 수신자가 커뮤니케이션에 미치는 영향을 살펴보자. 구어 커뮤니케이션(oral communication)에 임하는 메시지 발신자, 곧 화자는 자신의 이야기를 들을 메시지 수신자, 곧 청자가 누구인가에 따라 동일한 내용의 메시지라도 말하는 방법을 달리 할 것이다. 전세계적인 환경보호 노력의 중요성을 역설하는 도중에 '독일 흑림(Black Forest, *Schwarzwald*)'을 언급할 때, 유치원생 어린이에게 하는 말, 환경문제와 관련이 없는 전공의 대학생에게 하는 말, 또 한학(漢學)을 한 할머니에게 하는 설명 내용은 물론 사용하는 용어의 어역(register)도 다를 것임은 분명하다. 청자의 연령, 경험, 학력, 전문지식, 취향에 따라 이해하는 정도가 다르다는 전제 하에 이들의 '눈높이에 맞추어' 이야기를 풀어나갈 것이기 때문이다. 이처럼 메시지 수신자 역시 커뮤니케이션에 영향을 주는 중요 요소이다.

커뮤니케이션에 영향을 주는 마지막 요소는 커뮤니케이션을 둘러싼 총체적인 커뮤니케이션 상황이다. 동일한 메시지 생산자와 수신자를 대상으로 동일한 형태의 메시지를 전달하더라도 메시지의 의미는 구체적인 커뮤니케이션 상황에 따라 완전히 달라지기 때문이다.

예를 들어 한 교실의 상황을 생각해보자. 수업이 시작되자마자 급하게 교실에 들어온 교수가 출석을 부르다말고 창가에 앉은 학생에게 "학생, 교실이 좀 덥지?"라고 말했다고 하자. 교수와 시선이 마주친 학생은 잠시 어리둥절할지 모르지만 곧 일어나 창문을 열 것이다. 그러나 교수가 그 학생에게 전달한 구어 메시지 어디에도 "창문을 열라"는 부탁이나 명령의 내용은 없다. 그러면 어떻게 이런 일이 가능할까? 그것은 교수와 학생의 관계, 교실 환경, 교수의 임무 같은 것을 포함하는 포괄적인 커뮤니케이션 상황 때문이다. 우선 교수는 강의와 관련하여 학생들을 지도하고 수업을 진행할 임무를 지닌다. 따라서 "교실이 덥다"는 말은 당연히 강의의 효율적 진행과 관련이 있는 메시지라는 해석이 가능하다. 두번째로 강의가 진행되는 교실의 물리적 환경이 덥고 공기가 탁해서 강의의 효과적 진행을 기대하기 어렵다는 것을 학생과 교수가 모두 인식하고 있다. 세번째로 교수와 학생의 관계가 작용하게 되는데, 우선 교수가 학생에게 "교실이 덥지?"라고 말을 건네는 것은 일종의 '간접명령화행(indirect request performative)'에 해당한다. 즉 공손어법[9](politeness, Austin 1962)에 따라 학생에게 직접 명령 내지 지시를 내려 그 학생의

---

[9] 우리말에서는 대우법(待遇法)이 명시적으로 존재하는데, 대우법이란 화자가 청자에게 어떤 사람이나 사물을 높이어 말하는 법을 가리키며 '높임법'이라고도 한다(『동아 새국어사전』). 여기에는 청자를 높이는 방법 이외에 '주체높임법'과 '객체높임법'도 있다. 그러나 여기서 말하는 공손어법이란 높임법의 '겸양법'이나 '존대법' 등의 차원을 넘어 대화당사자간의 사회적 위계 관계(social hierarchical relations)와 상대방의 체면 존중(face saving) 등과 같은 차원의 언어행위를 가리키기 때문에 '대우법' 또는 '높임법'과는 구분되는 용어로 사용하여야 한다.

체면을 손상하는 대신 학생이 자발적으로 행위를 선택할 수 있는 여지를 주는 형태로 명령하려는 교수의 배려를 반영하고 있는 것이다. 그러나 실질적으로는 분명히 명령 내지 강력한 부탁이다. 이것이 명령 내지 부탁일 수 있는 것은 교수가 학생에게 명령 내지 부탁을 할 수 있는 위계관계에 있기 때문이다. 이처럼 상황적 요소들이 모두 작용하여 학생에게 명령의 의미가 전달되는 것이다. 이상의 상황에 따라 학생은 교수의 직접적인 명령 내지 부탁이 없었는데도 자발적인 선택에 따라 창문을 열기에 이른다. 여기에서 알 수 있는 것처럼 커뮤니케이션을 둘러싸고 있는 총체적인 커뮤니케이션 상황은 동일한 형태의 메시지라도 그 의미가 완전히 달라지게 만든다.

보다 극단적이면서 복합적인 예로 이라크의 전 대통령 Saddam Hussein을 위한 영어로의 통역상황[10]을 살펴보자. 대량살상 무기(weapons of mass destruction) 개발 의혹과 관련하여 전세계의 지탄을 받았고 미-이라크 전쟁에서 전범으로 체포된 Hussein은 실제로 영어를 비교적 자유롭게 구사하는 것으로 알려져 있지만, 모국어 이외의 언어를 국제무대에서 절대로 사용하는 일이 없기 때문에 영어 통역을 자주 사용하였다. 문제는 통역사들이 그의 영어실력을 잘 알고 있었고, 그가 통역을 사용할 때마다 신중하게 모니터링 하고 있다는 사실도 잘 알고 있었으며, 더욱이 그의 마음에 들지 않은 통역을 한 통역사들이 갑자기 사라지는 일도 있다는 사실을 잘 알고 있었다는 것이다. 실제로 Hussein은 제1차 걸프전쟁이 발발하기 직전에 영국 BBC 방송과의 독점 인터뷰

---

[10] 이 예는 한국외국어대학교 통역·번역대학원 주최 『제1회 통역·번역학 국제학술대회』에서 Mona Baker가 발표한 내용 중에 소개한 예를 재구성한 것이다.

에 응하게 되었는데, 그의 아랍어 메시지를 영어권 시청자를 위해 영어로 옮기게 된 통역사 역시 이런 상황을 잘 알고 있었다. 그는 자신이 통역 서비스를 제공하는 실질적인 대상, 곧 가장 중요한 청자는 Hussein이며, 그가 충분한 영어실력을 갖고 통역을 모니터링 하고 있다는 사실을 의식하고 있었다. 이런 상태에서 통역을 하다보니 통역에 대한 자신감이 현저히 떨어졌고, 중요한 의미를 생략하지 않거나 혹은 보다 적절한 용어를 찾아내기 위해 불필요하게 동어반복을 일삼게 되어 결과적으로 수준 미달의 통역을 제공하게 되었다. 뿐만 아니라 원 메시지 생산자인 Hussein의 강력한 메시지의 힘이나 화려한 수사학적 파워를 시청자들에게 전혀 전달하지 못하였다.

이렇게 주요 메시지 수신자의 언어사용능력뿐만 아니라 개인적 성향과 정치적 힘, 더 나아가 공포감을 자아내는 커뮤니케이션 환경 같은 것들이 복합적으로 작용하여 통역이라는 커뮤니케이션 행위 전체가 영향을 받는다는 사실을 알 수 있다.

1.5. 커뮤니케이션의 성공과 실패

앞서 설명한 것처럼 복잡하고 다양한 변수의 영향을 받는 커뮤니케이션이 모든 경우에 의도하는 대로 잘 이루어지는 것은 아니다. 커뮤니케이션의 성공이 일어나는가 하면 실패도 일어날 수 있다. '커뮤니케이션의 성공(communication success)'이란 메시지 생산자가 전달/교환하고자 의도하는 메시지가 메시지 수신자에게 제대로 전달되어 의도하는 '커뮤니케이션 효과(communicative effect)'를 거두는 경우를 가리킨다. 반면 의도하는 커뮤니케이션 효과가 실제로 이루어지지 않는 경우를

'커뮤니케이션의 실패(communication failure)'라고 말한다. Gutt는 "소통자(communicator)가 전달하고자 하는 '정보의도'를 피소통자 또는 청중이 성공적으로 추론해내는 경우"(1992: 14)를 커뮤니케이션의 성공이라고 정의한다. 여기서 유의할 것은 커뮤니케이션의 성공이 이루어진 경우라도 메시지 수신자가 메시지 송신자와 반드시 생각을 같이하고 메시지 송신자의 의견에 동의할 필요는 없다는 점이다. 메시지 송신자가 의도한 정보의도가 상대방에게 전달되거나, 상대방의 반응을 알아낼 수 있는 등등의 결과가 나타나는 것도 커뮤니케이션의 성공에 해당한다.

그러면 커뮤니케이션의 성공과 실패는 각각 왜 일어나는 것일까? 바꾸어 말하자면 커뮤니케이션의 성공을 가져오기 위한 전제조건은 무엇일까?

이 답은 메시지의 특성에 달려 있다. 메시지는 메시지 생산자가 전달/교환하고자 하는 정보의도를 일정한 언어를 사용하여 해당 언어 사용 규칙이나 관습에 따라 '부호화(encoding)'한 결과물이다. 언어를 하나의 '부호체계(a code system)'으로 보고, 이 부호체계를 사용하여 전달하고자 하는 정보의도를 메시지 수신자에게 전달하여 의도한 커뮤니케이션 효과(communicative effect)를 거두기 위해서는 별도의 전제조건이 충족되어야 한다. 즉 언어라는 부호체계를 사용하여 메시지를 생산할 때, 그 메시지에 부호화되어 담기게 되는 정보의도를 메시지 사용자가 제대로 탈부호화(decoding)하여 도출(retrieval)할 수 있는 방식으로 부호화가 이루어져야 한다는 것이다. 바꾸어 말하자면 메시지 생산자와 수신자가 메시지의 부호화 방식과 메시지의 탈부호화 방식을 공유하여야 한다. 즉 메시지 수신자가 메시지에 담겨있는 정보를 메시지 생산자가 의도한 방식으로 도출해낼 수 있어야만 의도하는 커뮤니케이션 효과가 달성된다.

동일언어(same/identical language)를 사용하는 사람들 간의 정상적인 커뮤니케이션에서는 커뮤니케이션 당사자들이 동일한 부호체계를 사용하므로 부호화와 탈부호화 방식도 공유하는 것으로 간주할 수 있다.

이해를 돕기 위해 비근한 예를 들어보자. 소위 '소개팅'에 나갔다가 소개받은 남학생이 어떠했는지를 묻는 친구의 질문에 여학생이 "키도 작아!"라고 답변하자 친구는 "시간낭비 했네."라고 말하며 어깨를 두들겨주었다. 이 경우 소개팅은 성공적이지 못했을지 모르지만 커뮤니케이션의 성공은 일어났다고 할 수 있다. 우선 소개팅에 나간 여학생의 파트너 판단 기준의 하나는 '키'로 대표되는 '신체조건'이었는데, 이것이 충족되지 않은 것은 물론 다른 기준들도 모두 충족되지 않음을 알 수 있다. '키도 작아'에서 '―도'라는 조사가 다른 것들 역시 모두 만족스럽지 못하다는 것을 시사하고 있기 때문이다. 실제로 이 커뮤니케이션에는 다음과 같은 파트너 판단 기준이 암묵적으로 작용하고 있다.

❶ 키도 크다.
❷ 키만 작다.
❸ 키만 크다.
❹ 키도 작다.

소개팅에 나간 여학생의 말을 들은 친구는 메시지 송신자 곧 여학생이 의도한 정보의도를 메시지 송신자가 사용하고 있는 것과 동일한 부호체계를 사용하여 메시지 송신자가 의도한 방식으로 쉽게 도출해낼 수 있었다. 따라서 커뮤니케이션의 성공이 수월하게 이루어진 것이다.

그러나 커뮤니케이션이 동일한 언어로 이루어지더라도 메시지 송신자와 수신자가 동일한 방식으로 정보를 부호화하고 또 역으로 탈부호화할 수 없으면 커뮤니케이션의 성공을 담보할 수 없다. 특히 탈부호화 과정에서 동일한 메시지에 대해서도 여러 가지의 다양한 정보의도 도출, 곧 '추론(inference)'이 가능해지지만, 그 가운데서도 소통자가 의도한 정보의도를 정확하게 추론해낼 수 있어야만 커뮤니케이션의 성공이 이루어진다.

Gutt(1992)는 이것을 소통자 측면과 피소통자 측면의 요건으로 나누어 설명한다. 즉 소통자 측이 제공하는 '언어자극(linguistic stimulus)'이 적절하여야 하는데, 구체적으로 소통자가 제공하는 언어자극은 (1) 피소통자 측에 자신의 소통의사를 분명하고 명백하게 밝힐 수 있으며 (2) 자신이 전달하고자 하는 정보를 피소통자가 추론해내는데 도움이 되는 적절한 특질들을 가져야 한다. 반면 피소통자는 자신에게 제공된 자극으로부터 소통자가 의도한 추론을 도출해내어야만 한다. 이 부분은 제2장 3절 '적합성 이론의 비용-효용 모델'에서 보다 자세히 다루어질 것이다.

이상의 일반적 커뮤니케이션 상황을 정리해보면, 우선 특정한 정보의도를 전달하고자 하는 커뮤니케이션 의도를 가진 사람, 곧 메시지 생산자가 그 정보의도를 메시지화하여 커뮤니케이션 상대방인 메시지 수신자에게 전달하는데, 메시지 생산자·메시지 수신자뿐만 아니라 커뮤니케이션이 이루어지는 구체적인 커뮤니케이션 상황 역시 커뮤니케이션의 성공과 실패에 영향을 주게 된다. 중요한 것은 일반적인 커뮤니케이션 상황에서는 메시지 생산자와 수신자가 모두 동일한 언어를 사용한다는 것, 또한 메시지 생산자는 메시지를 만드는 과정에서 메시지 수신자가 자신이 원하는 방식으로 정보를 추출할 수 있도록 메시지화를 실행한다는 점이다.

이를 그림으로 정리한 것이 <그림 1.1>이다. 여기서 볼 수 있는 것처럼 발화자는 동일한 내용의 메시지를 전달하더라도 청자에 따라 '메시지 1'과 '메시지 2'로 메시지의 형태를 각각 달리한다.

그러면 커뮤니케이션에 쓰이는 언어가 단일언어가 아닌 경우에는 어떤 일이 일어날까?

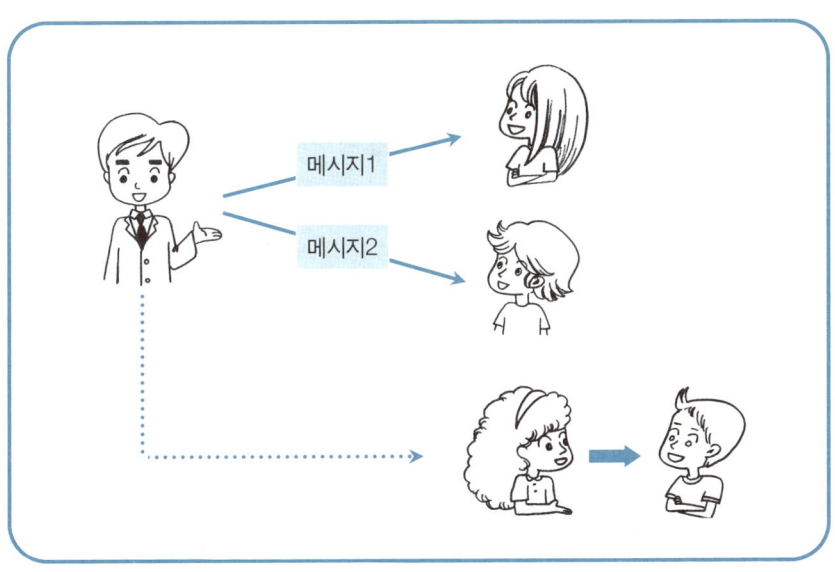

〈그림 1.1〉 일반적 커뮤니케이션 모델

지금까지 살펴본 일반적인 커뮤니케이션 상황과의 가장 큰 차이는 메시지 생산자와 수신자가 사용하는 언어가 같지 않다는 점이다. 메시지 생산자와 사용자가 당장 서로의 말을 알아듣지 못하게 됨에 따라 언어적 차이가 '언어장벽(linguistic barrier)'으로 작용하여 커뮤니케이션이 이루어지지 못하게 하고, 따라서 커뮤니케이션의 실패로 직결되게 된다.

그렇다면 이러한 상황에서 커뮤니케이션의 성공을 가져오기 위해서는 어떤 일이 일어나야 할까? 바로 서로 다른 언어가 사용되는 이문화간 커뮤니케이션 상황(inter-cultural communication)에서 언어장벽을 극복 내지 완화시킬 수 있도록 통역사 또는 번역사[11]의 '중개(mediation)'가 필요해진다.

이문화간 커뮤니케이션 상황을 보다 잘 이해하기 위해서는 이 상황에서 이루어지는 커뮤니케이션을 두 단계로 나누어 살펴보는 것이 필요하다.

우선 '일차적인 커뮤니케이션(first-round communication)'은 원 메시지 생산자와 통역사/번역사 간에 이루어진다. 즉 원 메시지 생산자가 생산하여 전달하고자 하는 메시지는 통역사/번역사를 일차적인 메시지 수신자로 하여 전달된다. 이때의 전달과정에서 사용되는 언어는 원 메시지 생산자가 메시지화에 사용한 언어로, 통역사/번역사는 메시지를 수신하는 과정에서 원 메시지 생산자가 의도하는 메시지의 내용은 물론 의도하는 커뮤니케이션 의도, 기대하는 커뮤니케이션 효과 등도 모두 함께 수용하게 된다. '이차적인 커뮤니케이션(second-round communication)'에서는 통역사/번역사가 다시 메시지의 생산자가 되어 자신이 일단계 커뮤니케이션에서 수신한 메시지를 원 메시지 생산자가 의도하였던 원래의 수신자에게 다시 전달한다. 이때 사용되는 언어는 최종적인 메시지 수신자가 메시지를 이해하기 위해 사용하는 언어가 된다.

---

[11] '번역자-번역사-번역가'의 용어 구분은 본 서 제3장 9절 참조(pp. 74-76).

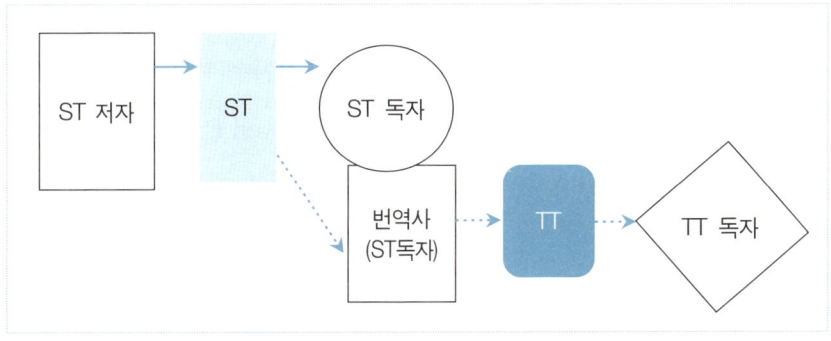

〈그림 1.2〉 통역·번역이 개입되는 커뮤니케이션 모델

<그림 1.2>에서 주목할 점은 우선 원 메시지 생산자와 통역사/번역사가 동일한 사람이라는 점 때문에 두 사람이 동일한 축 상에 위치하고 있다는 점이다. 두번째로는 ST로 나타나있는 원 메시지와 TT로 표시되어 있는 메시지의 체적이 같아야 한다는 것이다. 즉 통역사/번역사가 중개자(intermediary)로서 중개를 한다 해도 원 메시지의 총체적인 의미의 총합에 변화가 없어야 한다는 것, 따라서 통역사/번역사가 메시지를 자의적인 가감삭제 없이 있는 그대로(message in its entirety) 옮기는 것이 중요하다.

1.6. 소통 중심의 통역·번역

'소통중심의 통역·번역(communicative interpretation/translation)'이란 통역·번역은 그것이 이루어지는 구체적인 상황 및 맥락과 밀접한 관계를 맺고 있다고 보는 입장이다. 통역·번역의 대상이 되는 메시지, 곧 의미는 구체적인 상황으로부터 독립적인 불변의 고정된 의미를 갖는 것이 아니라 통역·번역이 이루어지는 구체적인 상황과 맥락 속에서 만

들어지고 해석되어진다고 생각한다. 따라서 커뮤니케이션 대상으로서의 텍스트를 그것이 생산되고 수용되어지는 구체적인 상황으로부터 유리된 독립적 존재로 보는 것을 거부한다. H. D. Lasswell (1948, Will 1998에서 인용)이 말한 "Who says what in which channel to whom with what effect intended?"에 따라 구체적인 텍스트 생산자, 수신자, 커뮤니케이션 채널을 포함한 커뮤니케이션 상황, 의도하는 커뮤니케이션 효과 등에 따라 통역·번역 대상인 텍스트의 의미도 달라진다고 보는 것이 소통중심 접근법이다.

이런 주장에 공감하는 접근법으로 Nida의 접근법, Newmark의 소통중심 번역방법, 해석이론중심의 접근법, 그리고 Nord를 중심으로 한 기능주의적 접근법을 대표적으로 꼽을 수 있다.[12]

우선 성서번역방법론의 연구를 통해 원전인 성서가 주는 감동과 교훈이 다양한 언어문화권의 독자들에게 동일한 효과로 전달될 수 있는 번역 모델을 발전시켜온 Nida(1964)는 번역에 있어서 '커뮤니케이션 효과(communicative effect)'의 중요성을 강조하였다. 그는 출발텍스트가 원문독자에게 전달하고자 하는 커뮤니케이션 효과를 도착텍스트의 대상 독자에게 동등한 크기로 전달할 때 번역의 기능이 비로소 충족된다고 주장하였다.

Newmark는 '어휘/의미 중심 번역방식(semantic translation)'과 '소통중심 번역방식(communicative translation)'을 구분하였다. 그는 전자가 출발어의 어휘 및 문법 구조를 가능한 한 유지하면서 도착어로 전달하는 것을 목표로 삼는 반면, 후자인 "소통중심의 번역방식에서는

---

[12] 각각의 접근법의 자세한 내용은 본서 제8장 「통역 · 번역 모델」 참조

원문텍스트 독자에게 구현된 것과 가능한 한 유사한 효과를 번역텍스트 독자들에게 전달하는 것을 목표로 한다(1981: 39)"고 말하면서 소통중심 접근법의 중요성을 설파하였다. 이는 본 서 제9장 「번역과 번역학 분류」 에서 자세히 다루어질 것이다.

프랑스 파리 제3대학을 중심으로 연구된 '해석이론(Interpretive theory of translation)' 중심의 접근법에서는 출발텍스트의 의미는 그 자체로 고정된 것은 없고, 모두 독자/텍스트 사용자의 마음에서 텍스트 사용 경험과 광범위한 배경지식 등 '인지적 보완소(cognitive complements)'를 사용하여 이루어지는 해석 과정을 통해 비로소 의미가 생성된다고 주장한다. 의미를 통역·번역하는 과정에서 출발텍스트 구성에 사용된 언어적 형태를 모두 벗겨내고 도착텍스트 사용자들에게 의도된 커뮤니케이션 효과가 등가를 이루는 방식으로 도착텍스트를 재표현(reformulation)할 것을 주장함으로써 소통적 접근법을 주장하였다. 이 접근법 역시 본 서 제8장 「통역·번역 모델」에서 좀더 상세히 살펴볼 것이다.

1980년대 들어 등장한 독일의 스코포스(skopos) 학파도 소통중심 접근법을 추구한다. 즉 번역브리프(Translation Brief (TB), Nord 1991, 1995, 1997a, 1997b)를 통해 번역텍스트 독자를 예상하고 정의하는 일, 그리고 번역텍스트가 쓰이게 될 기능 내지 목적에 부합되도록 번역텍스트를 완성하는 일 등의 중요성을 강조하면서, 대상독자가 누구이며 왜 어떤 효과를 전달하여야 하는가의 변수에 초점을 둔다.[13]

이렇게 다양한 접근법들의 공통점은 (1) 통역·번역을 통역·번역 행위

---

[13] 자세한 논의는 본서 제8장 4절 '기능주의적 접근' 참조

자체를 위해 진공상태에서 이루어지는 행위가 아니라 구체적인 커뮤니케이션 상황에서 구체적인 목적과 소통당사자들을 대상으로 이루어지는 행위라는 점에 주목한다는 점 (2) 이때 커뮤니케이션의 대상이 되는 메시지 또는 텍스트의 의미가 이미 고정되어 상시적으로 존재(meaning as fixed and constant)하는 것이 아니라 커뮤니케이션이 이루어지는 상황이나 맥락의 영향을 받는 가변적이라고 보는 것 (3) 따라서 통역·번역 행위 역시 항상 통역·번역이 이루어지는 구체적인 상황에서 출발텍스트에 담겨져 있는 정보의도가 출발텍스트에서 전달되는 크기만큼의 효과로 통역·번역의 최종사용자인 청중이나 독자에게 전달될 수 있는가에 관심을 기울인다는 점 등을 꼽을 수 있다.

출발텍스트의 정보의도가 도착텍스트 독자에게 반드시 의도한 대로 의도한 만큼 전달되지는 않을 수 있는 상황을 Nord(1997: 11)는 "[구체적] 의사소통 상황의 특수성[14]" 및 "언어적으로 구현된 상황요소와 구현되지 않은 상황요소 간의 관계"라는 개념을 통해 설명한다.

Nord(1997)에 따르면 의사소통이란 해당 상황에 참여하는 사람들간의 상호작용이 일어나는 구체적인 환경이다. 이 상황에 참여하는 사람들은 "세상의 변화를 가져오거나 방지하기 위한 의도적인"(von Wright 1968: 38, Nord 1997: 16에서 인용) 행위를 주고받기 마련이다. 이 상호작용은 (1) 의사소통 과정에 참여하는 '메시지 송신자(sender)'에 의해 의도적으로 생산되어 (2) 의도하는 '청중' 또는 '메시지 수신자(receiver)'에게 보내지는 부호(signs)를 통해 이루어질 때 '소통적'이 된다. 이와 같은 '소통적 상호작용'(communicative interaction)은 시간

---

[14] specificity of communicative situations

및 공간적 제약을 받는다. Nord는 이 같은 시간 및 공간의 제약을 인식하고 커뮤니케이션의 성공을 가져올 수 있도록 중개하는 역할을 번역사의 몫으로 규정한다.

> 모든 의사소통 상황은 그것이 일어나는 시대적 문화적 요소를 반영하고, 이것이 메시지 생산자의 언어적·비언어적 행위, 지식기반, 상호작용에 참여하고 있는 상대방에 대한 기대, 상황 인식, 세상에 대한 관점을 모두 규정한다. 특정 문화 집단 내에서 메시지 생산자와 수신자의 상황은 의사소통이 일어나기에 충분한 교집합(overlap)이 존재한다...[그러나] 메시지 송신자와 수신자가 서로 다른 문화에 속할 경우 상황은 크게 달라져서 시간과 공간을 가로질러 커뮤니케이션을 가능하게 해주는 중개자를 필요로 하게 된다 (1997: 16-17, 저자번역).

이같은 번역사의 중개는 특히 의사소통을 위한 상호작용에 참가하는 메시지 송신자와 수신자가 속해 있는 문화간의 거리, 곧 '문화적 거리'(cultural distance, Nord 1997: 97-98)에 따라 필요성이 달라진다. 바꾸어 말하면 번역과 관련된 문화적 거리가 더 클수록 번역사의 보다 적극적인 중개가 필요해지고, 문화적 거리가 작을수록 중개필요성은 낮아질 것이다. 실제로 어느 정도의 중개가 적절한가에 대해서는 Kußmaul(1997)의 '필요한 중개에 관한 격률(the maxim of the necessary degree of precison)'에 대한 설명에서 다루어질 것이다.

제2장 커뮤니케이션의 이해

> **주요 내용**
>
> ❶ 커뮤니케이션의 본질(nature of communication)
> ❷ 언어학적 코드 모델(linguistic code model)
> ❸ 언어사용의 전제로서의 경제성의 원칙
>   (the principle of economy as a premise of language use)
> ❹ 적합성 이론의 비용-효용 모델(the cost-benefit model of Relevance Theory)
> ❺ 함축과 추론(implication and inference)
> ❻ 외연-내포의/명시의-비(非)명시의(explicature-implicature)
> ❼ Grice의 협동의 원칙과 대화의 4대격률
>   (Gricean Cooperative Principle and 4 Maxims of Conversation)
> ❽ 언어사용자의 공유지식(shared knowledge among language users)
> ❾ 공유지식의 문화특수성(culture-specificity of shared cognitive environment)
> ❿ 공유지식 간극의 중개
>   (bridging any gap between two shared cognitive environments)

2.1. 커뮤니케이션의 본질과 경제성의 원리

커뮤니케이션은 "우리가 살아가는 세계를 구성하는 일부분이자 매우 중요한 부분"(Gutt 1992: 7)이다. 커뮤니케이션은 언어를 도구로 사용하는가, 언어이외의 도구를 사용하는가에 따라 언어적 커뮤니케이션(verbal communication)과 비(非)언어적 커뮤니케이션(non-verbal communication)으로 크게 나뉜다. 비언어적 커뮤니케이션에는 보디 랭귀지라든지 제스처, 얼굴표정 등과 같은 것이 사용된다. 수화(手話)의 경우는 얼핏보면 비언어적 커뮤니케이션이라고 생각할 수 있으나, 음성부호가 아닌 시각부호를 사용하는 별도의 언어체계라고 보아 언어적 커뮤니케이션의 범주에 넣는다.

언어를 하나의 부호체계라고 보는 '언어학적 코드 모델(linguistic code model)'에서는 커뮤니케이션을 '부호화-탈부호화 과정의 연속'으로 본다. 즉 우리가 어떤 생각이나 정보의도를 갖고 있을 경우 이 정보의도, 곧 메시지를 머릿속에서 하나의 사인이나 신호로 부호화한 다음 이를 음성 또는 문자라는 커뮤니케이션 채널을 사용하여 피소통자에게 전달한다. 피소통자는 이 신호를 받아들인 다음 부호화 과정을 되돌리는데, 부호화에 사용된 언어에 적용되는 언어규칙을 자신이 수신한 신호에 다시 적용하여 원래 의도된 메시지에 도달하게 된다. 이때 부호화 과정을 되돌려 메시지에 도달하는 과정을 '정보의도 도출'이라고 말할 수 있다.

언어라는 부호체계를 사용해 이루어지는 커뮤니케이션 과정은 본질적으로 '경제성의 원칙(principle of economy)'에 의해 지배된다. 즉 최소의 노력으로 최대의 효과를 거둘 수 있는 방식으로 커뮤니케이션이 이루어진다는 것이다.

앞 장에서 예문으로 사용한 것을 포함하여, 다음 세 예문을 살펴보자.

예문 2.1 키도 작아.

예문 2.2 Mary got pregnant and John was very pleased.[15]

예문 2.3 Mary got pregnant but John was very pleased.

짤막한 문장인 [예문 2.1]이 담고 있는 정보는 의외로 단순하지가 않아서, 다음을 비롯한 많은 의미를 내포하고 있음을 알 수 있다.

[A] 사람을 평가/기술하는 데 여러 가지 척도가 존재한다.
[B] 키는 그 중의 한 척도이다.
[C] (적어도 발화자에게 있어서) 키가 큰 것은 긍정적인 가치이다
[D] 평가/기술의 대상자는 키를 제외한 다른 척도에서도 부정적인 평가를 받았다.

좀더 생각해보면 [예문 2.1]로부터 숨겨져 있는 정보(implicit information)를 더 많이 이끌어낼 수 있겠지만, 우선 손쉽게 이 네 가지 정보를 도출해낼 수 있다. 그렇다면 [예문 2.1]의 발화자는 왜 이런 다양한 정보를 모두 명시적으로 발화하지 않고 굳이 [예문 2.1]이라는 형식으로 발화한 것일까? 그 이유는 커뮤니케이션이 본질적으로 경제성의 원칙에 따라 이루어지기 때문이다. 바꾸어 말하자면 위의 네 가지 정보, 곧 [A] [B] [C] [D]의 명제를 모두 전달하기 위해 이들은 모두 명시적으로 말해야 한다면 발화자뿐만 아니라 청자의 시간과 노력 면에서도 훨씬 많은 시간과 노력의 투자(input)가 필요해질 것이다. 더 중요한 것은 서로 다른 이 네 개의 명제를 전달하기 위해 각각의 명제를 모두 명시적으로 발화할 필요가 없다는 것이다. 이미 발화자와 청자가 모두 '―도'라는 조사를 통해 네 개의 명제가 담고 있는 정보를 간략하고도 효과적으로 부호화할 수도, 탈부호화를 통해 의도된 명제의 정보의도를 도출할 수도

---

[15] [예문 2.2]와 [예문 2.3]은 Grice의 *Logic and Conversation*에서 인용.

있는 능력을 공유하고 있기 때문이다. 즉 [예문 2.1]의 발화라는 최소한의 투자(minimum input)를 통해 네 개의 명제가 갖는 정보의도를 모두 도출하는 최대의 효과(maximum output)를 이끌어 낼 수 있는 방법이 공유되어 있는 것이다.

영어에서는 어떠할까? [예문 2.2]와 [예문 2.3]은 단지 문장과 문장을 잇는 접속사가 'and'와 'but'로 다르게 사용되었을 뿐이지만 실제로는 서로 다른 많은 정보를 담고 있다. 물론 공통적인 전제는 Mary와 John이라는 두 사람이 임신여부를 놓고 함께 논의될 만큼 가까운 사이일 것이다. 그러나 임신에 대한 태도는 [예문 2.2]와 [예문 2.3]에서 서로 다르게 나타난다. 아마도 [예문 2.2]에서는 두 사람이 함께 아이를 기다려왔고, 그 결과 아이가 생기게 되어 John이 기뻐하고 있다는 의미일 것이다. [예문 2.3]에서는 Mary 와 John이 DINK(Double Income No Kids)족(族)이어서 아이를 원하지는 않았지만, 막상 아이가 생기게 되자 John이 이 상황을 받아들이고 기뻐한다는 의미일 것이다. 그러면 이렇게 많은 정보들이 왜 단일문장 속에, 그것도 명백히 외연화되지 않은 상태로 내포적으로만 표현되어 사용되는 것일까?

2.2. 함축 및 추론과 경제성의 원칙

그 이유는 바로 커뮤니케이션이 본질적으로 경제성의 원칙에 의해 이루어진다는 점이다. 커뮤니케이션이 경제성의 원칙에 의해 지배된다는 말은 소통자가 피소통자에게 전달하고자 하는 모든 정보를 일일이 외연화하여 전달하는 대신, 자신이 전달하고자 하는 바를 피소통자가 추론해 낼 수 있기 위해 필요한 최소한의 정보만을 전달하면 된다는 뜻이다. 커뮤니케이션의 목적에 따라 전달하려는 의미 가운데 어떤 것은 명시적으로, 어떤 것은 비명시적/암시적으로 전달하는데, 비명시적인 수단에 의해 간접적으로 의미를 전달하는 것이 '함축화(implication)'이다. 청자는 화자가 직접적·명시적으로 표현하지 않고 암시적으로 전달하는 의미를 '논리력(reasoning)'이나 '화용적 지식(pragmatic knowledge)'을 통해 도출해내게 되는데 이것이 '추론 행위(inference-making)'이다.

소통자는 자신이 의도하는 정보를 피소통자가 추론해내기 위해 반드시 필요한 만큼의 정보를 제공하는 한편, 피소통자가 추론과정에서 너무 많은 '지적 수고(intellectual labor)'를 하지 않고도 추론이 가능한 방식으로 자신의 정보의도를 전달한다. 반면 피소통자는 소통자가 반드시 전달하고자 하는 정보의도가 있다는 사실, 자신이 그것을 추출해내기 위해 필요한 "커뮤니케이션의 열쇠(communicative clues, Hatim 2001: 41)"는 이미 모두 제공되어 있으리라는 것을 믿고 소통자의 정보의도를 추론해내게 된다. 커뮤니케이션에서 경제성의 원칙이란 커뮤니케이션의 두 당사자가 커뮤니케이션 행위의 목적인 소통이 실제로 이루어지도록 하는 과정에서 '비용은 최소화하고 효용은 최대화하는 방식'으로 커뮤니케이션 행위를 수행해나간다는 의미이다.

2.3. 적합성 이론의 비용–효용 모델

적합성 이론(Relevance Theory)을 번역학에 도입하여 설명하고 있는 Gutt(1990, 1991, 1992, 1998, 2000a, 2000b)는 경제성의 원칙이라는 용어 대신 '비용–효과' 분석이라는 개념을 사용하여 설명한다. 즉 커뮤니케이션의 성공이 일어나게 되면 피소통자가 갖고 있는 인지적 경험세계,

곧 '인지환경(cognitive environment)'에 변화가 일어나게 되는데 이 변화를 '문맥효과(contextual effect)'라고 부른다. 이때 문맥효과가 일어날 수 있는 가능성은 세 가지로, (1) 기존에 자신이 갖고 있던 모든 총체적인 지식을 가리키는 지식기반(knowledge basis)에 변화가 오거나 (2) 기존의 자신의 지식기반 혹은 '문맥적 가정(contextual assumptions)'의 타당성을 확인하여 강화하거나, 아니면 (3) 기존의 '문맥적 가정'에 배치되거나 상충되는 예를 통해 기존의 '문맥적 가정' 가운데 해당되는 부분을 제거하게 된다(Gutt 1992: 23). 이런 문맥효과는 커뮤니케이션의 효과 혹은 효용에 해당한다. 적합성 이론 중심의 번역이론에서 커뮤니케이션의 성공 못지않게 중요한 것이 최소의 비용으로 최대의 문맥효과를 가져오는 것이다. 즉 독자 또는 청중이 메시지의 의미를 추론과 그밖의 과정을 통해 이해하기 위해 들여야 하는 지적 수고의 양을 비용(cost)으로, 그 과정을 통해 얻게 되는 문맥효과를 효용(benefit)으로 상정할 때, 가장 바람직한 커뮤니케이션은 청중 또는 독자의 수고를 최소화할 수 있으면서 동시에 최대의 문맥효과를 창출할 수 있는 방식으로 메시지화가 이루어질 때 가능하다고 말할 수 있다.

2.4. 협동의 원칙과 대화의 4대 격률

그러면 이렇게 복잡하고 추상적인 일이 실제로 우리 생활에서 어떻게 일어나는 것일까? Grice(1975)는 우선 '협동의 원칙(Cooperative Principle)'을 주창하고 이의 근간을 이루는 '대화의 4대 격률(four maxims of conversation)'을 통해 인간의 상호작용 내지 커뮤니케이션을 설명한다.

우선 동일한 커뮤니케이션 행위에 참여하는 커뮤니케이션 당사자들은 그렇지 않아야 할 타당하고 충분한 이유를 갖지 않은 한 서로 커뮤니케이션의 성공을 원하며 이를 위해 협력한다는 전제에서 커뮤니케이션을 한다. 즉 정상적인 커뮤니케이션이라면 대화를 할 때 관련성이 없는 무의미한 말들을 주고받는 것이 아니라 대화 당사자들이 커뮤니케이션의 성공이라는 공통된 목적을 달성하기 위해 서로 협력하는데, 이를 가리켜 '협동의 원칙'이라고 부른다. 구체적인 협동은 '대화의 4대 격률'에 의거하여 이루어지는데 이를 자세히 설명하면 다음과 같다.

❶ **양의 격률**(Maxim of Quantity) : 대화 목적에 필요한 만큼의 정보를 제공하되, 필요 이상으로 제공하지 말라.
❷ **질의 격률**(Maxim of Quality) : 거짓이라고 믿는 것을 말하거나 적절한 증거를 갖고 있지 못한 것을 말하지 말라.
❸ **관계의 격률**(Maxim of Relevance) : 연관성이 있도록 하라.
❹ **양태의 격률**(Maxim of Manner) : 명료하게 말하고, 애매하거나 중의적인 표현을 쓰지 말며, 순서에 입각하여 간결하게 말하라.

여기에서 '양의 격률'이라는 것은 대화를 해 나감에 있어 소통자가 의도하는 정보의도를 피소통자가 추론해낼 수 있기 위해 필요한 만큼의 정보는 모두 제공하라는 것이다. 이것의 역의 해석은 어떤 정보가 주어져있지 않다는 것은 해당 커뮤니케이션 행위에서 소통자가 의도한 정보의도를 추론해내는 데 필요하지 않다는 의미이다. 두번째로 '질의 격률'이라는 것은 사실임을 충분히 뒷받침할 만한 증거가 없는 사실, 즉 사실이 아님을 이미 알고 있거나 사실인지 여부에 대한 확신을 가질 수 없는 것에 대해서는 그렇다고 밝히지 않은 상태에서 말하지 말라는 것이다. 즉 사실이 아닌 것을 말할 수도 있겠지만, 그 발화를 할 당시에는 적어도 사실이 아님을 몰랐어야 한다. 세번째로 '관계의 격률'이란 대화가 이루어지고 있는 주제 또는 사안과 관련하여 연관이 있는 사실만을 말하라는 것이고, 마지막으로 '양태의 격률'이란 일부러 애매모호하게 말하거나 논리적으로 뒤죽박죽이 되게 말하지 말고, 가능한 한 최선을 다해 논리정연하고 분명하고 오해의 여지가 없도록 말하라는 것이다.

Grice는 사람들이 대화를 통해 자신이 전달하고자 하는 바를 전달하는 과정에서 의미가 명시적으로 전달되는 '명시의(explicature)'[16]와 그렇지 않은 '비(非)명시의(implicature)'로 나뉨에 주목한다. 명시의란 언어적 표현으로 명확하게 전달된 의미를 가리키는 반면 비(非)명시의란 명시적으로 전달되지 않고 암묵적으로 전달되는 의미를 가리킨다. Grice는 특히 메시지의 생산·전달·도출 과정에서 협동의 원칙과 대화의 4대 격률이 대체로 준수되지만, 이를 '의도적으로 위반(flouting)'하는 경우가 있음에 주목한다. 화자가 어떤 정보를 명시적으로 표현하지 않은 상태로 의도적으로 남겨 두거나, 상황에 걸맞지 않는 말을 하는 경우에는 명시의가 아닌 또 다른 의미를 전달하고자 하는 동인(動因)이 작용한다고 보고, 이런 비명시의 역시도 추론을 통해 도출이 가능하다고 생각하였다.

이것이 실제 우리의 커뮤니케이션 상황에서 어떻게 적용될 것인가? 다음 예문을 살펴보자.

---

[16] 언어학에서는 '명시의'를 '외축', '비명시의'를 '내축'이라는 용어를 사용하여 지칭한다.

> **예문 2.4**
>
> 화자 A; Do you know where the nearest gas station is?
> 화자 B: Go three more blocks down this road.
> 화자 A: Thanks.

위 대화에서 화자 A의 정보의도는 가장 가까운 주유소의 위치에 대한 지리적 정보를 구하는 것이다. 그러면 화자 B의 말이 화자 A의 질문에 대한 대답이 될 수 있을까? 학교문법에서는 "DO"라는 조동사로 시작되는 의문문에 대한 대답은 "YES, I DO" 또는 "NO, I DON'T" 가운데 양자택일하라고 가르친다. 이렇게 본다면 화자 B의 말은 화자 A의 질문에 대한 직접적인 답변이 될 수 없다. 그럼에도 화자 A가 화자 B에게 고맙다는 인사를 하고 자리를 떠났다는 사실에서 우리는 화자 A가 이미 만족스러운 답변을 얻었음을 알 수 있다. 바꾸어 말하면 화자 B의 말이 화자 A에게 적절한 답변으로 해석되었다는 것이다. 왜 그럴까?

[예문 2.5]는 위의 [예문 2.4]에서 그려지는 상황에서 일어날 수 있는 '대화순서(conversational turns)'를 생략하지 않고 모두 나타낸 것이다. 즉 화자 A의 질문에 대해 화자 B의 말이 대답이 되기까지는 위에 이탤릭체로 표시된 대화들이 오간 것으로 당연히 전제되어야 한다. 그럼에도 화자 B는 이런 대화 과정을 자신의 머릿속에서 건너뛰고 최종적으로 볼드체로 표시된 문장만을 발화한다.

예문 2.5

화자 A: *Do you know where the nearest gas station is?*
화자 B: *Yes, I do.*
화자 A: *Can you tell me where I can find that gas station?*
화자 B: *Yes, I can.*
화자 A: *Do you mind telling me how to get there?*

화자 B: *No, I don't mind.*
　　　　Go three more blocks down this road.
화자 A: Thanks.

　　화자 B의 발화는 그가 대화의 격률 가운데 우선 '관계의 격률'을 준수한다고 가정할 수 있을 때에만 답변으로 해석이 가능하다. 화자 A의 질문에 대해 답변할 순서에 있었던 화자 B가 '연관성이 있는 발화'를 해야 한다는 '관계의 격률'을 지키기 위해서는 화자 B의 발화가 화자 A의 질문에 대한 답변에 해당했어야 하기 때문이다. 즉 화자 B는 화자 A의 질문에 대하여 가장 직접적인 연관성이 있는 내용만을 대답삼아 발화함으로써 관계의 격률을 준수하였고, 또한 주어진 질문에 대해 대답할 대화 순서에 관한 규칙도 준수할 수 있었다. 또 위 예문에서 이탤릭체로 쓰여진 문장들을 모두 생략하고 화자 A가 의도하는 목적지를 알려주기 위해 꼭 필요한 정보를 최소화하여 전달하였기 때문에 '양의 격률'도 준수할 수 있었다. 뿐만 아니라 화자 B는 '질의 격률'과 '양태의 격률'도 준수하였는데, 왜냐하면 이미 두 사람이 대화하면서 서 있는 길을 따라 세 블록을 더 내려간 곳에 가장 가까운 주유소가 영업중임을 경험적으로 알고 있었고, 길을 설명해주는 데 있어서 혼동할 여지나 모호함이 전혀 없도록 답하였기 때문이다.

화자 B가 이런 복잡한 과정을 마음속에서 진행시킨 결과로 간결하고 적절한 답변을 내놓게 되었지만, 그렇다면 화자 A는 어떠했을까? 화자 A는 화자 B가 협동의 원칙에 따라 자신이 시작한 대화의 성공을 위해 협동하고 있으며, '질의 격률'에 따라 거짓정보를 의도적으로 제공할 리가 없다고 생각하였기 때문에 화자 B가 제공한 정보를 진실된 답변으로 받아들이고 주유소를 찾아 떠나갈 것이다.

2.5. 대화의 격률의 의도적 위반과 추론

대화의 격률이 전달하고자 하는 메시지를 부호화하고 다시 이를 탈부호화하여 의미를 도출하는 모든 과정에 작용하는가를 알아보기 위해 또 다른 예를 살펴보자.

> **예문 2.6**
> 화자 A: 그 사람 우리 법무팀 팀장으로 어때요?
> 화자 B: 노래는 잘해요.

화자 A의 질문은 어떤 특정 후보를 놓고 법무팀 팀장으로 선임되기에 적절한 자격을 구비하였는지를 묻는 내용이다. 그런데 화자 B의 답변은 '노래 부르는 능력'에 대해서만 해당 후보의 자격을 평가한다. 화자 B의 답변을 어떻게 해석할 것인가는 우선 화자 B가 '노래 부르는 능력'이 '법무팀장'으로서의 자격요건을, 그것도 중요한 자격요건을 구성하는가에 대해 어떤 생각을 갖고 있는가에 달려있다. 만일 화자 B가 평소에 '노래 부르는 능력'이 '법무팀장'으로서의 업무능력의 중요 구성요소라고 생각하고 있었다면 화자 B의 답변은 긍정적인 의미로 해석될 것이다. 그러나 부수적이거나 관계가 없는 능력이라고 생각해왔다면 답변은 부정의 의미일 것이다. 여기서 '커뮤니케이션의 열쇠'는 화자 A가 화자 B의 평소 생각을 이미 알고 있다는 것이다. '양의 격률'에 따르면, '노래는 잘 해요'라는 화자 B의 짧은 말이 긍정적인 답변인지 그렇지 않은지를 추론하기에 필요한 최소한의 정보를 충분히 구성하여야 하기 때문이다. 또 한 가지 주목할 것은 '노래는' 이라고 말할 때의 '–는'이라는 주제표지어(topic marker)의 의미이다. 이 말은 "다른 것과는 구별되게 '노래'라는 주제에 관한 한"이라는 의미를 가리킨다. 때문에 다른 범위의 능력은 상대적으로 떨어진다는 의미를 함축적으로 전달하고 있는 것이다.

　　그러면 화자 B는 왜 이렇게 복잡한 추론과정을 거쳐야만 의미를 도출해낼 수 있는 답변을 굳이 하였을까? 그것은 다른 동인(動因)이 있어서이다. 즉 논의의 대상이 되고 있는 후보에 대해 부정적인 평가를 직접 하기가 싫다는 숨은 의도를 넌지시 내비치고 있는 것이다. 이 예에서 보는 것처럼 명시적으로 부정적인 평가를 입 밖에 내지 않으면서도 의도적으로 애매모호하게 말함으로써 부정적인 의견을 전달할 수도 있다. 즉 '양태의 격률'을 위반함으로써 자신의 부정적인 의견을 보다 강력하게 전달하고 있는 것이다.

이렇게 협동의 원칙과 대화의 격률처럼 언어사용과 관련하여 적용되고 있는 관습을 의도적으로 위반할 수도 있고, 이를 통해 암묵적이고 함축적인 메시지를 전달할 수도 있다. Sperber & Wilson은 "메시지는 애매모호하지 않도록 분명하게 규정되고 합의된 언어규칙을 위반하는 경우에도 소통이 가능하다(1986: 170)."고 지적한다. Gutt는 이렇게 대화의 4대 격률이나 다른 언어사용규칙을 위반하면서 의도적으로 암묵적으로 전달되도록 선택된 정보에 대한 "추론은 명시적으로 전달되는 정보의 이해에 우선하며, 따라서 모든 커뮤니케이션 행위에 가장 기본적인 행위"(1992: 13)라고 선언한다.

2.6. 명시의-비(非)명시의/ 외연의-내포의

이렇게 볼 때 커뮤니케이션의 대상인 메시지 혹은 의미는 언어적으로 분명히 명시하여 전달되는 명시의, 곧 '외연의(explicature)'와 말로 구체적으로 표현되지는 않았지만 암묵적으로 내포되어 전달되는 비(非)명시의, 곧 '내포의(implicature)'로 나눌 수 있다.

명시의란 명시적인 언어표현을 통해 전달되는 의미를 가리키는 반면 비명시의 또는 추론의(推論意)란 화자와 청자 사이의 대화상황에 특유한 화용적 가정과 원칙에 근거를 둔 추론과정을 통해 도출되는 의미로, 화자가 의도하는 바를 직선적으로 발화하지 않고 우회적으로 나타내는 의미를 가리킨다. Hatim(2001)은 추론의가 앞서 말한 협력의 원칙과 대화의 4대 격률이 타당성 있는 이유 때문에 의도적으로 위반되었을 경우에만 생긴다는 점을 분명히 하고 있다.

[예문 2.6]의 논의 대상 후보에 관한 대화에서 명시의는 '해당 후보가 노래를 잘한다'는 것이지만 '추론의'는 '해당 후보가 법무팀장으로서 갖추어야 할 자질을 갖고 있지 못하다'는 것일 수 있다. 이때 대화의 격률의 의도적 위반을 가져온 타당성 있는 이유는 '해당 당사자가 없는 자리에서 그 사람에 대해 직접적이고 구체적인 험담이나 악평을 하지 않겠다'는 것이거나 아니면 그 사람이 정말로 자질이 부족하다는 것을 강조하려는 빈정거림의 의도를 들 수 있을 것이다.

2.7. 추론의와 집단공유지식

앞의 예에서 살펴본 것처럼, 커뮤니케이션의 성공은 대상인 메시지 혹은 의미를 명시의뿐만 아니라 암시적·함축적으로 전달되는 비명시의까지 모두 파악하여 추출하고 전달할 때 일어날 수 있다.

지금까지 논의한 커뮤니케이션의 원리로서의 경제성의 원칙과 추론이 통역·번역에는 어떤 의미를 가질까? 우선 통역·번역이라는 행위가 개입되는 이문화간 커뮤니케이션에서는 소통자가 전달하고자 하는 정보의도가 부호화되었다가 다시 탈부호화를 통해 도출된다. 이런 부호화 과정과 탈부호화 과정에 단일언어 대신 둘 이상의 서로 다른 언어가 부호체계로 사용되게 되면 커뮤니케이션의 성공은 훨씬 더 어려운 작업이 된다. 즉 메시지 생산자와 메시지 사용자가 서로 다른 언어를 사용하는 경우 두 언어의 부호화–탈부호화 방식의 차이로 인해 메시지 생산자가 의도하는 정보의도를 의도하는 만큼 도출해내는 데 제약이 따를 수 있다.

첫번째 문제가 부호화–탈부호화 방식의 차이로 인한 비효율성을 지적한 것이라면, 두번째 문제는 보다 본질적인 것이다. 즉 의미의 경험적 측면으로 인한 문제이다. 특정한 언어문화권이 어떤 추상적인 개념이나 현상에 대해 부여하는 의미는 해당 개념의 사전적 정의 이외에도 그 개념이 대표하는 경험의 내용에 따라 달라진다. 예를 들어 '빨강'이라는 색이 한국전쟁을 경험한 전쟁세대에게 갖는 의미는 '원색의 하나'라는 단순한 사전적 의미에 국한되지 않는다. 그것은 실제로 생명의 위협까지도 상징하는 실존적이고 감정적인 차원의 의미마저 지니게 된다. 반면 동족상잔의 비극을 경험하지 않은 지구상의 어떤 민족에게는 정열과 따뜻함의 의미만을 전달할 것이다. 또 다른 예로 '하느님의 어린 양'(Nida & Taber 1969)이라는 언어적 표현이 전달하고자 하는 의미는 평생 '양'을 보지 못한 에스키모 인들에게는 전달될 수 없는 것에 불과하다[17]. 즉 '양'이라는 동물이 불가해한 대상이기 때문에 이것이 가리키는 명시의만 전달되지 않는 것이 아니라 양의 속성과 양에 대한 오감적(五感的) 인식, 양이 상징적으로 전달하는 의미 같은 것의 총합으로서의 추론의도 전달이 불가능해지는 것이다.

서로 다른 언어를 모국어로 사용하는 언어문화집단 간에 이루어지는 커뮤니케이션에서 소통당사자들(소통자와 피소통자)이 소통행위의 대상인 의미를 추출할 수 있는 정도가 다른 것은 무엇 때문일까? Lederer(1999)와 Seleskovitch(1967[2000], 1980, 1986, 1987)는 소통당사자들이 갖고 있는 '인지적 보완소(cognitive complements)'가 다르기 때문이라고 말한다. "세상에 대한 지식, 연사와 청중을 비롯한 커뮤니케이션 상황에 대한 지식, 해당 발화나 문어텍스트의 다른 부분에서 언급되거나

---

[17] Nida & Taber는 같은 책에서 이렇게 경험적으로 이해할 수 없는 성경구절에 대한 '소통중심 번역접근법'을 사용하여 '하느님의 양(Lamb of God)' 대신 '하느님의 어린 물개(Seal of God)'로 번역할 수도 있다고 제안한 바 있다.

기술된 것을 기초로 문맥적 이해를 가능하게 하는 광범위한 '문맥지식(contextual knowledge)'을 모두 망라"(Lederer 2000: 59)하는 인지적 보완소는 언어내적 커뮤니케이션에 있어서도 중요한 역할을 하지만 이문화간의 커뮤니케이션에서는 더욱 더 그 중요성이 커진다. 인지적 보완소가 개인별로도 차이가 개인차가 존재하지만, 동일한 언어문화집단에 속하는 구성원들이라면 서로 공유하는 부분이 많기 마련이다. 그러나 서로 다른 언어문화집단간에 이루어지는 이문화간 커뮤니케이션에서는 화자와 청자 혹은 출발텍스트의 저자와 도착텍스트 독자가 갖고 있는 인지적 보완소가 서로 다르기 마련이고, 이런 차이 때문에 출발텍스트 독자가 도출할 수 있는 방식으로 부호화된 메시지가 도착텍스트 독자에게는 도출이 불가능한 의미로 남아있을 수밖에 없게 된다. 즉 양 커뮤니케이션 당사자가 갖고 있는 인지적 보완소의 차이로 인해 출발텍스트의 의미, 특히 비명시의는 도착텍스트 독자에게 전달이 불가능해지게 되는데, 이는 단순히 언어장벽을 극복하거나 완화하는 차원의 도움으로는 극복이 불가능하다.

Gutt(1991, 1992)는 이를 '공유인지환경 상의 간극(gap in shared cognitive environment)'이란 개념으로 설명한다. '인지환경'이란 언어사용자가 갖고 있는 모든 구체적인 지식이나 표상을 가리키는 추상적인 개념으로, 오감(五感)을 통한 인식작용의 결과나 기억·추론과정을 통해 개개인이 진실이라고 생각하거나 진실로 받아들일 수 있는 모든 사실을 가리킨다(Gutt 1992: 22). 이런 인지환경은 동일한 언어문화권의 구성원들간에는 상당부분 공유되는 부분이 있는데, 이것이 '공유인지환경'이다. 언어사용자가 서로 다른 언어문화권에 소속되면 이들이 갖는 공유인지환경도 달라진다. 커뮤니케이션 당사자들의 공유인지환경 상에 간극이 존재하게 되면 커뮤니케이션의 성공은 기대하기 어려워진다. 즉 소통자가 머릿속에서 전달하고자 의도하는 정보의도와 실제로 이루어지는 발화에 차이가 있을 경우 피소통자는 비명시의를 도출하고 추론을 통해 이 간극을 메움으로써 커뮤니케이션의 성공을 이룰 수 있다. 그러나 소통자가 피소통자의 추론과정을 통해 보완될 것으로 기대하고 일정 정보를 실제 발화에서 암묵적으로 남겨두었을 경우 피소통자가 공유인지환경 상의 간극 때문에 이를 제대로 도출해내지 못할 수도 있다. 이는 곧바로 커뮤니케이션의 실패로 이어진다.

2.8. 이문화간 커뮤니케이션과 공유배경지식

이문화간에 이루어지는 커뮤니케이션, 즉 하나 이상의 부호체계가 사용되는 커뮤니케이션 상황에서는 명시의 이외에 추론의가 원 메시지 생산자가 의도하는 만큼 도출되지 못할 가능성이 있고, 그렇게 되면 메시지의 이해가능성 내지 '이해용이성(accessibility)'이 떨어질 수 있다. 커뮤니케이션의 실패는 단순히 언어라는 부호체계를 잘못 사용한 결과이기보다는, 전달하고자 하는 정보의도를 추론해 내도록 의도된 전제나 가정들을 사용하여 의도된 바를 제대로 추론하지 못하거나 잘못된 추론을 하기 때문에 일어날 수 있다.

따라서 명시의 이외에 의도된 추론의를 제대로 이끌어내고 이것이 통역·번역이라는 과정을 통해 최종적인 메시지 사용자가 이해하기 용이한 방식으로 제대로 전달될 수 있도록 중개가 이루어져야 한다. 이때 중요한 것은 통역사/번역사가 언어중개뿐만 아니라, 문화적 차이에 대한 문화중개도 함께 하여야 한다는 점이다. 구체적으로는 소통 당사자들이 메시지를 통해 의사소통을 하는 과정에서 의도하는 메시지의 의미의 총합을 제대로 평가하고, 이것이 양쪽에서 등가가 이루어지도록 중개하여야 하며, 이때 이해용이성도 함께 높이는 방법을 추구해야 한다.

제3장 전문직으로서의 통역사/번역사

> **주요 내용**
>
> ❶ 메시지의 문화특수성(culture-specificity of a message)
> ❷ 언어장벽과 문화장벽의 중개(mediation of linguistic & cultural gaps)
> ❸ 통역사/번역사의 자질과 역할(qualifications and roles of interpreter/translator)
> ❹ 삼자간 대화(a trilogue)
> ❺ 통역사/번역사 언어 분류
> (classification of working languages of a[n] interpreter/translator)
>   ❀ A언어(A language)
>   ❀ B언어(B language)
>   ❀ C언어(C language)
>   ❀ 능동언어(active language)
>   ❀ 수동언어(passile language)
> ❻ 국제회의통역사협회
> (the Association of Internaitonal Conference Interpreters, AIIC)
> ❼ 국제번역가연맹(the International Federation of Translators, FIT)
> ❽ 번역자-번역사-번역가(one who translates-translator-master of translation)
> ❾ 제반분야전문가 대 특수분야전문가(generalist vs. specialist)
> ❿ 통역사/번역사의 전문성(interpreter/translator's expertise)

3.1. 메시지의 문화특수성

앞 장에서 말한 것처럼 커뮤니케이션의 대상이 되는 메시지에 담긴 정보, 곧 의미는 '형태(form)'와 '내용(content)'으로 이루어진다. 이때 이문화간 커뮤니케이션에서 문제가 되는 것은 동일한 의미라도 그 의미를 지칭하고 범주화하는 방식이 다르다는 것이다. Nida(1996)는 '사촌관계'를 가리키는 어휘가 영어에서는 'cousin' 단 하나뿐인데 비해 중국어에서는 '가계' '성별' '상대적인 연령의 상하 관계'에 따라 8가지의 서로 다른 어휘가 다같이 '사촌관계'를 지칭하는 어휘로 발전해있음을 지적한다. 우리말에서는 보다 다양한 '사촌관계'가 존재하고, 따라서 이를 지칭하는 어휘도 더 다양하게 나타난다.

〈표 3.1〉 우리말의 '사촌관계' 어휘표

		가계			
		부계(父系)		모계(母系)	
		'나'의 성별			
	나와 상대의 상대적 연령관계	F	M	F	M
상대방의 성별	연장자 (F)	고종사촌 언니	고종사촌 누나	이종사촌 언니	이종사촌 누나
	연하자 (F)	고종사촌여동생		이종사촌여동생	
	연장자 (M)	고종사촌 오빠	고종사촌 형	이종사촌 오빠	이종사촌 형
	연하자 (M)	고종사촌남동생		이종사촌남동생	

위 표에서 알 수 있는 것처럼 '나'로 대표되는 화자의 성별, 지칭대상

의 성별, '나'와 '지칭대상'과의 나이의 상하관계, 부계인가 가계인가로 대별되는 가계(lineage) 구분에 따라 모두 12개의 어휘가 '사촌관계'를 가리키는 용어이다. 여기서 특이한 것은 '나'를 기준으로 연장자에 대해서는 모두 8개의 어휘가 독립적으로 존재하지만, 상대적 연하자에 대해서는 '지칭대상'의 성별, 가계 구분만을 추가로 고려하여 '고종사촌 여동생/남동생' '이종사촌 남동생/여동생'의 상대적으로 적은 4개의 어휘만 존재한다는 점이다.

이렇게 언어문화권별로 동일한 사상(事象)이나 개념을 지칭하고 범주화하는 방식이 다르고, 그 결과 존재하는 어휘의 개수나 다양성이 달라지는 것은 해당 언어문화권에서 그 사상이나 개념을 경험하는 방식이나 그에 부여하는 중요성이 다르기 때문이다. 예를 들어 '쌀'이 주식인 우리 사회에서는 '쌀'과 관련된 개념이 최소한 8개 이상이 발견된다. 우선 조리여부에 따라 '쌀'이라는 알곡이 존재한다. 이후 조리방법과 조리후 상태에 따라 적절한 수분을 포함하고 있는 '밥'이 만들어지고 '밥'보다 훨씬 많은 수분을 포함하는 '죽'과 '미음'과 '응이'가 존재한다. 또 '누가 먹는가?'에 따라 일반인의 취식을 전제로 하는 '밥'과 왕족을 위한 궁중음식으로서의 '수라', 그리고 조상을 위한 젯상에 올려지는 '메'라는 별도의 어휘가 구분되어 사용된다.

그러나 영어에서는 'rice'라는 곡식명만 존재하고, '밥' '떡' 같은 것을 표현하려면 'boiled/steamed rice'와 'rice cake' 같은 추가 설명이 필요해진다. '죽'은 'rice porridge'로 치환[18]이 가능하겠지만 '미음' '응이'와 구분되는 의미를 설명하기 위해서는 문장 단위의 설명으로 표시할

---

[18] 본 서 제6장 「등가와 대응」 참조.

<표 3.2> '쌀'과 관련된 우리말 어휘

어휘			사전적 의미
조리전		쌀	곡식의 이름. 조리가 이루어지기 이전의 알곡 상태를 가리킴
조리 후	조리방법 및 조리후 상태	죽	곡식 낟알이나 가루에 물을 많이 붓고 오래 끓여 완전히 호화시킨 것
		미음	곡식을 푹 고아 체에 밭친 것
		응이	곡물을 간 다음 가라앉은 전분을 말려두었다가 물에 풀어 쑤는 고운 죽
		떡	곡식 가루를 반죽하여 쪄서 만든 음식을 통틀어 이르는 말
	취식자	밥	쌀·보리 따위 곡식을 씻어서 솥 같은 데에 안치고 물을 부어 끓여 익힌 음식
			일반인이 먹는 밥
		메	젯상에 올리는 밥
		수라(水剌)	궁중에서 왕과 왕비가 드시는 밥

수밖에 없다. 어떤 사상이나 개념을 지칭하는 단일어휘, 그것도 단일음절어휘가 존재한다는 것은 해당 사상이나 개념이 그만큼 해당 문화권에서 생활과 밀접한 관련을 가지고 있음을 뜻한다.

이런 차이가 시사하는 것은 두 가지이다. 첫번째로 한 언어문화권에 존재하는 어휘와 다른 언어문화권의 어휘 간에 반드시 일대일의 대응관계가 성립되지 않는다는 것이다. 영어에서는 '사촌관계'를 나타내는 단일어휘뿐만 있는데 비해 중국어에서는 8개, 한국어에서는 12개의 하위어가 존재하는 집합을 이루고 있다. 즉, 한 언어의 어휘와 다른 언어의 해당 어휘와의 관계는 '일대일(一對一)의 단순치환'이 가능한 관계 이외에도 '일대다(一對多)' '다대다(多對多)' 심지어는 '일대무(一對無)'처럼 다양하다. 그 결과 한 어휘를 다른 언어의 단일어휘로 옮기는 '대응'이 모든 번역에서 가능하지는 않다는 것이다.

두번째 함의는 각 언어문화권별로 생각과 경험을 인식하고, 지칭하고 범주화하는 방식이 다르다는 것, 그리고 해당 언어문화사회에서 갖는 중요성이 크고 해당 사회에서만 나타나는 문화현상이 존재할 경우와 관련된다. 이런 문화특수성을 반영하는 어휘를 가리키는 '문화소(cultureme)' (Vermeer 1983: 8)는 단순 대응이 사실상 불가능하다. Leppihalme (1997)는 문화소의 번역이 번역의 중요한 도전이 된다고 지적한다. 왜냐하면 이문화간 커뮤니케이션의 대상이 되는 경험, 특히 이런 경험세계를 반영하는 문화특수적 개념에는 문화간극(cultural gap)이 존재하게 되고 이것이 제대로 중개될 때에만 도착텍스트의 이해용이성이 충분히 높아져 의도하는 소통이 비로소 가능해지기 때문이다.

3.2. 언어장벽과 문화장벽의 중개

메시지가 담고 있는 총체적인 정보를 전달할 때, 메시지 이동 과정의 양 극단에 있는 사람들, 곧 소통자들이 서로 다른 언어문화권에 속해 있는 경우 두 소통자간의 소통행위의 중개가 필요해진다. 이때의 중개를 통역 또는 번역이라고 할 때, 통역사/번역사의 중개는 크게 두 가지 층위에서 이루어진다. 곧 언어중개와 사회문화적 중개가 그것이다.

언어중개란 말 그대로 두 소통자들이 사용하는 언어가 다르기 때문에 의사소통의 실패가 일어나는 것을 막거나 완화하기 위하여 중개하는 행위를 가리킨다. 번역사/통역사는 메시지 생산자, 곧 발화자나 출발텍스트 저자가 사용하는 언어로 이루어진 메시지를 일차적으로 받아들여 그것을 다시 메시지 소비자, 곧 청자/청중이나 도착텍스트 독자가 이해할 수 있는 언어로 바꾸어 메시지를 전달한다. 예를 들어 독일 연사의 연설을 한국인 청중을 위해 통역하는 경우라면, 통역사는 일차적으로 메시지를 독일어로 이해한 다음, 이를 다시 한국인 청중들이 이해할 수 있도록 한국어로 전달함으로써 언어중개를 한다.

그러나 언어중개만 이루어진다고 해서 커뮤니케이션의 성공이 일어난다고 보장할 수는 없다. 예를 들어 독일 연사가 한국의 여류정치인 한 사람을 지칭하면서 "나는 그가 한국의 Angela Merkel이라고 생각합니다."라고 말했다고 하자. 그러나 한국인 청중들이 문제의 'Angela Merkel'이 누구인지 전혀 알지 못한다면 이 연사의 발화는 그 정치인에 대한 덕담으로 들리는 것은 고사하고, 의미가 없는 어휘의 단순한 나열에 불과할 것이다. 통역사가 Angela Merkel이 유명한 물리학자이자 현재 독일정부의 수상임을 알고 있고, 대부분의 청중들은 그렇지 않으리라는 사실까지 함께 알고 있다면 "나는 그가 독일의 현(現) 수상 Angela Merkel처럼 유능하고 성공적인 정치인이라고 생각합니다."라고 통역할 것이다.

그럼으로써 언어중개는 물론 한국인 청중과 독일 연사 간의 문화경험의 차이, 곧 문화간극(cultural gap)[19]까지 중개함으로써 이문화간 커뮤니케이션의 성공이 일어날 수 있도록 한다. 정리하자면 통역사/번역사는 단순히 언어만을 옮기는 것이 아니라 언어와 문화의 두 층위에서 중개를 한다는 뜻이다.

주의할 것은 언어중개와 문화중개가 별개로 이루어지거나 순차적으로(linear) 이루어지는 것이 아니라 통역사/번역사의 머릿속에서 동시에

---

[19] 문화특수성과 커뮤니케이션 상호작용간의 관계에 대해서는 본서 제2장 8절 '이문화간 커뮤니케이션과 공유배경지식', 제3장 1절 '메시지의 문화특수성', 2절 '언어장벽과 문화장벽의 중개' 참조.

이루어질 수 있다는 점이다.

3.3. 통역사/번역사의 자질

언어중개와 문화중개 모두를 잘 할 수 있는 통역사/번역사는 그러면 어떠한 요건을 갖춰야 하는 것일까?

Marianne Lederer(1999)는 다음의 네 가지가 통역사/번역사의 자격요건을 구성하는 '4대기둥(four pillars)'이라고 말한다.

❶ 출발어 구사력(command of the source language)
❷ 모국어 구사력(command of one's native language)
❸ 배경지식과 주제지식(command of relevant world and background knowledge)
❹ 통역·번역방법론 지식(command of translating methodology)

번역사/통역사가 우선 자신의 모국어에 대한 충분한 구사력을 가져야 한다는 것은 당연하다. 한 언어에 대한 충분한 구사력이 어느 수준을 말하느냐에 대해서는 다양한 의견이 있을 수 있지만, 무엇보다 해당 언어에 대한 '직관(intuition)'[20]을 갖고 있어야 하며, 해당 언어로 이루어지는 모든 표현의 뉘앙스와 미묘한 차이까지를 이해하고 사용할 수 있는 능력

---

[20] '언어습득(language acquisition)'과 '언어학습(language learning)'을 구분할 때, 해당 언어에 대한 직관적 판단력을 갖고 있느냐는 언어습득 여부를 판가름하는 중요한 기준이기도 하다.

을 보유하여야 한다. '언어지식(linguistic knowledge)'이란 통역·번역 행위의 직접적인 대상으로서의 양대 언어를 구사할 수 있는 능력 또는 그에 대한 지식을 총칭한다. 이것은 단순히 두 가지 언어에 대한 문법이나 어휘에 대한 지식뿐만 아니라 이 지식을 실제 커뮤니케이션 상황에 맞게 적절하게 구사할 수 있는 능력도 포함한다.

통역사/번역사에게 필요한 두번째 자질인 출발어 구사력은 모국어 구사력보다도 복잡하고 측정이 어렵다. Lederer는 출발어 구사력을 폐쇄적 체계와 개방적 체계로 나누었다. 첫번째도 출발어의 '폐쇄적 요소(closed systems)'란 음성학적·음운론적·문법적 지식을 가리키는데, 통역사/번역사는 전문활동을 시작하기 이전에 이미 이를 마스터해야 한다. 반면 수가 무한하여 전체를 마스터하는 것이 이론적으로 불가능한 '개방적 요소(open 체계)', 곧 다양한 어휘와 관용표현 같은 것은 평생 학습을 통해 보완해 나가야 한다고 보았다.

세번째 자질인 폭넓은 유관지식과 배경지식 역시 범위가 정해진 것이 아니라 역동적 학습에 의해 끊임없이 넓혀가야 하는 부분이다. 이때 번역사/통역사에게 요구되는 지식은 크게 일반적인 배경지식, 그리고 실제로 통역·번역이 이루어지는 '주제분야(subject area)'에 관한 '주제지식(subject matter knowledge)'으로 나뉜다. 배경지식이란 '세상에 대한 지식(the world knowledge)' 혹은 '백과사전적 지식(encyclopedic knowledge)'이라고도 부르는데, 통역사/번역사가 교육과 경험을 통해 취득한 모든 지식과 경험을 통틀어 가리킨다. 반면 주제지식이란 통역·번역의 대상인 텍스트에서 다루어지고 있는 주제 분야에 대한 보다 깊이 있고 체계적인 지식을 가리킨다. 예를 들어 북핵문제 해결을 위한 불능화 작업의 이행 방법에 대한 연설문을 번역하기 위해서는 번역사가 단순히 폭넓은 배경지식만 가져서는 안 되고, 핵 불능화의 전문적인 정의는 무엇인지, 어느 상태에서 어느 조건을 어떻게 충족시켰을 때 이행된 것으로 규정하는지, 방법론적으로 어떤 대안들이 있는지, 그 각각의 대안의 장단점이나 위험요소 같은 것이 무엇이 있는지를 알고 있어야만 제대로 번역을 할 수 있을 것이다. 뿐만 아니라 불능화의 양 당사자인 북한측과 나머지 5개국의 입장의 차이가 무엇인지, 그것이 기술적인 면에서 어떻게 반영되는지에 대한 지식도 갖고 있어야 할 것이다. 이런 점에서 일반적인 배경지식과 해당 주제 분야에 대한 배경지식을 모두 갖추는 것이 필요하다.

마지막으로 통역·번역방법론에 대한 지식도 반드시 필요한 요건이다. 앞에서 통역·번역이 이문화간 의사소통 과정에서 단순히 언어중개만 하는 것이 아니라 문화간극을 메우는 문화중개도 하게 된다고 말하였다. 이때 구체적으로 어떻게 중개 할 것인가의 구체적인 방법론에 대한 지식이 필요해진다. 이것이 통역·번역의 방법론에 대한 지식이라고 말할 수 있다. 예를 들어 산이라고는 없고 오로지 초원과 구릉으로만 이루어진 아열대지방에 사는 번역독자를 위해 번역을 하면서 '고산준령 정상의 만년설'을 어떻게 번역할 것인가? 이 번역독자는 우선 '산'이라는 지형을 이해하지 못할 것이고, 눈이라고는 한번도 보지 못한 상태에서 '눈'이라는 기상조건을 이해하기 힘들 것이다. 이런 경우 "'우리나라에서는 보지 못할 정도로 매우 높은 언덕들'의 꼭대기에 '흰 설탕결정체의 형태로 내리는 매우 차가운 비'가 내려 녹지 않고 쌓여있는 것"처럼 비유와 부연설명을 통해 접근할 것이다. 이렇게 번역독자의 문화경험을 이해하고 이에 따라 텍스트의 이해가능성 내지 이해용이성(intelligibility/accessibility)을 높일 수 있도록[21] 중개할 수 있는 능력이 바로 통역·번역방법론에 대한 지식이다.

Kußmaul(1995)과 Nord(1991, 1995, 1996)는 통역사/번역사의 요건으로 다음 네 가지를 꼽는다.

❶ 양대언어 구사력
❷ 지식기반
❸ 통역·번역방법론에 대한 지식
❹ 양대문화중개능력(biculturalism)

얼핏 보기에는 Lederer가 제시한 구성요건들과 약간 달라보이지만, 실제로는 문화중개능력의 중요성을 얼마나 인정하느냐의 차이만 있을 뿐이다. 이들은 모국어 구사력과 출발어 구사력을 각각의 구성요소로 꼽은 Lederer와는 달리 두 가지 언어를 구사할 수 있는 능력을 '양대언어 구사력'이라는 단일범주로 묶는다. 대신 '양대문화중개능력'을 별도로 독립시키는데, 그만큼 이문화간 의사소통에서 문화적 이질성과 그로 인한 문화간극의 존재를 인정하고, 그에 따른 문화중개의 필요성/중요성을 강조한 것이다. 그렇다면 Lederer는 문화중개를 등한시한 것일까? 그렇지 않다. Lederer는 Kußmaul이나 Nord에 비해 통역·번역방법론에 대한 지식을 보다 포괄적으로 정의하여 양대문화중개능력까지 포함하도록 규정하고 있다. 바꾸어 말하자면 Lederer가 양대문화중개능력을 통역·번역방법론에 대한 지식에 당연히 포함되는 하위요소[22]로 전제한

---

[21] 통역·번역의 목적은 번역텍스트의 이해용이성을 높이는 것만이 아니라 다양한 목적을 가질 수 있으며, 이러한 목적에 따라 다양한 중개기법이 사용될 수 있다. 이에 대해서는 본서 제8장 4절 '스코포스(skopos) 이론'과 '중개기재'에 대한 설명 부분을 참조할 수 있다.

반면, Kußmaul과 Nord는 이의 중요성을 훨씬 더 부각시키기 위해 별도로 독립시키고 있다.

실제로 Lederer의 주장과 Kußmaul 및 Nord의 주장의 보다 큰 차이는 통역·번역에 사용되는 언어의 '언어조합방향'을 어떻게 정의할 것인가에 대한 차이에서 발견된다. 언어조합방향이란 통역·번역에 사용되는 언어 가운데 어떤 것이 출발어가 되고 어떤 것이 도착어가 되는가의 결합방향을 가리킨다. 예를 들어 영어가 모국어인 저명한 생물학자가 자신의 새로운 발견에 대해 설명하고 질의응답을 갖는 세미나가 있다고 하자. 한국어와 영어가 사용되는 통역 상황에서 영어를 사용하는 연사의 연설을 한국어를 모국어로 사용하는 청중을 위해 통역하는 경우 언어조합방향은 영어에서 한국어(EK)가 될 것이고, 거꾸로 한국어를 모국어로 사용하는 청중의 질문을 연사를 위해 영어로 옮길 경우, 언어조합방향은 한국어에서 영어(KE)가 될 것이다. 이 통역 상황에서의 언어조합은 한국어-영어가 될 것이고, 언어조합방향은 영어-한국어와 한국어-영어의 방향을 모두 포함한다고 말할 것이다.

그런데 Lederer가 통역사/번역사의 요건으로 두 가지 언어에 대한 구사력을 꼽으면서 그 용어로 '출발어 구사력'과 '모국어 구사력'을 쓴 것에 주목해보자. 이것은 그가 모국어를 도착어로 전제하고 있었음을 알려준다. 즉 통역·번역의 행위에 있어서 출발어는 모국어이외의 제2 언어[23]여야 하고 도착어는 반드시 모국어를 사용해야 한다는 것이다. 이것

---

[22] 이 부분에 대한 논의는 제8장 「통역·번역모델」 가운데 '해석이론의 삼각형 모델'에서 구체적으로 다루어진다.
[23] 이는 3개 언어 구사자(trilinguals)나 그 이상을 제외하고 2개 언어 구사자(bilinguals)를 대상으로 하는 논의이다. '다언어구사자'에 대한 정의 참조할 것.

은 특히 통역의 경우 더 큰 의미를 갖는다. 동시통역이나 순차통역에서는 시간적 제약에 쫓기면서도 구어로 주어지는 메시지를 분석·이해·표현하면서 미묘한 차이와 뉘앙스까지를 변별해야 한다. 마찬가지로 표현에 있어서도 이런 이해의 결과를 의도한 대로 커뮤니케이션 효과까지 살려서 전달하여야 한다. 모국어가 도착어가 아니라면 이런 표현 과정에서 완성도가 떨어지기 마련이고, 또 표현에 신경을 쓰다보면 듣기와 이해 과정에 할애할 수 있는 에너지가 상대적으로 적어져 전달의 정확도나 전달도(delivery accuracy & rate)도 영향을 받게 될 것이다. 따라서 반드시 모국어가 도착어가 되어야 한다는 주장이다.

3.4. 통역사/번역사의 언어 분류

통역사/번역사의 모국어로의 통역·번역, 곧 '인바운드 통역·번역(inbound interpretation/translation)'만을 허용하고 장려하여야 한다는 Lederer나 Seleskovitch 등의 주장은 '국제회의통역사협회(International Association of Conference Interpreters, AIIC)'의 입장과 기본적으로 동일하다. 즉 B언어를 출발어로 하여 A언어를 도착어로 사용하는 언어조합방향으로의 통역·번역이 바람직하며, 수준 높은 통역과 번역을 담보하기 위해서는 그밖의 언어조합방향으로의 통역이나 번역을 허용하지 말아야 한다는 것이 AIIC의 기본입장이다.

이것의 의미를 이해하기 위해서는 AIIC의 언어분류체계를 이해하여야 한다. AIIC에서는 언어를 크게 'A언어(A language)' 'B언어(B language)' 'C언어(C language)'의 세 범주로 나눈다. A언어란 통역사/번역사의 모국어 이외의 모든 다른 언어로부터 이루어지는 통역[24]의 도착어가 되는 통역사의 모국어, 또는 엄격한 의미에서 모국어에 해당하는 기타 언어[25]를 가리킨다. 두번째로 B언어란 통역사/번역사의 모국어 이외의 A언어로, 완벽한 구사력을 갖고 있으며, 통역사/번역사가 구사할 수 있는 언어로부터 이루어지는 통역의 도착어가 되는 언어[26]를 가리킨다. 마지막으로 C언어는 통역사/번역사가 완전하게 이해할 수 있는 언어로서 통역시 출발어가 되는 언어[27]를 가리키는데, C언어가 여러 개인 통역사/번역사도 많다.

   AIIC에서는 언어를 다시 '능동언어(active language)'와 '수동언어(passive language)'로도 구분한다. 능동언어란 통역사/번역사가 전문적인 통역·번역 서비스를 제공할 수 있는 도착어를 가리키는 반면, 수동언어란 통역사/번역사가 전문적인 통역·번역 서비스를 제공할 때 출발어가 되는 언어를 가리킨다. 예를 들어 프랑스어에서 영어로의 통역이 이루어지는 경우, 프랑스어는 해당 회의의 수동언어가 될 것이고, 영어는 능동언어가 될 것이다.

   능동언어와 수동언어를 텍스트의 생산 능력과 관련하여 구분할 수도

---

[24] AIIC는 국제회의통역사들의 단체이므로 언어범주를 세분할 때 통역행위만을 명시적인 대상으로 정의하고 있다. 그러나 통역과 번역이 모두 전문적인 커뮤니케이션 행위이고 둘의 개념이 호환적(interchangeable)으로 사용되고 있다는 점에서 이 분류법을 번역과 통역에 같이 적용할 수 있다.

[25] "The interpreter's native language (or another language strictly equivalent to a native language), into which the interpreter works from all her or his other languages (www.aiic.net/glossary)."

[26] A language other than the interpreter's native language, of which she or he has a perfect command and into which she or he works from one or more of her or his other languages (www.aiic.net/glossary).

[27] The language(s) of which the interpreter has a complete understanding and from which she or he works (www.aiic.net/glossary)

있다. 즉 수동언어란 해당 언어로 이루어진 구어 텍스트를 듣거나 문어 텍스트를 읽는 수동적인 정보처리, 곧 이해와 같이 '텍스트의 수용'이 가능한 언어를 가리킨다. 반면, 능동언어란 해당 언어로 이루어진 구어 텍스트를 말하거나 문어 텍스트를 쓰는 것과 같이 적극적이고 능동적인 정보처리, 곧 '텍스트의 생산'이 가능한 언어를 가리킨다.

이렇게 능동언어와 수동언어를 구분하는 이유는 통역·번역의 수준을 높이기 위해서는 통역·번역의 도착어가 수동언어가 되어서는 안 되며 반드시 능동언어, 그 가운데에서도 통역사/번역사의 모국어가 도착어가 되는 언어조합방향으로의 통역·번역만을 허용하거나 장려하기 위해서이다.

3.5. 특수언어와 한영 통역·번역

능동언어로의 통역·번역, 그 가운데에서도 모국어로의 통역·번역이 수준높은 통역·번역을 보장할 수 있는 방법 가운데 하나라는 주장에는 대체로 이견이 없는 듯하다. 그러나 통역사/번역사의 모국어가 영어 같은 국제공용어(*lingua franca*)나 중국어 스페인어 프랑스어와 같은 UN 공식언어가 아닌 경우, 다시 말해 해당 언어를 사용하는 인구수가 전세계적으로 소수일 경우에는 해당 언어를 출발어로 통역·번역을 할 수 있는 인구의 풀 자체가 매우 제한적이다. 이렇게 특정 언어가 소수언어이어서 해당 언어를 구사하는 인구의 수가 상대적으로 적을 경우 해당 언어를 특수어(*Regime speciale*, exotic language)라고 부른다.

이런 특수어의 경우 해당 언어를 완벽하게 이해할 수 있는 통역사/번역사의 수가 매우 적기 때문에 이를 출발어로 하여 다른 언어로 이루어지는 통역·번역에 대한 수요를 해당 도착어가 모국어인 통역사/번역사들로 쉽게 충족시키기가 어려워진다. 때문에 이상적인 상황은 아니지만 해당 언어를 모국어로 하는 통역사/번역사들 가운데 모국어를 출발어로 하고 모국어가 아닌 도착어로의 통역·번역을 수행하는 경우가 자주 생기게 된다. 한국어가 모국어인 통역사/번역사가 영어 또는 중국어로 통역·번역하는 경우가 여기에 해당한다. 이 경우 AIIC나 일부 학자들이 주장하는 것처럼 최고수준의 통역·번역을 보장할 수 있는 언어조합방향은 아닐지 모르나, 통역·번역이 전혀 이루어지지 않는 것보다는 바람직하다는 점에서 불가피하다 하겠다.

3.6. 삼자간 대화와 통역사/번역사의 역할

앞서 말한 것처럼 통역사 번역사는 이문화간 커뮤니케이션 상황에서 커뮤니케이션의 양 당사자가 커뮤니케이션의 성공을 달성할 수 있도록 커뮤니케이션 과정에 나타나는 언어적 장벽과 함께 문화적 장벽을 극복할 수 있도록 도와주는 '조력자(facilitator)' 또는 '중개자(intermediary)'의 역할을 한다. 앞의 커뮤니케이션 모델을 설명하면서 언급한 것처럼 통역사/번역사는 원 메시지 생산자와의 일차적 커뮤니케이션 단계에서는 메시지 수신자가 되어 메시지를 받아들인 다음, 통역·번역을 통해 재표현될 메시지의 수신자와의 이차적 커뮤니케이션 단계에서는 메시지 생산자의 역할을 각각 하게 된다.

통역사·번역사의 역할의 특수성은 '삼각형 대화'의 개념을 통해 설명될 수 있다. 일반적 대화에서는 두 사람이 화자와 청자의 역할을 대화순서(conversational turns)에 입각하여 서로 교대로 수행한다. 이때 두 사람은 자신이 전달하고자 하는 정보의도를 자유롭게 전달할 수 있고, 대화상황에 따라 새로운 정보의도를 추가하거나 반대로 전달하고자 했던 정보의도를 생략할 수도 있다. 삼각형 대화에서는 화자와 청자 역할을 수행하는 두 사람[28] 이외에 통역사/번역사가 커뮤니케이션에 참가한다. 그러나 통역사/번역사가 삼자간 대화의 한 축을 이룬다고 해도 그의 역할은 다른 두 참가자의 역할과는 구분된다. 커뮤니케이션의 두 당사자가 서로 원하는 정보의도를 자발적으로 전달하는 '정보의 시원(information initiator)'이 될 수 있고, 커뮤니케이션 상황의 전개에 따라 추가정보를 제공하거나 원하지 않는 정보를 삭제할 수도 있다. 그러나 통역사/번역사는 커뮤니케이션의 두 당사자가 제공하는 메시지가 서로에게 제대로 전달될 수 있도록 중개역할만을 할 수 있을 뿐, 자신의 욕구나 필요에 따라 새로운 내용을 추가하거나 이미 있는 내용을 삭제할 수 없을 뿐더러 자발적인 정보 제공 행위를 하여서도 안 된다. 즉 주어진 메시지를 주어진 그대로 가감삭제 없이 전체로서 번역하는 일(translating a message in its entirety)만을 해야 한다. 이런 점에서 삼자간 대화의 분명한 한 꼭지점에 해당하지만 다른 두 꼭지점에 해당하는 커뮤니케이션 당사자들과는 역할이 본질적으로 다르다는 사실을 명심해야 할 것이다.

---

[28] 통역의 경우 커뮤니케이션 당사자들이 청자와 화자 역할을 교대로 수행하게 되는 경우는 커뮤니티 통역의 경우가 대표적이며, 동시통역이나 순차통역에서는 대체로 이러한 대화순서에 입각한 역할 교대가 이루어지지 않는다. 커뮤니티 통역에 대해서는 본 서 제12장 「통역의 이해」의 '통역의 분류' 참조.

 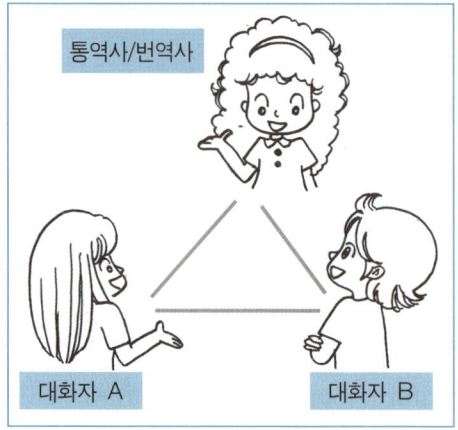

〈그림 3.1〉 2인간 대화 대 3인간 대화

3.7. 전문통역사/번역사단체

3.7.1. 국제회의통역사협회(AIIC)

1953년에 국제회의통역사들의 자격 관리 및 권익 보호를 위해 결성된 전문단체로, 프랑스어 명칭인 Association Internationale de Interprétes de Conférernce (The International Association of Conference Interpreters)의 첫글자를 따서 'AIIC'라는 약어로 통용된다.

동 협회가 운영하는 홈페이지(www.aiic. net) 자료에 따르면 2007년 9월 현재 48개 언어로 전문통역서비스를 제공하는 2,774 명의 통역사를 회원으로 두고 있다. 협회는 통역 서비스 사용자와 통역사 모두에게 도

움이 될 수 있도록 엄격한 통역수준을 관리하는 동시에 통역사에게는 철저한 훈련을 제공하는 역할을 한다. 또한 전문인으로서의 통역사의 윤리의식 강화를 목표로 한 활동도 수행해나가고 있다. 신입회원에 대해서는 가입신청서를 제출받은 후 심사에 의해 가입 수용 여부를 결정하며, 가입이 결정되면 '전문통역사 윤리강령(Code of Ethics)'과 '전문가 표준(Professional Standards)' 준수를 서약한다.

3.7.2. 세계번역사연맹(FIT)

프랑스어 공식명칭인 Féderation Internationlae des Traducteurs (The International Federation of Translators)의 첫글자를 따서 'FIT'라는 약어로 통용된다. 1953년 Pierre-François Caillé가 직업번역사들의 권익보호를 도모하기 위해 비(非)정치적 성격의 단체로 번역사들의 윤리적이고 실질적인 이익을 대변하는 역할을 위해 창설하였다. 회원은 번역사 개개인을 단위로 하는 것이 아니라 세계 각국의 번역관련단체들이 단체회원 자격으로 참여하도록 되어 있다. FIC의 공식 홈페이지(http://www.fit-ift.org)에 따르면, 2007년 9월 현재 전 세계 100여 개의 단체가 참여하고 있으며, 번역사 이외에도 통역사 및 통역·번역용어학자(terminologists)들의 단체에도 문호가 개방되어 있다.

3.8. 용어의 표준화: 번역자-번역사-번역가[29]

현재 우리나라에서 '번역행위를 하는 사람' 곧 '번역수행자'나 '번역행위를 하는 주체'를 가리키는 용어로 사용되는 어휘는 크게 '번역자' '번역사' '번역가'의 셋으로 대별된다. '역자'라는 용어도 자주 사용되지만 이것은 '번역자'의 줄임말이므로 '번역자'의 범주에 속하는 것으로 볼 수 있을 것이다. 이 경우 어떤 용어가 적절한 것인지를 가르는 핵심기준은 우리말의 'ㅡ자(者)' 'ㅡ사(士)' 'ㅡ가(家)'의 구분법이 될 것이다.

우선 'ㅡ자(者)'의 경우는 [어떤 사람을 조금 얕잡거나 범상하게 지칭하는 말](『그랜드 국어사전』, 2006) ['놈' 또는 '사람'이라는 뜻을 나타내는 말. 사람을 좀 낮잡아 이르거나 일상적으로 이를 때 쓰임] (『표준국어대사전』)의 의미가 기본이다. 반면 'ㅡ사(士)'는 ['변호사/세무사/ 회계사'처럼 「일부 명사 뒤에 붙어) '직업'의 뜻을 더하는 접미사] (『표준국어대사전』)로 쓰인다. 예시되어 있는 경우와 같이 전문적 훈련이나 소양을 닦거나 일정한 자격요건을 요구하는 시험을 통과하는 전문직에 붙는 접사임을 알 수 있다. 마지막으로 'ㅡ가(家)'의 경우는 ['(1) 어떤 방면의 전문인 또는 그것을 직업으로 삼는 사람 (2) 어떤 일에 능한 사람 (3) 어떤 것을 많이 갖고 있는 사람 (4) 어떤 특성을 지닌 사람'](『그랜드 국어사전』, 2006; 『표준국어대사전』)을 지칭한다.

이런 사전적 정의를 기초로 할 때 '번역자'란 '특별한 훈련이나 직업과 관련된 특성없이 번역을 하는 사람을 얕잡아 보는 용어'로 받아들여질 가능성이 있다. 이에 비해 '번역사'나 '번역가'는 '직업으로서 번역을 수

---

[29] 이 부분은 정호정(2007)의 논문 「동일한 언어로 말하기: 번역학 연구에 있어서의 용어 통일의 시급성」에서 논의된 것의 일부를 정리한 것이다.

행하는 사람을 가리킨다'는 점에서 공통점이 있다. 우리말의 구분을 따르면 '번역사'의 경우 '일정한 훈련과 자격요건을 갖추고 직업으로서 번역업무를 수행하는 사람'을, '번역가'는 '훈련이나 자격요건과 관련없이 번역능력수준이 일정한 수준 이상'인 사람을 가리키는 것으로 구분할 수 있다. 이 구분법이 타당성을 가질 수도 있는 것은, 우선 우리말에 '특정분야에서 일가(一家)를 이룬 사람'을 지칭하는 말로 '대가(大家)'라는 용어가 널리 쓰이는 것을 들 수 있다. 이와 같은 '가(家)'의 함축의를 번역분야에도 확대 적용시키게 되면 번역에 능할 뿐만 아니라 일가를 이루는 경지에 도달한 대가들을 '번역가'로 따로 지칭할 수 있을 것이다. '번역사'와 '번역가'를 가르는 이런 구분이 우리 사회에서 아직 명시적으로 또는 체계적으로 지켜지고 있지는 않다. 그러나 이미 기존의 연구에서 연구자들이 '번역가' 앞에 대체로 '전문'이나 '문학' 같은 수식어를 무의식적으로 사용하고 있는 것도 이와 같은 생각을 뒷받침 해주는 예로 볼 수 있을 것이다.

정리하자면, 업무규정(job description)상의 고유업무로서가 아니라 부수적인 업무로서, 혹은 외국어학습과 같은 목적으로 전문적이고 직업적인 자격이 아닌 사람이 번역을 하는 경우에는 해당 텍스트의 '번역자'로 지칭할 수 있을 것이다. 반면 전문적 훈련과정을 거쳐 고유업무로 직업적으로 번역하는 경우를 '번역사'로, 직업적 훈련 여부에 관계없이 번역에 매우 능하여 결과적으로 사회적 합의에 의해 일정 수준 이상의 번역능력을 가진 것으로 인정받는 경우를 '번역가'로 세분하는 방안도 검토할 수 있을 것이다. 이때 '번역가'의 경우, '직업적 전문훈련 여부에 관계없이' 규정할 수 있도록 한 것은 기존의 문학번역의 영역뿐만 아니라 실용전문번역(technical translation) 분야에서도 일정한 사회적 합의에 의해 명망가로 인정할 수 있도록 하기 위한 것이다.

이상의 논의를 정리한 것이 아래 <표 3.3>이다.

<표 3.3> 번역자-번역사-번역가

	용어 정의	영어 등가표현
번역자	전문적·직업적 자격을 갖추지 않은 사람이 부수적 업무의 일부로서 혹은 외국어 학습 등의 목적을 갖고 번역을 수행하는 경우	A person who translates [a particular text]
번역사	전문적 훈련과정을 거쳐 고유업무로 직업적으로 번역하는 경우	Translator
번역가	직업적 훈련 여부에 관계없이 번역에 매우 능하여 결과적으로 사회적 합의에 의해 일정 수준 이상의 번역능력을 가진 것으로 인정받는 경우	Master of translation

이와 관련하여 주목할 것은 현재 활발하게 논의가 이루어지고 있는 번역사 인증제도의 시행여부일 것이다. 지금과 달리 앞으로 번역사 인증제도가 도입되게 되면 번역사로 활동하고 있는 모든 사람들을 일정한 인력 풀로 묶고, 개별적인 자격 검증과 평가 과정을 거쳐 번역사 자격 유지 요건을 규정하는 한편, 번역사 별 능력 등급 및 활동 범주를 분화할 수 있게 될 것이다. 이렇게 되면 지금처럼 '번역가'라는 용어를 남발하는 일 없이[30] 사회적 합의와 전문적인 요건규정에 의해 일정한 수준의 번역

---

[30] 현재 '한국번역가협회'가 있어 세계번역사연맹의 산하단체로 활동하고 있다. 그러나 이 단체를 비롯하여 다양한 번역관련단체의 경우, 번역이 단계별로 여러 수준의 번역사에 의해 이루어진다는 전제하에 '초벌번역가'의 존재와 역할을 인정하고 있다. 한 번역이 서로 다른 사람에 의해 '초벌번역'과 '최종번역'으로 나뉠 수 있는 일인지에 대한 논의는 차치하더라도, 번역텍스트의 최초번역작업만을 담당한다는 의미의 '초벌번역'을 하는 사람을 '번역가'로 부를 수 있는가에 대해서는 심도있는

능력을 갖추고 활동하는 사람을 따로 구분할 수 있게 될 것이며, '전문직으로서의 번역'에 대한 사회적 인식도 지금보다 더욱 제고될 것으로 기대할 수 있을 것이다.

3.9. 제반분야전문가 대 특수분야전문가

전문가(專門家)란 국어사전의 정의에 의하면 "어떤 부문에 오로지 힘써 높은 지식이나 기술을 가진 사람"(『그랜드 국어 대사전』)을 가리키고, 영어에서는 "특정 주제분야에 대해 고도의 기술이나 지식을 가진 사람(a person with a high degree of skill in or knowledge of a certain subject[31])"으로 정의되어 있다. 곧 특정한 주제분야에 대하여 의도적인 노력의 결과로 높은 수준의 지식이나 기술을 가진 사람을 전문가로 지칭할 수 있다는 것이다.

Seleskovitch(1967[2002])는 전문가를 다시 '특수분야전문가(specialist)'와 '제반분야전문가(generalist)'로 세분하여 각각을 설명하고 있다. 이 두 가지 세부 범주 모두 '전문가'라는 점에서는 공통된다. 즉 자신이 활동하는 분야에 대해 매우 높은 수준의 지식이나 기술을 보유하고 있다. 그런데 '특수분야전문가'란 그가 보유하고 있는 지식이나 기술의 대상 영역이 매우 전문적이고 제한적인 경우를, '제반분야전문가'란 그 영역이 비교적 포괄적이고 종합적인 경우를 가리킨다. 예를 들어 우리사회에서 '의사'나 '법조인'은 모두 대표적인 전문가 집단으로 꼽힌다. 오

논의가 필요할 것이다.
[31] 출전: www.wordnet.princeton.edu

랜 지적 수련 기간을 거쳐 해당 분야에 대한 깊이 있는 지식을 갖게 된 데다, 국가자격시험 등에 의해 자격을 인정받은 대표적인 경우이기 때문이다. 그런데 '의사' 가운데에서도 '심장수술전문외과의'나 '인체복원전문성형의'처럼 진료영역이 매우 전문적이고 제한적인 의사가 있는가 하면 '가정의학과 의사'처럼 신체의 다양한 증상을 종합적으로 다루면서 심각한 증세가 의심되는 경우에는 전문의에게 다시 진료의뢰를 해주는 의사도 존재한다. 마찬가지로 '법조인' 가운데에서도 '검사'나 '변호사'에 비해 '판사'는 보다 다양한 분야의 사건을 심리하고 판결한다는 점에서 '검사'나 '변호사'에 비해 활동영역 특화 정도가 상대적으로 낮다. Seleskovitich(1967[2002])는 이렇게 자신이 보유하고 있는 지식이나 기술의 영역이 전문적이고 제한적인 경우의 전문가를 '특수분야전문가'로, 비교적 포괄적이고 종합적인 전문지식을 갖고 활동하는 전문가를 '제반분야전문가'로 구분하였다.

이 분류법이 통역사/번역사에게 시사하는 바는 통역사/번역사가 '제반분야전문가'라는 점이다. 통역사/번역사는 자신이 갖고 있는 전문지식이나 정보를 다른 사람에게 전달하고 확산시키는 정보의 시원(始原)으로서의 역할은 하지 않는다. 대신 텍스트의 형태로 자신에게 주어지는 정보를 분석하고 이해한 다음 이를 다양한 변수를 고려하여 적절하게 전달하는 일을 한다. 때문에 주어지는 정보를 가장 효과적으로 분석하여 커뮤니케이션 의도와 정보의도를 모두 알아낸 다음, 이를 합리적으로 재구성하기 위해 자신이 갖고 있는 모든 지적 능력을 총동원한다. 이때 통역사 번역사에게 주어지는 정보, 곧 텍스트는 대부분의 경우 특수분야 전문가에 의해 발화되거나 쓰여진다. 때문에 이런 텍스트에 담겨있는 정보를 이해하기 위해서는 특수분야 전문가에 버금가는 수준의 지적 처리

능력이 요구된다.

　이런 점에서 통역사/번역사는 이미 전문가이고, 특히 분석과 이해의 전문가이다. 그러나 통역사/번역사가 다루는 주제분야들이 어느 한 특정분야에 국한되지 않고 다양하고 폭넓은 분야의 지식들을 다룬다는 점에서 그는 '제반분야전문가'이다. 이에 대해 Seleskovitch는 "통역사[번역사]의 지적 수준이 연사[출발텍스트 저자]의 지식수준과 동일할 필요는 없지만 비견될 수 있을 정도의 비슷한 지적 능력을 갖고 있어야만 한다(1967[2002]: 104)"는 점을 강조하고 있다.

3.10. 통역사/번역사의 전문성

　통역사/번역사의 전문성은 어디에 있는 것일까? Seleskovitch가 강조한 것처럼 통역사/번역사는 우선 '분석과 이해의 전문가'이다. 자신이 생각하고 전파하고자 하는 지식이 아니라 외부에 의해 주어지는 지식을 분석하고 이해한다는 것은 매우 힘든 일이다. 더욱이 그 대상이 되는 정보가 매우 높은 수준의 지적 훈련을 거쳐 이해할 수 있는 것일 때 그 어려움은 더욱 커진다. 통역사/번역사는 특수분야전문가는 아니지만 특수분야전문가들이 제공하는 전문적인 정보를 우선 이해할 수 있어야 하고, 이를 위해 주어지는 정보를 수동적으로 받아들이는 대신 적극적인 분석과정을 통해 해당 정보에 대한 이해를 최대화한다. 이런 점에서 통역사/번역사는 분석과 이해의 전문가이다.

　두번째로 통역사/번역사는 '커뮤니케이션의 전문가'이다. 일단 분석과정을 통해 이해한 정보, 곧 메시지를 청중이나 독자가 가장 손쉽고 효과적으로 이해할 수 있는 방식으로 전달하여 소통이 가능하게 해준다.

영어를 유창하게 구사할 수 있는 심장전문의가 영어로 이루어지는 연례 심장학회 학술대회에서 발표된 논문을 '이해하는 것'과 '통역 또는 번역하는 것'은 별개의 일이다. 자신이 발표 내용 가운데 관심이 있거나 반박하고 싶은 정보를 찾아내어 집중적·선택적으로 알아듣는 것과, 통역사/번역사처럼 전체 내용을 취사선택 없이 가감삭제하지 않고 모두 이해하는 것은 다르다. 더구나 이를 다시 또 다른 청중이나 독자들의 이해용이성을 고려하여 재구성하고 재표현해내는 일은 전혀 다른 지식과 전문성을 요구한다. 이런 점에서 통역사/번역사는 단순히 언어를 아는 전문가가 아니라 '커뮤니케이션의 전문가'인 것이다.

세번째로 통역사/번역사는 '문화간극 중개의 전문가'이다. 통역사/번역사는 단순히 주어진 메시지에 명시적으로 담겨져 있는 의미를 분석하고 이해하여 이를 그대로 청중이나 독자에게 전달하는 단순기능인이 아니다. 그는 자신의 청중이나 독자가 어떤 지적 수준과 경험과 이해를 갖고 있는지에 대해 청중이나 독자를 규정하고(독자정의, audience/readership definition)[32], 자신이 이해한 내용을 그대로 전달할 경우 대상 청중이나 독자가 이를 이해할 수 있는지를 이 '독자정의'를 바탕으로 판단한다. 앞에서 예로 든 것처럼 출발텍스트의 '고산준령 정상에 남아 있는 만년설'이라는 정보는 '산이 전혀 없는 아열대 기후의 구릉지대에 거주하는' 청중이나 독자에게는 이해할 수 없는 것이 될 것이다. 출발텍스트에서 소개되고 있는 문화적 지시에 '공유인지정보 간극'이 존재할 경우, 곧 배경지식과 경험의 차이로 인해 이해가 되지 않을 경우 이를 중개하여 청중이나 독자의 이해용이성을 높여주는 방식으로 중개하는

---

[32] Mason(2001)에서 인용.

것이 통역사/번역사의 역할이고, 통역사/번역사는 이 분야의 전문가라 할 수 있다.

결론적으로 말할 수 있는 것은, 통역사/번역사에게 있어서 지식은 '목적에 도달하기 위한 수단,' 곧 통역·번역을 제대로 수행하기 위하여 필요한 출발텍스트의 분석 및 이해 과정, 그리고 자신의 이해를 청중이나 독자를 위해 재구성하여 재표현해내는 과정을 보다 효과적으로 해나가기 위한 수단이라는 것이다.

PART 02

통역·번역의 핵심 개념

제4장 번역가능성
제5장 메시지와 의미
제6장 등가와 대응
제7장 텍스트 규범과 수용가능성

제4장 번역가능성

주요 내용

❶ 직역 대 의역(literal vs. free translation)
❷ 단어대단어의 단순치환(a word-for-word substitution)
❸ 의미대의미의 번역(a creative sense-for-sense translation)
❹ 번역가능성(translatibilty)
　◉ 절대적 번역가능성(absolute translatability)
　◉ 순수언어(pure language)
　◉ 절대적 번역불가능성(absolute untranslatability)
　◉ 상대적 보편주의적 접근(relative universalist's approach)
　◉ 번역가능성의 원칙(Principle of Effability)
❺ 의미의 구성(constituents of meaning)
　◉ 시뉴(signe, 기호)
　◉ 시니피앙(signifiant, 기표)
　◉ 시니피에(signifié, 기의)
❻ 의미의 문화특수성(culture-specificity of meaning)

4.1 직역 대 의역 논쟁

번역을 둘러싼 해묵은 논쟁의 중심에는 "직역(literal translation)이냐 의역(free translation)이냐?"의 논쟁이 있어왔다. 즉 '단어대단어로의 단순치환식 번역(substitution-based translation)' 또는 '축어역(verbatim translation)'이 올바른 번역방법인가, 아니면 단어 또는 표현의 '형태(form)'를 포기하고 대신 '내용(content)'을 중심으로 하는 '의미대의미로의 번역(sense-for-sense translation)'을 택해야 하는가의 이분법적 논쟁이 20세기까지도 이어져왔다. Newmark(1981: 4) "언어학이 발달하기 이전까지의 시기의 번역이론에서는 단어대단어 또는 의미대의미로의 변환이 가장 큰 논쟁거리"였다고 꼬집었고, Bassnett(1991: 42)은 언어와 커뮤니케이션을 어떻게 정의하느냐에 따라 초점이 서로 다른 주장들이 반복적으로 제기되어 왔다고 지적했다. Steiner가 명명한 바와 같이 직역과 의역을 둘러싼 '무익한 논쟁(sterile debate, 1998: 319)'은 20세기까지도 이어져 왔다.

이러한 '무익한 논쟁'의 기원은 Cicero와 St. Jerome에서 찾을 수 있다. 고대 로마의 웅변가·정치가·사상가였던 Cicero(BC. 106-43)는 고대 그리스 웅변가들의 담화를 번역하면서 자신이 취한 접근법을 다음과 같이 소개한다.

> 나는 이들의 말을 해석자로서가 아니라 [실제 연설을 하는] 웅변가의 입장에서 옮기고자 하였다. 이때 원문의 생각과 형태, 곧 '표현방식'이나 '비유적 표현(figure of thought)'에 해당하는 것들을 그대로 유지하면서도, 우리말 어법에 부합되도록 표현하였다. 이때 단어대단어로 치환해야 할 필요를 느끼지 않았고, 원문 언어의 일반적 문체와 힘을 보존하였다.
> (Cicero BC 46/AD 1960: 364, Munday 2001에서 인용).

Cicero가 밝힌 번역접근법은 출발텍스트의 각 단어를 라틴어의 가장 가까운 '문법적 등가어(grammatical equivalent)'로 치환하는 대신, 출발텍스트의 원저자가 의도한 의사소통 효과와 심미적 효과를 지닌 텍스트를 생산하기 위해 창의적인 접근을 취하는 것이었다.

4세기말에 St. Jerome은 구약성서를 희랍어로 옮긴 『70인역 성경

(Septuagint Bible)』을 다시 라틴어로 번역하면서 자신의 번역전략을 정당화하기 위한 근거로 '의미대의미의 번역방법'을 들었다. 원문이 전달하고자 하는 의미를 우선적으로 전달하기 위해 '단어대단어의 접근방법'을 버린 그는 그 근거로 (1) 출발텍스트인 히브리어 성서가 의미면에서는 물론 통사구조면에 특별한 신비로움을 갖고 있으며 (2) 출발텍스트의 형태를 지나치게 따를 경우 오히려 원문의 의미가 훼손되는 우스꽝스런 번역결과물에 도달할 수밖에 없음을 들었다. 이 때문에 자신이 '의미대의미의 접근법'을 채택하였음을 "인정할 뿐만 아니라 기꺼이 천명한다"(St. Jerome AD 395 [1997]: 25, Munday 2001에서 인용)고 당당히 밝히고 있다.

단순치환식 번역방식과 의미중심의 번역방식은 이후 서구사회에서 그치지 않는 논쟁을 불러 일으켰다. 1522년과 1534년에 구약성서와 신약성서를 각각 독일 중동부 지방의 독일어로 번역한 Martin Luther는 라틴어 출발텍스트에 없는 단어를 도착텍스트에 추가했다는 이유로 교회의 거센 비난을 불러일으키면서 직역 대 의역에 관한 해묵은 논쟁을 다시 불붙게 했다. 그는 "가정의 어머니, 거리의 아이들, 시장의 일반인들에게 물어보고, 그들이 어떻게 말하는지 지켜본 다음 그에 따라 번역해야 한다. 그럴 때 당신이 그들에게 독일어로 무어라 말하는지를 그들이 비로소 이해할 것이다"(Störig 1963: 21, Munday 2001: 23에서 인용)라는 말로 의역의 필요성을 설파하였다.

그렇다면 번역을 둘러싸고 단어대단어의 단순치환식 번역을 거부할 수 밖에 없다는 주장이 지리하게 이어져오는 것은 무엇 때문일까? 그것은 출발텍스트를 도착텍스트로 완벽하게 재현하는 것이 가능한가에 대한 논쟁, 곧 '번역가능성'에 대한 논쟁에서 그 원인을 찾을 수 있다.

4.2. 번역가능성의 정의

번역가능성이란 "어떤 종류의 의미가 한 언어에서 다른 언어로 급격한 변화를 겪지 않고 전이될 수 있는 능력"(Pym & Turk 1998: 273)을 가리킨다. 전통적으로 의미는 전세계적으로 보편적이므로 일반적으로 다양한 언어로 표상될 수 있고, 한 언어에로 언어적 표상(linguistic representation)이 이루어진 의미는 다른 언어를 사용하여 또다른 언어적 표상으로 바꾸어질 수 있다고 생각해왔다. 즉 기본적으로 한 언어적 표상인 의미는 다른 언어적 표상으로 바꾸어질 수 있으므로 모든 언어적 표현은 본질적으로 번역이 가능하다는 것이다. 절대적인 번역가능성을 신봉하는 사람들은 기본적으로 인간이 보편적인 사고능력을 갖고 있기 때문에 인간의 사고와 경험도 보편적이기 마련이라고 전제한다. 또 인간의 보편적인 사고와 경험을 구현하는 도구의 하나인 언어 역시 서로 다른 언어간에 구조적으로 상당한 유사성을 갖고 있다는 것이다. 때문에 인간의 언어에 공통적으로 존재하는 보편구조를 바탕으로 본질적으로 상당부분 번역이 가능하다고 본다.

4.3. 순수언어와 번역가능성

절대적 번역가능성을 주창한 학자들 가운데 특히 Walter Benjamin (1923[1969])은 '순수언어(pure language)'의 개념을 도입하고, '보편언어(lingua universalis)'의 존재가 번역가능성의 전제조건이라고 주장하였다. 그가 상정하는 '순수언어'란 언어간의 상호관계를 가리키는 것으로서, 한 언어의 구체적 표현이나 역사적 변천과정에 국한되지 않는 초월적이고 보편적인 추상언어를 지칭한다. 이 순수언어는 특정한 단일언어로는 대체될 수 없으며, 서로 보완적인 의도들의 총합으로서의 의도, 곧 인간이 갖는 모든 의도들을 포괄하는 총체적인 의도를 구현한다. 이런 입장을 취하는 학자들은 인간의 인지적 사고구조 내에는 모두 이런 순수언어의 원형(prototype)이 자리잡고 있으며, 이 때문에 인간의 의식 속에는 '보편언어'가 내재적으로 존재한다고 주장한다. 또 이런 보편언어의 존재는 인간이 사용하는 구체적인 언어간에 보편성을 찾을 수 있게 해주고, 이런 보편성 때문에 결과적으로 서로 다른 언어간의 번역가능성이 원천적으로 존재한다는 것이 이들의 입장이다.

그러나 Wilhelm von Humboldt 같은 이는 이런 절대주의적 번역가능성에 의문을 제기하고 오히려 '절대적 번역불가능성(absolute untranslatability)'을 주장한다. Humboldt에 따르면 서로 다른 언어는 서로 다른 사고방식을 구현하고 있기 때문에, 서로 다른 두 언어는 본질적으로 너무 다를 수밖에 없다. 따라서 서로 다른 두 언어간의 커뮤니케이션을 꿈꾸는 번역이라는 것은 처음부터 "불가능한 과제를 풀어나가려는 [헛된] 시도[33](1976[1868], Pym & Turk 1998: 274에서 인용)"에 불과하다는 것이다.

이에 대해 세번째 입장은 '상대적 번역가능성(relative translatability)'을 주장하는 접근법이다. Schleiermacher를 비롯한 독일 낭만주의자들의 대부분은 모든 언어가 독특한 개별성을 갖고 있다는 사실은 인정하면서도, 의미와 표현 간의 중개를 통해 텍스트를 번역하는 것은 여전히 가능하다는 입장을 취한다. 즉 번역사는 두 개의 언어로 이루어

---

[33] "an attempt at solving an impossible task"

지는 이문화간 소통행위로서 번역을 하는 과정에서 출발텍스트와 도착텍스트의 표현도구, 즉 두 언어간의 '비(非)상응성(incommensurability)'을 인정할 수밖에 없다. 그러나 번역사가 여기에 멈추지 않고 출발어의 표현이 의도하는 바에 대해 자신이 이해한 총체적 의미를 도착텍스트로 표현함으로써 번역이 가능해진다는 것이다. 이런 상대적 번역가능성의 주창자들은 번역대상텍스트, 곧 출발텍스트의 형태에 대한 맹목적인 충실성을 버리는 대신 커뮤니케이션 의도 또는 텍스트의 내용에 대한 충실성을 견지함으로써 번역이 가능하다고 말한다.

다음의 예를 살펴보자.

> **예문 4.1**
>
> (英) I am out of my depth.
> (佛1) J'ai perdu pied *'I have lost my footing'*
> (佛2) C'est au-dessus de mes forces *'It's beyond me'*
>
> (Pym & Turk 1998: 274)

위의 예문에서 영어 문장과 첫번째 불어문장(佛1)과 지시의[34]가 같다고 할 수 있지만, 실제로 가리키는 의미, 곧 내포의의 측면에서는 전혀 다른 의미를 지닌다. 위 예문의 영어 문장은 수영장이라는 물리적 환경에서는 '발이 닿지 않는다'는 의미이지만, 지적 능력 수준을 가리키는 의미로 확장되어 사용될 때에는 'I don't know a thing.'이라는 의미를

---

[34] 본 서 제5장 1절 '의미의 정의 및 분류' 참조

갖는다. 이 문장에 대한 불어 번역으로 어떤 것이 적절한가에 대한 질문에는 즉각적인 답이 불가능하다. 우선 영어문장의 일차적인 의미를 번역할 경우에는 첫번째 불어문장(佛1)이 제대로 된 번역이 될 수 있을 것이다. 그러나 지적 능력 수준에 대한 비유적 의미를 갖는 경우라면 당연히 두번째 불어문장(佛2)이 적절한 선택일 수 있을 것이다. 즉 출발문장이 갖는 일차적이고 '형태'적인 의미에 대한 충실성 대신 그 '형태'가 담아내는 '내용'적인 의미에 대한 충실성을 살려 옮기게 되면 경우에 따라서는 두번째 불어문장(佛2)이 적절한 번역이 될 수 있다. 이렇게 형태에 대한 맹목적 충실성을 버리고 텍스트의 의도된 의미를 중심으로 번역하게 될 때 형태적 비(非)상응성에도 불구하고 번역이 가능해진다는 것이 '상대적 번역가능성'을 인정하는 학자들의 주장이다.

상대적 번역가능성을 중심으로 하는 접근법을 잘 요약해주는 것이 Katz의 '표현가능성의 원칙(Principle of Effability)'이다. 그는 "[인간의 자연언어로 표현된] 모든 명제는 다른 자연언어의 문장으로 표현할 수 있다(1978: 209)"고 주장하면서 인간의 언어와 해당 언어의 표현 간에 '부분적 동의어 관계'가 성립하는 것을 근거로 주장하였다.

Coseriu(1978, Pym & Turk 1998: 274에서 인용)는 번역불가능성을 단순히 두 언어간의 구조적 상이함에 따른 조건으로 보는 입장, 곧 한 언어에는 표현이 존재하나 다른 언어에는 대응어가 존재하지 않는 어휘 공백 현상에만 주목하는 입장을 넘어설 것을 역설하였다. 즉 한 언어적 표현의 대응어의 존재 또는 부재보다는 한 언어적 표상과 그 언어적 표상이 가리키고자 하는 바, 곧 '기표(signifiant)'와 '기의(signifié)'를 구분하여 번역불가능성을 해결하는 방법을 제안하였다. 즉 한 언어의 언어적 표상인 기표는 다른 언어에서 대응어가 존재하지 않을 수도 있지만, 그 기표에 의해 특정 커뮤니케이션 상황에 따라 결정되는 지시대상으로서의 기의는 기표의 형태에 대한 충실성을 포기하면 번역이 가능하다는 입장이다.

4.4. 의미: 시니피앙과 시니피에

Coseriu의 주장을 보다 적절하게 이해하기 위해서는 스위스 언어철학자인 Ferdinand de Saussure(1857~1913)가 말하는 '기호' '기표'와 '기의'의 의미를 제대로 이해할 필요가 있다. Saussure는 말의 의미가 언어기호 밖에 독립적으로 존재하는 것이 아니라 그 의미를 가리키는 언어적 기호, 곧 '시뉴(signe, 기호)'에 의해 언어사용자의 마음 속에 촉발된다고 보았다. 이때 '시뉴'는 의미를 가리키는 동전의 양면과 같은 '시니피앙(signifiant, 기표)'과 '시니피에(signifié, 기의)'로 구성된다 (<그림 4.1> 참조). '시니피앙'이 특정 의미를 언어적으로 구현하는 의미의 언어적 형태라면, '시니피에'는 그 시니피앙이 가리키는 모든 유형

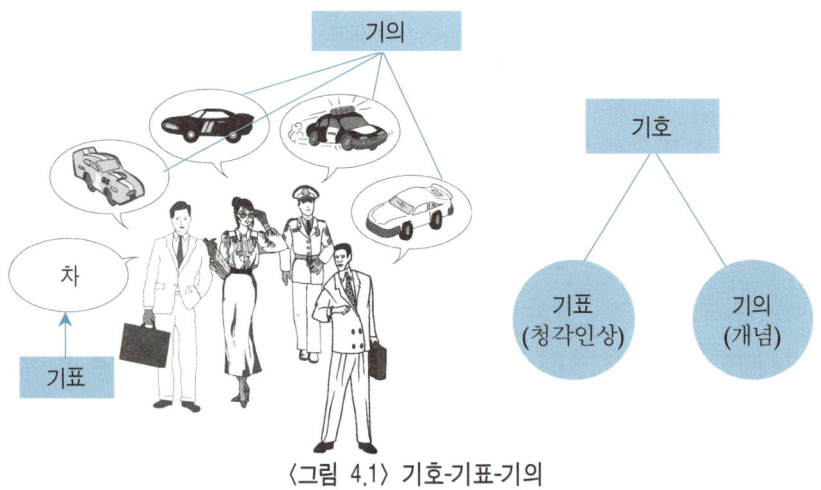

〈그림 4.1〉 기호-기표-기의

무형의 의미의 총합을 가리킨다.

위의 그림에서 보는 것처럼 '자동차'라는 청각이미지, 곧 '시니피앙'을 듣고 청자는 마음속에 각양각색의 '시니피에'를 떠올린다. 청자 개개인이 떠올리게 되는 '자동차'의 의미는 개인별로 다르기 마련이지만, 동일한 언어문화권에 속하는 청자들은 대체로 시니피에를 공유한다. 반면 서로 다른 언어문화권에 속하는 청자들 간에는 시니피에의 공유를 가정하기 힘들다.

그 이유를 Saussure는 기호의 '자의성(arbitrariness)'으로 설명한다. 즉 언어라는 기호체계는 그 기호를 사용하는 언어사용자들의 관습의 결과로 나타나기 때문에 언어사용자의 믿음체계로서의 가치관이나 사고방식 등을 포함하게 된다. 이러한 점에서 기호체계는 '문화적 의미와 가치' 곧 '문화요소(cultural baggage)'를 불가피하게 반영하게 되고, 이런 기호체계를 공유하는 구성원들은 그 기호체계가 반영하는 문화적 요소를 공유하는 사회적 존재가 되어간다. 이런 점에서 동일한 기호체계를 사용하는 구성원들은 시뉴, 곧 시니피에와 시니피앙도 공유하게 된다. 그러나 서로 다른 기호체계를 사용하는 서로 다른 언어문화권의 구성원들 간에는 문화요소의 차이가 존재하게 되고, 이것이 문화간극(cultural gap)으로 나타난다.

4.5. 어휘·문화적 공백과 번역가능성

이것이 번역에 갖는 함의는 출발어의 어휘, 곧 시니피앙이 도착어에서도 항상 존재하는 것이 아니어서 동일한 사상(事象)이나 경험 등을 가리키는 시니피앙이 출발어와 도착어 양쪽에 존재하지 않을 수도 있다는 점이다. 이러한 출발어와 도착어 간의 어휘공백은 번역불가능성으로 이어지게 된다.

그러나 이때 번역을 시니피앙에 대한 충실성 대신 시니피에에 대한 충실성을 중심으로 이해하고 접근하게 되면 번역불가능성은 해소될 수 있다. 즉 두 번역언어에서 동일한 사상이나 경험 등을 지칭하는 시니피앙이 모두 존재하는가에 대한 관심을 버리고, 대신 출발어의 시니피앙이 가리키는 시니피에를 파악하고 이를 도착어로 어떻게 구현할 것인가에 초점을 두게 되면 출발어와 도착어 간의 어휘공백에도 불구하고 번역이 가능해진다. 이것이 상대적 번역가능성을 주장하는 입장이다.

상대적 번역가능성을 주장하는 '신중한 보편주의(a cautious universalism, Hickey 1998)' 학자들은 "인간은 커뮤니케이션을 할 때 다른 인간들이 하는 행위 범주에 해당하는 것으로서 [……] 원칙적으로 공감할 수 있는 행위를 수행한다(Hickey 1998: 10)"고 주장한다. 때문에 이렇게 원칙적 공감이 가능한 범주의 행위나 경험에 해당하는 커뮤니케이션 의도는 원칙적으로 번역이 가능하며, 그것은 기표가 아닌 기의에 충실할 때 더욱 더 번역이 가능해진다고 보는 것이다. 이런 상대적 번역가능성을 바탕으로 한 번역사의 중개는 문화적 중개에서 더더욱 진가를 발휘하게 된다. 이질적인 '문화요소'를 반영하고 있는 의미를 중개하게 될 때 해당 문화요소를 그대로 놓아두게 되면 그 의미가 번역대상독자에게는 전달되지 않음으로써 의미의 이해용이성이 떨어지게 될 것은 분명하기 때문이다. 번역사의 문화중개를 바탕으로 한 번역가능성은 다음 예들을 통해 살펴볼 수 있다.

> **예문 4.2** 악어 같은 남자
>
> **예문 4.3** 참새눈물 같은 박봉

위의 [예문 4.2]에서 논의되고 있는 남자가 어떤 유형의 남자인지에 대한 이해는 '악어'가 표상하는 의미가 무엇인지에 달려있을 것이 분명하다. 하지만 악어를 주변환경의 일부로 항상 접하는 문화권의 구성원이 아니라면 '악어에 비유되는 남자'가 어떤 속성을 갖는지를 이해하기 어렵다. 악어가 많은 동남아시아권에서 이 표현은 '겉과 속이 다른 표리부동하고 위험한 남자'를 지칭한다고 한다. 수면 아래 숨어있다가 갑자기 다가와 공격을 하거나, '슬픔'이라는 감정상태와 상관없이 거짓눈물을 흘리는 악어의 모습에서 '위험'과 '표리부동'의 특징을 읽어내고 이를 특정한 남자 유형과 결부시킨 결과 탄생한 비유라는 것이다. 그러나 앞서 말한 것처럼 '악어'에 대한 구체적 경험이 없는 우리와 같은 문화권에서는 이 언어적 표현의 의미를 금방 알아차리기 어렵다. 이런 '이해용이성'의 문제를 인식하고 있는 번역사라면 동일한 의미를 전달하면서도 도착어인 우리말에서 통용되는 비유를 사용하여 이를 '늑대 같은 남자' 더 나아가 '이리 같은 남자'로 옮길 것이다. 이처럼 한 언어의 문화특수적 표현이 가리키는 지시대상으로서의 기의를 파악하고 이를 도착어를 모국어로 사용하는 언어문화집단에서 쉽게 이해할 수 있는 기표로 바꾸어 줌으로써 두 언어문화집단 간에 있을 수 있는 문화적 장벽 또는 '문화간극'을 중개할 때 상대적 번역가능성이 구현된다 하겠다.

상대적 번역가능성을 존중하는 번역접근법을 [예문 4.3]에 적용해보

자. 이 일본어 기표가 가리키는 기의는 '보잘 것 없이 적은 양'이다. 이를 문화중개를 통해 우리말로 옮기게 된다면 '쥐꼬리만한 박봉'이 될 것이다.

이렇게 출발어와 도착어를 각기 모국어로 사용하는 언어문화집단의 문화 경험의 차이를 인식하고 이 간극을 반영하는 언어적 표현의 공백과 문화간극을 중개하는 노력은 상대적 번역가능성을 중시하는 번역접근법의 근간을 이룬다 할 수 있다.

제5장 메시지와 의미

주요 내용

❶ 의미의 정의(definition of meaning)
   형태와 내용(form vs. content)
❷ 사전적 의미와 총체적 의미(dictionary definition vs. aggregate meaning)
❸ 의미의 구분(types of meaning)
   ◉ '사전적 의미'와 '센스'(dictionary definition vs. sense)
   ◉ 명시의와 비(非)명시의(explicature vs. implicature)
   ◉ 지시의와 내포의
      (denotative meaning vs. connotative meaning)
      (referential meaning vs. implied meaning)
❹ 내포의의 종류
   ◉ 연관의(associated meaning)
   ◉ 감성의(emotive meaning)
   ◉ 사회적 의미(social meaning)
   ◉ 관용의(conventional meaning)
      cf. 잘못 짝지어진 대응어 쌍(faux amis, false friends)
❺ 의미의 문화 특수성(culture-specificity of meaning)
   ◉ 언어장이론(the semantic fields theory)
   ◉ 틀 및 스크립트 이론(frame and script theory)
   ◉ 적합성이론(relavance theory)
❻ 문화적중개를 통한 상대적 번역가능성
   (relative translatability via bridging cultural gaps)

5.1. 의미의 정의 및 분류

의미에 대한 다양한 정의가 존재하겠지만, 일반적으로 협의로는 주어진 문맥을 고려하지 않았을 때 어휘가 가리키는 내용을 말한다. 광의로는 커뮤니케이션 상황을 전제할 때 커뮤니케이션 대상으로서의 전체적이고 총체적인 '정보의도(informative intention, Gutt 1991)'를 모두 가리킨다. 의미를 논하는 일반적인 전통은 그 형태와 내용을 구분하는 양분법적 구분(binary distinction)을 근간으로 한다. 이런 전통에서 Saussure(1922, Wildpedia에서 인용)는 의미를 가리키는 기호, 곧 '시뉴(signe)'를 언어적 형태인 '시니피앙(signifiant)'과 그것이 가리키는 지시대상의로서의 '시니피에(signifié)'로 구분하였다. Nida & Taber(1969)는 의미를 '지시의(referential meaning)'와 '내포의(connotative meaning)'로 양분하였다. 지시의가 특정 언어적 표현이 구체적·직접적으로 가리키는 지시대상을 뜻한다면, 내포의란 특정 표현의 본질적 의미와는 상관없이 그 표현이 언어사용자의 마음속에 불러일으키는 연상 내지 감정을 말한다. 즉 내포의란 지시의가 갖는 사회적·심리적·우발적 특성으로 인해 파생되는 의미를 가리킨다고 할 수 있다. 적합성 이론을 번역학에 접목시킨 Gutt(1991, 1992, 1996, 1998)는 의미를 명시의(explicature)와 비명시의(implicature)로 구분하여 이 전통을 이어간다. 명시의란 구체적인 언어적 표현으로 구현된 의미를 가리키는 반면, 비명시의란 언어적으로 표현되지 않고 맥락속에서 도출이 가능하도록 의도적으로 추론에 맡겨진 암묵적·묵시적인 의미를 가리킨다.

이렇게 언어적으로 구현되지는 않았지만 그 어휘가 갖는 지시의와는 상관없이 언어사용자의 마음속에 불러일으켜지는 내포의는 다시 연상작용의 결과로 나타나는 의미, 감성적 태도를 반영하는 감성적 의미, 사회집단적 태도를 반영하는 의미, 관용적 의미로 나눌 수 있다(Baker 1992).

첫번째로 '연관의(associated meaning)'는 지칭하는 사상(事象)의 스테레오 타입에 근거한 기대사항을 가리킨다. '빵'의 경우를 예로 들어보자. 영어의 경우 '빵'의 대표적인 대응어인 'bread'는 '말랑말랑한 덩어리 형태의 빵'인데 비해, 불어에서의 어휘 'le pain'은 '딱딱하고 길쭉한 바게뜨'를 연관의로 갖는다. 또 '간호사'의 경우를 예로 들어보자. 우리말에서 '간호사'라는 어휘는 '여성의 직업'이라는 스테레오 타입을 갖는다. '남자 간호사'라는 말이 별도로 사용된다는 사실은 '남자'라는 성을 식별하는 명사가 병기되지 않는 경우에는 '여자 간호사'일 것임이 기대된다는 의미이다. 바꾸어 말하면 '간호사'라는 직업이 본질적으로 그 일을 수행하는 사람의 성(性)을 특정할 필요가 없지만 사회적인 스테레오 타입을 근거로 해서 이미 '여자일 것'이라는 기대를 갖게 되었고, 이 사회적인 기대가 '연관의'를 형성한 것으로 볼 수 있다.

내포의의 두번째 범주는 특정 어휘 또는 표현을 통해 해당 어휘나 표현을 발화하는 화자의 감성적 태도를 나타내는 '감성의(emotive meaning)'인데, 다음 예를 통해 살펴보자.

예문 5.1 Where can I wash my hand?
예문 5.2 Where is the bathroom?
예문 5.3 Where is the toilet?
예문 5.4 Where is John's?

위의 네 가지 문장은 모두 '화장실'의 위치에 대한 정보를 구하고 있다는 점에서 지시의가 동일하다고 할 수 있다. 그러나 이 문장들을 선택적으로 사용하는 화자의 태도는 모두 다르다. 위의 네 예문이 어역(語域)면에서 하나의 연속성을 갖는다고 전제할 때 [예문 5.4]로 내려갈수록 화자의 직설적인 태도가 더 두드러지는 반면 [예문 5.1]로 올라갈수록 화자의 우회적이고 간접적인 태도를 반영한다. 특히 [예문 5.4]은 '화장실'을 가리키는 비속어를 사용하는 극단적인 비공식적 태도를 나타내고 있다.

감성의의 어휘 차원에서의 예를 살펴보자.

> 예문 5.5
>
> ST: a famous woman
> TT: la femme fameuse (Baker (1992) *In Other Words*에서 인용)

> 예문 5.6
>
> ST: Heungkook: Its Past
> TT: 홍국생명: 그 과거

[예문 5.5]은 '어원적 등가어(etymological equivalent)'의 관계에 있는 것처럼 보이는 영어와 불어의 형용사가 사용되고 있어서 제대로 된 번역처럼 보인다. 그러나 두 언어의 동일한 형용사가 내포하는 감성의를 고려한다면 위의 예문에서 제시된 두 표현은 '잘못 짝지어진 대응어 쌍

(*faux amis*, false friends)'에 해당한다. 영어의 'famous'는 단순히 '유명한'이라는 정보만을 전달할 뿐 부정적인 가치를 포함하고 있지 않다. 이에 비해 불어의 'fameuse'는 '남자관계와 관련하여 유명한'이라는 부정적인 감성의를 내포하고 있다. 때문에 두 어휘가 얼핏 등가표현처럼 보이지만 실제로는 감성의 차이 때문에 등가표현이 될 수 없는 것이다. 이렇게 어원적으로 동일해 보이는 어휘들의 경우에도 그 어휘의 본질적인 의미는 아니지만 그 어휘를 사용하는 언어문화권에서 암묵적으로 부여하는 감성의 때문에 전혀 다른 의미가 되는 경우도 존재한다.

그렇다면 [예문 5.6]에서 출발텍스트와 도착텍스트의 관계는 등가로 볼 수 있을까? 이에 대한 대답은 영어의 'past'가 갖는 감성의와 우리말의 '과거'가 갖는 감성의를 비교해봄으로써 찾을 수 있다. 영어에서의 'past'가 '지난날'이라는 가치중립적 의미를 갖는 데 비해 우리말의 '과거'는 "그 사람 과거가 복잡해" "과거를 씻고 새출발하다"에서처럼 부정적인 내포의를 전제하는 어휘로 사용된다. 때문에 한 기업의 지난 역사를 요약·보고하기 위한 제목을 '그 과거'라는 말로 옮기는 것은 부적절할 것이다. '그 발자취' 등이 대안이 될 수 있는 것은 '과거'라는 어휘가 갖는 감성의를 배제할 수 있기 때문이다.

세번째의 내포의의 종류로 특정 어휘와 관련된 사회집단적 태도를 반영하는 '사회적 의미(social meaning)'를 꼽을 수 있다. 예를 들어 '9.11 테러' 이후 영어에서 *Muslim* '회교도'이라는 어휘가 상당히 부정적인 의미를 추가적으로 갖게 된 것을 꼽을 수 있을 것이다. 또 똑같이 '흑인'을 가리키는 어휘라도 'black people' 더 나아가 'African Americans'의 어휘가 갖는 사회적 의미와 'Nigger'라는 어휘가 갖는 사회집단적 의미는 확연하게 달라질 것이다.

내포의 마지막 범주로 '관용의(conventional meaning)'를 들 수 있다. 다음 예를 살펴보자.

> 예문 5.7 What is this ladybug doing in my soup?
> 예문 5.8 What are you doing in my bedroom?

[예문 5.7]은 '국에 무당벌레가 빠져있음'을, [예문 5.8]은 '들어와서는 안되는 사적(私的)인 공간에 들어와 있음'을 힐난하는 의미이다. 이렇게 질문처럼 보이는 문장이 비난의 의미를 갖게 되는 것은 '현재진행형 시제'와 '의문문' 형태가 합쳐져 이루어지는 구문(construction)에 주어지는 관용의 때문이다. 이렇게 한 구문이 그 문장을 구성하는 구성성분들의 의미의 총합이 아닌 새로운 의미를 얻게 되는 경우, 관용의를 갖는다고 할 수 있다.

앞의 [예문 5.5]와 [예문 5.6]의 설명 언급한 것처럼, 두 언어에서 동일한 지시의를 갖는 것으로 간주되는 어휘들 간에도 내포의가 달라짐으로써 총체적으로는 다른 의미를 갖게 되는 경우들이 많다. 이런 차이는 그 어휘 또는 표현이 나타나는 언어를 모국어로 사용하는 언어문화권에서 그 어휘에 부여하는 내포의가 각기 달라지는 문화특수성 때문이다. 이렇게 서로 다른 언어문화권의 배경에서 발달한 의미들이 갖는 문화특수성은 이문화간 커뮤니케이션 행위로서의 번역에 문화적 장벽으로 작용하여 번역을 어렵게 만든다. 의미의 문화특수성이 번역에 미치는 어려움을 어떻게 설명할 수 있을까?

5.2. 적합성 이론의 설명

우선 적합성 이론(relavance theory)에서는 커뮤니케이션이 '경제성'과 '효율'이라는 두 가지 가치를 극대화하는 방향으로 일어난다고 전제한다. 커뮤니케이션 당사자들은 커뮤니케이션에 필요한 노력은 최소화하는 한편 이를 통해 일어나는 효과, 곧 '맥락효과(contextual effect)'를 극대화하기 위해 노력한다. 이 때문에 메시지는 (1) 소통자가 의도하는 커뮤니케이션 의도가 분명하게 드러나도록(ostensive) 하는 한편 (2) 그 커뮤니케이션 행위에서 의도된 추론을 피소통자가 할 수 있기 위해 필요한 최소한의 정보만을 언어적으로 표현하는 방식으로 구성되게 된다. 때문에 메시지는 언어적으로 구현된 정보, 곧 '명시의'와 언어적으로 구현되지 않고 암묵적 함축적으로 전달되는 정보, 곧 '비명시의'로 구성된다. 메시지에 실제로 언어적으로 구현된 의미는 따라서 "불완전한 의미적 표상(Cheong 2004: 29)"이다. 이렇게 불완전한 의미적 표상으로서의 메시지, 곧 의미를 제대로 이해하기 위해서는 비언어적으로 제공되는 '맥락정보(contextual information)'의 도움이 필요해진다. 어떤 의미를 이해할 수 있는가 여부, 곧 이해가능성(accessibility)은 그 의미를 이해하려는 언어사용자가 가지고 있는 모든 지식의 총합, 곧 '인지환경(cognitive environment)' 또는 '인지적 보완소(complément cognitive, Lederer, 1999, 2000)'를 동원하여 추론을 할 수 있는가에 달려있다. 이 때 피소통자는 맥락정보 등 언어적으로 명시되지 않은 정보를 "커뮤니케이션의 열쇠(communicative clues)(Gutt 1991, 2000)"로 사용하여 의도된 비명시의를 추론해낼 수 있게 된다.

동일한 언어문화집단에 속한 언어사용자들은 개인차에도 불구하고

'맥락가정(contextual assumptions)', 곧 언어사용자가 세계와의 관계에서 갖고 있는 모든 가정과 인지환경을 일반적으로 공유한다. 이렇게 동일한 언어문화집단에 소속된 언어사용자들이 함께 갖고 있는 사실, 가치관, 가정 등 모든 지식의 총합을 "공유인지환경(shared cognitive environment)(Gutt 1991, 1992)"이라고 부른다. 동일한 언어문화집단에 속하면서 동일한 공유인지환경을 갖고 있는 언어사용자들 사이에서 커뮤니케이션이 일어날 때는 커뮤니케이션의 대상인 메시지, 곧 의미의 이해가능성이 매우 높아진다.

그런데 특정한 문화 안에서 해당 문화의 특수한 배경을 바탕으로 생산되는 의미는 '문화특수성(culture-specificity)'을 띄게 된다. 바꾸어 말하면, 그 메시지를 생산하는 메시지 생산자는 자신과 자신이 의도하는 메시지 수신자가 동일한 공유인지환경을 갖고 있다는 전제하에 가장 경제적으로 메시지화를 한다. 바꾸어 말하면 메시지 생산자 자신이 의도하는 커뮤니케이션 의도를 메시지 수신자가 추론해내기 위해 필요한 최소한의 정보만을 언어적으로 명시한다. 메시지 생산자와 수신자가 갖고 있는 공유인지환경은 두 사람이 구성원인 언어문화집단이 세상을 바라보는 관점, 사고의 출발점으로 받아들이는 여러 가지 가정들, 사회구조, 가치관 등등에 의해 규정되기 마련이다. 때문에 의미는 메시지 생산자와 수신자가 속한 언어문화집단에 따라 지배되게 된다. 이렇게 언어사용자가 속한 언어문화집단의 특성에 따라 그가 갖게 되는 사고와 감정, 태도, 믿음체계로서의 가치관 같은 것들이 규정되고 영향을 받게 되는 특성을 문화특수성이라고 부른다.

문화특수성을 띄고 생산되는 메시지, 곧 문화특수적인 메시지는 이문화간 커뮤니케이션에서 문제가 되기 마련이다. 왜냐하면 일차적인 커뮤니케이션 과정에서의 원 메시지 생산자가 의도하는 커뮤니케이션 의도를 이차적인 커뮤니케이션 과정에서의 메시지 수신자가 추론해낼 수 있어야 하는데, 이 수신자가 원 메시지 생산자와 동일한 공유인지환경을 보유하고 있지 못하여 "문맥간극(contextual gap)(Gutt 1992: 68)"이 발생할 수 있기 때문이다. 이렇게 문맥간극이 생기게 되면 이차적인 커뮤니케이션 과정의 메시지 수신자가 원 메시지 생산자가 의도한 의미를 추론해내는 대신 잘못된 추론을 해낼 가능성이 커진다. 이렇게 되면 원 메시지 생산자가 의도한 정보의도를 이차적 커뮤니케이션 과정의 메시지 수신자가 이해하지 못하게 되고 메시지 의미와 관련 이해용이성(accessibility) 문제가 발생한다.

5.3. 언어장 이론

언어의 의미장 이론(the semantic fields theory)을 주창한 Trier (1931, Gliozzo 2007에서 인용)는 어휘가 매우 긴밀한 관련을 가진 개념들을 어휘화한 집합, 곧 '클러스터(cluster)' 안에 구조화되어있다고 주장한다. Trier에 따르면 동일한 의미장에 속하는 개념들간의 의미관계는 매우 깊은 반면 다른 의미장에 속하는 개념들은 대체로 서로 관계가 없다. 어휘의 의미는 동일한 의미장에 속한 다른 어휘들의 의미에 의해서만 결정되고 규정되어진다. 이렇게 의미적 연관성을 가진 어휘들의 클러스터를 '의미장(意味場)'이라고 하고, 이런 특성을 설명하는 이론을 "의미장 이론(Vassilyev 1974, Gliozzo 2007에서 인용)"이라고 한다.

의미장 이론을 좀더 쉽게 이해하기 위해 다음 예를 살펴보자.

> **예문 5.9**
>
> 화자 A: 나는 초등학교 때 생활기록부를 보면 모두 '가'를 받았어.
> 화자 B: 그거 축하할 일이야, 슬퍼해주어야 할 일이야?

위 예문에서 화자 A의 정보 의도는 화자 B에게 전달되지 않았다. 왜냐하면 화자 B에게 "'가'를 받은 사건"이 어떤 '의미장'에 속하는 일인지에 대한 정보가 충분히 주어지지 않았기 때문이다. 즉 '수-우-미-양-가'로 이루어지는 평가체계의 의미장을 가리키는지, 아니면 '가-나-다'로 이루어지는 평가체계의 의미장을 지칭하는지에 대한 커뮤니케이션 열쇠가 충분히 제공되지 않았기 때문이다. 화자 B가 화자 A의 말에 대해 기뻐해야 할지 슬퍼해야 할지는 화자 A가 말하는 '사건'이 속하는 의미장이 '수-우-미-양-가'의 멤버쉽을 갖는지, 아니면 '가-나-다'의 멤버쉽을 갖는지에 달려있다. 이렇게 '가'라는 어휘의 의미를 이해하기 위해서는 그것이 멤버쉽을 갖는 의미장이 어느 것인지를 파악하는 것이 반드시 필요하다는 것이 의미장 이론의 요체이다.

번역과 관련하여 의미장 이론이 중요한 것은 서로 다른 언어간에도 의미장 간에 매우 강한 대응관계가 존재하지만, 그 의미장에 속하는 개별어휘간에는 의미장 간에 존재하는 것처럼 강한 대응관계가 존재하지 않는다는 점 때문이다. '색깔'의 경우를 예로 들면 '색깔'에 대한 인식은 인지적으로 모든 인간에게 공통적으로 존재하며, 따라서 '색깔'이라는 의미장은 모든 언어에서 공히 발견된다. 하지만 '색깔'이라는 의미장의 내부 구조는 언어별로 달라진다. 이 때문에 구체적인 색깔의 명칭을 번역하는 것이 경우에 따라서는 불가능하지는 않더라도 매우 어려울 수 있다. Gliozzo(2007)가 예로 들고 있는 '백색(white)'의 경우를 보더라도 영어에서는 'white'라는 어휘 하나만 존재하는데 비해 어떤 언어에서는 '백색'의 정도에 따라 상대적으로 많은 어휘들이 분화되어 존재한다. 즉 영어에서는 '색깔'이라는 의미장을 구성하는 '백색'이라는 하위개념이 단일 멤버쉽을 갖는데 비해, 어떤 언어에서는 이것이 다시 여러 개의 멤버쉽을 갖는 하위 의미장을 형성하고 있는 것이다.

'색깔'이라는 의미장의 내부구조적 차이를 우리말과 영어에서도 확인할 수 있다. '파란색'이라는 색깔 명칭어를 예로 들면 우리말의 '파란색'이 가리키는 범위가 영어의 'blue'가 지칭하는 영역과 일치하지 않음을 알 수 있다. 즉 우리말의 '파란색'은 '초록+파랑'의 범위를 모두 포괄하는 'grue'에 해당하는 반면, 영어에서는 'green'과 'blue'를 지칭하는 어휘가 개별적으로 존재하기 때문이다.

이렇게 의미장 자체의 존재는 언어간에 대응관계를 나타내는 것이 보통이지만, 의미장의 내부 구조, 즉 동일한 의미장을 구성하는 개별어휘 간에는 대응관계가 존재하지 않는다. 앞서의 '백색'의 경우를 예로 들더라도, 하나의 의미장이 한 언어내에서 어떠한 내부구조를 갖는가는 그 의미장의 대상이 되는 경험이나 개념 현상을 보는 그 언어문화집단의 인식과 범주화에 따라 달라진다. 즉 문화특수성을 갖게 되는 것이다.

5.4. 틀과 스크립트 이론의 '학습되는 프레임'

틀(frame) 이론에서는 어떤 개별 어휘의 의미를 이해하기 위해서는 그 어휘가 멤버로 속해 있는 '틀'에 대한 이해가 선행되어야 한다고 전제한다. 여기서 틀이란 '서로 연관된 어휘들의 의미를 이해할 수 있는 능력의 전제가 되는 특정한 지식의 조직 또는 구조화된 지식'을 가리킨다. 반면 '스크립트(script)'란 "동일한 사건이나 상황 속에서 어떤 일을 하게 될 때 머릿속에서 개념화·도식화된 일의 시간적 순서"를 가리킨다. 이 이론에 의하면 서로 연관된 어휘의 의미를 이해하기 위해서는 단순히 그 어휘의 사전적 정의만을 알아서 되는 것이 아니라 그 어휘를 구성하는 언어적 맥락과 그 맥락 내에서의 해당 어휘의 위치를 이해하는 것이 필요하다고 주장한다.

틀 이론을 언어학에 처음 도입한 Fillmore(1975, 1982, 1985)는 세제의 크기를 가리키는 영어 어휘 중의 하나인 'large'와 숙박업소의 등급을 나타나는 어휘의 하나인 'first class'를 예로 든다. 세탁세제를 사러 슈퍼마켓에 처음 간 소비자는 'large'라고 쓰여진 세제상자를 보고 '이 정도면 한참 쓰겠군,'이라 생각하며 집어 들지만, 곧 다른 선반에 진열되어 있는 'jumbo' 'family size' 등의 세제상자를 보고서야 'large'라는 것이 세제의 크기 스케일에서는 가장 작은 단위를 가리킨다는 것을 비로소 이해하게 된다. 또 일반적인 맥락에서는 '일류'를 가리키는 'first class'라는 말에 이끌려 가장 우수한 숙박시설을 기대하고 예약을 한 투숙객은 사실 이것이 5단계[35]로 이루어지는 숙박시설 평가 체계에서 가장 열악한 등급이라는 것을 아는 순간 당황할 것이다. Tannen(1993b: 21)은 인간으로 하여금 어떤 객체나 사건을 인식하고 해석하는 일을 가능하게 해주

---

[35] 우리나라에서는 무궁화 5개짜리 호텔이 최고급호텔이고 무궁화 수가 적어질수록 등급이 떨어진다. 미국 등 서구에서는 무궁화 대신 별을 사용하지만, 여전히 5등급의 분류체계를 사용한다. 최근들어 무궁화 6개, 별 7개짜리 호텔이 등장하지만 이것이 보편적인 현상은 아니다.

는 것이 '기대'라는 점에 주목하고, 위의 두 예에서 살펴본 것처럼 실망하거나 당황하게 되는 것은 우리가 그 어휘로 지칭되는 대상에 대한 기대를 갖고 있다가 그것이 어긋나는 것을 경험하기 때문이라고 설명한다. 이렇게 'a large detergent box'라던가 'a first-class hotel'의 의미를 이해하기 위해서는 그 표현이 속한 틀을 이해하고 그 속에서의 개별어휘의 변별적 의미를 이해하여야 한다는 것이 틀 의미론이다.

반면 '스크립트'란 어떤 한 행위가 일어나는 전형적인 과정과 참여요소들을 머릿속에서 도식화한 순서를 가리킨다. 이해를 돕기 위해 Schank & Abelson(1997)의 유명한 "레스토랑 스크립트"의 예를 재구성하여 살펴보자.

[1] 식당에 들어감
[2] *좌석에 안내되기를 기다림*[36]
[3] 자리에 앉음
[4] 메뉴를 살펴봄
[5] 주문
[6] 주문한 음식이 제공됨
[7] 식사
[8] 계산서를 달라고 함
[9'] 앉은 자리에서 계산
   [9-1] 팁을 계산에 포함시킴
   [9-2] 팁을 계산 이외에 별도로 줌
[9"] 카운터에서 계산
[10] 밖으로 나감

(Cheong 2004[37])

---

[36] 이 스크립트에서 이탤릭체로 표시된 순서는 문화특수성을 띠는 부분이다.
[37] Schank & Abelson(1997)과 Kußmaul(1995)의 예를 혼합 사용하여 재구성

우리는 외식하기 위해 식당에 갈 때 이런 시간적 연속체로서의 '스크립트'를 이미 머리속에 도식화된 형태로 갖고 있으며, 식당에서 일어나는 일이나 사건들에 대한 이야기를 할 때도 이런 도식화되고 구조화된 순서에 대한 지식을 활용하여 의미를 구성하거나 도출해낸다.

동일한 언어문화집단에 속한 언어사용자들은 이렇게 체계화·구조화된 지식으로서의 틀과 스크립트에 대한 지식을 모두 공유하고 있다. 바꾸어 말하면 동일한 언어를 도구로 사용하여 동일한 문화경험을 공유하는 사람들은 틀과 스크립트에 대한 지식도 공유하기 때문에 의사소통이 가능해진다.

문제는 사용된 틀과 스크립트가 문화특수적이어서 커뮤니케이션 당사자들이 공유하는 틀과 스크립트에 간극(frame or script gap)이 존재할 때 발생한다. 위의 예문에서 [2]와 [9']의 경우가 이에 해당한다. 식당에 들어가서 '자리에 안내될 때까지 기다리는 것'은 영어권이나 독일의 경우에는 보편적인 현상으로 받아들여지는데 비해, 한국적인 문화에서는 '고급 식당에 국한된다'는 문화특수적 의미를 지닌다. 또 '카운터에 가지 않고 앉은 자리에서 계산하는 행위' 역시 한국적인 외식문화에서는 '고급식당'의 틀에 국한되는 장면이다. 팁 문화 자체도 한국적인 전통에서 보편적인 것은 아니지만, 팁을 지불하는 것이 관행인 사회에서도 어떻게 지불하는가의 구체적 방식은 문화특수성을 보인다. 영어권에서는 식비를 신용카드로 지불하는 경우에도 팁은 현금으로 테이블 위에 따로 남기는 것이 일반적인 반면, Kußmaul(1995)에 따르면 독일의 문화에서는 팁까지를 합산하여 한꺼번에 신용카드로 결제하는 것이 관행이다. 이 예에서 드러나는 것처럼 동일한 틀과 스크립트가 서로 다른 언어문화권에 존재하더라도 그 내용은 문화특수성을 띠게 되고, 이런 문화특수성 때문에 발생하는 틀 또는 스크립트의 간극은 이문화간 커뮤니케이션에 장애물로 작용하게 된다.

이를 설명하기 위하여 Fillmore(1975, 1982, 1985)는 틀과 스크립트를 '생득적(innate)'인 것과 '학습되는(learned)' 것의 둘로 세분한다. 즉 '생득적인 틀'은 인간이 태어나면서부터 갖고 있는 보편적 사고능력의 일부로서 알게 되는 틀과 스크립트를 가리킨다. 반면 '학습되는 틀'이란 언어사용자가 자신이 속한 언어문화집단 내에서 언어습득과 사회화 과정을 통해 그 집단의 사고방식과 언어사용방식을 내재화하는 과정에서 학습에 의해 갖게 되는 '사회적 틀(social frame)' '사회역사적 틀(socio-historical frame)' '문화적 틀(cultural frame)'로 세분된다.

다음 예문들을 살펴보자.

예문 5.10

I am ashamed of myself because of your affection towards me. But since I am ugly, I cannot show my gratitude to your kindness. Nor can I be unfaithful to my master. Therefore, I am unable to gratify your sextual desire. (Wen-li 1995)

예문 5.11

I am most grateful to you for your warm affection but I cannot reciprocate it. Moreover, I shouldn't be unfaithful to my master. Therefore, I am unable to satisfy what you are hankering after.
(Wen-li 1995)

> **예문 5.12**
>
> He moved to California as a teenager and never came back east until he had reached retirement age.
>
> (Fillmore 1985: 238)

[예문 5.10]과 [예문 5.11]은 모두 '못난 저를 아름답다 해주시니 감사합니다'에 해당하는 중국어 텍스트를 영어로 옮긴 번역이다. 첫번째 번역에서는 'since I am ugly'라는 직설적 표현이 사용되고 있다. 그러나 두번째 번역에서는 이 부분이 다루어져있지 않고 다만 '나에 대해 관심을 보여주는데 대한 감사'만 전달되어 있다. 이러한 번역상의 차이는 자신을 낮추는 겸양의 예절이 자리잡고 있는 중국의 '사회적 틀'을 이 틀이 존재하지 않는 영어로 전달하기 위해 각각 선택한 번역방법론을 반영한다. 첫번째 번역에서는 영어권에 이러한 사회적 틀이 존재하지 않는다는 사실을 무시하고 접근한 반면, 두번째 번역에서는 영어권의 틀을 존중하여 틀을 중개함으로써 메시지를 전달한 것이다.

[예문 5.12]에서 의도된 의미가 무엇인가는 'came back east'를 어떻게 해석하는가에 달려있다. 즉 동부에 살다가 다시 동부로 돌아간 것인지, 혹은 동부에는 은퇴연령이 되어서야 처음 갔다는 의미인지는 'back'을 둘러싼 사회역사적 틀을 이해하는가 여부에 달려있다. Fillmore는 미국인들이 동부에서 정착을 시작하여 서부로 옮겨져 간 집단적인 사회역사적 경험을 갖고 있으며, 이를 반영하는 '사회역사적 틀'이 존재하기 때문에 '은퇴연령이 되어서야 동부에 처음 간 경우'에도 'back'이라는 표현을 사용하는 것임을 지적한다.

이렇게 언어문화집단 별로 학습된 틀이 달라짐에 따라 틀의 간극이 발생하게 되고 이에 따라 한 집단에서는 당연히 의도된 정보의도의 추론이 가능한 것이 다른 문화권에서는 그렇지 못한 경우가 발생한다. 이렇게 되면 동일한 의미라 하더라도 그 의미를 이해할 수 있는 이해용이성이 보장되지 못하거나 의도하지 못한 커뮤니케이션 효과가 생기기도 하고 오해도 불러일으킬 수 있게 되는 것은 당연할 것이다.

적합성 이론, 언어장 이론, 틀 및 스크립트 이론에서 주목하는 것은 언어사용자들이 커뮤니케이션의 대상으로서의 의미를 텍스트로 구성하고 다시 도출해내는 과정에서 동원하게 되는 총체적인 지식이 문화특수성에 따라 규정되고, 이런 의미의 문화특수성 때문에 다양한 층위에서 간극을 만들어냄으로써 이문화간 커뮤니케이션이 장벽을 경험하게 될 수 있다는 것이다. 이런 의미의 문화특수성을 충분히 인식하고 구체적인 문화차이를 중개함으로써 커뮤니케이션의 성공을 이문화간 의사소통 과정에서도 보장하는 것은 번역사의 몫으로 남는다.

제6장 등가와 대응

> **주요 내용**
>
> ❶ 형태와 내용(form & content of meaning)
> ❷ 대응 대 등가(correspondence vs. equivalence)
> ❸ 등가의 구분
>   ◎ Nida의 역동적등가(dynamic equivalence proposed by Nida)
>   ◎ Köller의 등가 분류(Köller's equivalence types)
>   ◎ 텍스트 전체의 등가(text-profile equivalence)
>   ◎ 기능적 등가(functional equivalence)
> ❹ 등가와 대응의 관계(relations between equivalence & correspondence)
> ❺ 셀레스코비치의 등가 유형(equivalence types classified by Seleskovitch)
>   ◎ 어원적 등가(etymological equivalence)
>   ◎ 문맥적 등가(contextual equivalence)
>   ◎ 관용적 등가(conventional equivalence)
> ❻ 등가에서 대응으로의 이행(moving from equivalence to correspondence)

6.1. 의미의 형태와 내용

언어를 도구로 사용하여 전달하는 의미는 구체적이고 명시적인 언어적 표현, 곧 '형태'와 그 형태가 사용되는 커뮤니케이션 상황에 의해 구체화되는 '내용'으로 이루어진다. 이문화간 커뮤니케이션 상황에서 번역 또는 통역 활동을 통해 의미를 전달한다는 것은 출발텍스트의 형태와 내용을 모두 도착텍스트 독자에게 전달하는 것을 가리킨다. 이때 도착텍스트 독자에게 실제로 전달되는 총체적인 의미와 원래 ST에서 의도된 의미간의 관계를 설명하기 위한 개념이 '등가(equivalence)'와 '대응(correspondence)'이다.

6.2. 등가와 대응

보편적으로 '대응'이란 출발텍스트와 도착텍스트에서 구현되고 있는 의미가 형태적으로 동일한 경우를 가리키는 반면, '등가'란 이 두 텍스트를 통해 전달되고 있는 의미가 형태적으로는 동일하지 않으나, 내용 면에서 동등하거나 강한 유사성을 보이는 경우를 지칭하기 위해 사용된다. 보다 전문적인 정의를 보면 우선 '대응(correspondence)'은 "담화와는 별개로 다른 언어 간의 단어나 신태그마 사이에 형성되는 동일성의 관계 또는 코드 변환 작업의 산물(Delisle 1999: 131)"로 정의할 수 있고 이런 대응관계를 구현하는 어휘를 '대응어(correspondent)'라고 부른다. 이에 비해 '등가'는 "서로 다른 두 개의 언어로 이루어지는 텍스트 상에서 담화기능이 같거나 유사하도록 번역사가 두 개의 '번역단위' 간에 구축하는 동질성의 관계(Delisle 1993)"를 가리키며 '등가표현[38](equivalent)'이란 '등가의 관계를 구현하는 표현'을 지칭한다.

등가라는 말이 처음에 사용된 것은 언어학자인 Catford(1965: 27)가 '추상적인 언어체계간의 유사성'과 '실제 ST와 TT의 구성요소간의 유사성'을 구분하는 용어로 '형태적 대응(formal correspondence)'과 '텍스

---

[38] '등가어' 대신 '등가표현'이란 용어를 사용하는 것은 '등가'의 관계가 대체로 일대일의 단어치환이 불가능한 경우를 가리키는 데 비해 '등가어'란 용어가 자칫 '어휘 차원의 치환 문제'라는 의미를 내포할 수 있기 때문이다.

트적 등가(textual equivalence)'라는 용어를 쓰기 시작하면서부터였다. Catford는 '형태적 대응'은 '랑그(langue)' 차원의 유사성을, '텍스트적 등가성'은 '빠롤(parle)' 차원의 유사성을 가리키는 것으로 구분하였다. Köller(1979: 183-4)도 마찬가지로 대응과 등가를 구분하여, '대응(Korrespondenz)'은 두 언어체계간의 형태적 유사성을 가리키는 개념으로, '등가(Äquivalenz)'는 실제 텍스트와 발화 간의 등가 관계를 가리키는 개념으로 사용하였다.

성서번역방법론을 연구하며 번역학의 이론적 토대를 마련한 Nida는 출발텍스트와 도착텍스트의 관계를 '형태적 대응(formal correspondence)'과 '역동적 등가(dynamic equivalence)'로 이분하였다. '형태적 대응'이란 출발어의 어휘 표현과 의미면에서 최(最)근사치(closest equivalent)에 해당하는 도착어 어휘나 표현간의 관계를 가리킨다. 반면 '역동적 등가'란 번역사가 출발어로 이루어진 텍스트 또는 그 일부분을 번역할 때 출발텍스트의 표현이 출발텍스트 독자의 마음속에 남긴 것과 동등한 영향과 효과를 도착텍스트 대상독자의 마음 속에 촉발할 수 있도록 도착텍스트로 옮길 때 이루어지는 관계를 가리킨다. Nida는 이를 "등가효과의 원칙(the principle of equivalent effect)"(1964: 159)이라는 이름으로 일종의 번역원칙으로 승격시켰다. Nida는 역동적 등가와 형태적 대응을 동시에 충족시킬 수 있는 번역을 가장 우수한 번역으로 생각하였다. 그러나 실제로 두 언어를 대상으로 하는 언어쌍간에 반드시 형태적 등가가 존재하는 것은 아니라는 사실을 지적(Nida & Taber 1969)함으로써 현실적으로 역동적 등가를 보다 선호하였다.

Baker는 두 가지 층위에서의 등가가 존재한다고 전제하고, 우선 텍스트 차원의 등가는 "도착텍스트가 출발텍스트의 번역으로 간주되게 하는 출발텍스트와 도착텍스트 간의 관계"(Baker 1998: 77)를 가리키는 것으로 정의하였다. 그러나 등가가 출발텍스트와 도착텍스트의 부분간에도 성립한다는 점을 분명히 하였다.

6.3. 등가의 양적(量的) 관계 중심의 분류

등가를 어떻게 분류할 것인가는 어느 층위에서의 등가를 어떤 부분에 주목하여 보느냐에 따라 달라질 것이다. Kade(1968)는 어휘 차원의 등가를 중심으로 등가표현들 간의 양적 관계를 중심으로 등가를 분류하였다. 즉 출발어의 단일어휘 또는 단일 표현에 대한 도착어의 단일어휘 또는 단일표현이 존재하는가에 따라 등가를 분류하면서, '일대일 등가(one-to-one equivalence)', '일대다 등가(one-to-many equivalence)', '일대부분 등가(one-to-part of one-equivalence)', '영(零)의 등가(nil equivalence)'로 나누었다.

먼저 일대일등가란 출발어의 단일어휘/표현을 전달할 수 있는 단일어휘/표현이 도착어에 존재하는 경우에 성립하는 등가를 말한다. 예를 들어 불어의 'pére'와 영어의 'father', 독일어의 'vater'의 경우가 이에 해당한다. 두번째로 일대다 등가란 출발어의 단일어휘/표현을 전달할 수 있는 도착어의 단일어휘/표현이 두 개 이상 존재하는 경우에 성립되는 관계를 가리킨다. 예를 들어 영어의 'father'라는 표현은 우리말에서는 '아버지'는 물론 발화자의 부친이나 청자의 부친 가운데 누구를 가리키는가에 따라, 또 '아버지'와의 관계를 어떻게 인식하고 있는가에 따라 '부친(父親)' '엄친(嚴親)' '가친(家親)' '춘부장(春府丈)' 등 복수의 어휘가 존재한다. 일대부분 등가의 경우는 출발어의 단일어휘/표현이 가리키는 개념의 일부만을 전달할 수 있는 도착어의 단일어휘/표현이 단일어휘/표현이 존재하는 경우를 가리킨다. 예를 들어 영어의 'brother'는 우리말의 '형'이나 '남동생'이 지칭하는 의미의 일부분만을 가리키는 부분적 등가표현이다. 마지막으로 영(零)의 등가란 출발어의 단일어휘/표현을 전달할 수 있는 도착어의 단일어휘/표현이 존재하지 않는 어휘 공백상태를 가리킨다. 'Schadenfreude[39]'라는 독일어 표현이 '남이 잘 못되는 것을 고소해 하는 느낌'을 가리키는 단일어휘인데 비해 이를 전달할 수 있는 한국어나 영어의 단일어휘/표현은 존재하지 않는 경우를 예로 들 수 있다.

6.4. 다양한 층위에서의 등가

Köller(1979:187-91, 1989:100-4)는 등가가 구현되는 다양한 층위에 주목하여 등가를 다음의 다섯 범주로 세분하였다.

(1) 외연적 등가(Referential/denotative equivalence)
언어외적인 실제 세상에 존재하는 동일한 유·무형의 사상(事象)을 지칭한다고 간주되는 출발어와 도착어 어휘쌍 간에 존재하는 등가

(2) 내포적 등가(Connotative equivalence)
두 언어를 모국어로 사용하는 언어사용자의 생각 속에 동일하거나 유사한 연상(associations)을 불러일으키는 SL과 TL 어휘쌍 간에 존재하는 등가

(3) 텍스트 규범적 등가(Text-normative equivalence)

---

[39] Seleskovitch 『국제회의통역에의 초대』 134쪽에서 인용

각각의 언어에서 동일하거나 유사한 맥락에서 사용되는 출발어와 도착어 어휘쌍 간에 존재하는 등가

(4) 화용적 등가(Pragmatic/dynamic equivalence)

각각의 언어를 사용하는 독자들에게 동일한 효과를 갖는 출발어와 도착어 어휘쌍 간에 존재하는 등가

(5) 형태적 등가(Formal equivalence)

철자나 음성 자질이 유사한 출발어와 도착어 어휘쌍 간에 존재하는 등가

좀더 자세히 살펴보면 '외연적 등가'란 출발어와 도착어의 어휘가 갖는 지시의 또는 명시의가 동일할 경우에 성립하는 관계이다. '내포적 등가'란 출발어와 도착어의 상응하는 표현이 어역(register)을 비롯한 언어사용 차원, 연관의·감성의·사회적 의미와 관련된 연상 및 기대, 사용빈도 면에서 동일하거나 유사한 경우에 성립한다. 세번째로 '텍스트 규범적 등가'란 특정한 언어사용 상황에서 사용되는 텍스트 장르 특유의 자질과 관련된 등가를 가리키는 것으로, 텍스트 구성상의 특징, 법률언어(legalese)나 의고체(archaic language) 등과 같이 특정 장르 텍스트에 사용되는 언어적 특징과 관련하여 존재하는 텍스트 규범과 관련한 등가를 가리킨다. '화용적 등가'란 번역텍스트가 의도하는 텍스트 수신자를 중심으로 전달하는 효과의 등가를 가리키는 것으로, Köller는 특히 이를 '커뮤니케이션의 등가(kommunikative Äquivalenz)'라고도 지칭하였다. 마지막으로 '형태적 등가'는 출발텍스트가 갖는 특정한 형식적·미학적 특성, 언어유희(word play)나 문체적 특징 등의 측면에서 도착텍스트의 등가가 구현되는 경우를 말한다.

6.5. 텍스트적 등가

Baker(1998)는 Köller의 등가의 다섯 가지 범주가 출발텍스트와 도착텍스트 간에 성립할 수 있는 모든 층위에서의 등가를 충분히 설명하지 못한다고 주장하면서 주장하면서 '텍스트적 등가(textual equivalence)'를 추가하였다. 이는 두 텍스트 안에서 이루어지고 있는 '정보의 흐름(information flow)' 내지 전개방식면, 그리고 응집성 유지 역할 면에서 출발텍스트와 도착텍스트에 사용되고 있는 기재(device)들이 출발텍스트와 도착텍스트 각각에서 수행하는 역할 간에 등가가 성립하는지를 설명하는 개념이다. Neubert & Shreve 역시 1992년 저서에서 '텍스트적 등가'(text-profile equivalence)의 중요성을 강조하였다.

6.6. 기능적 등가

Newmark(1998)와 Neubert(1985)는 여기서 더 나아가 '기능적 등가(functional equivalence)' 차원을 추가하였다. 이는 출발텍스트와 도착텍스트가 그 텍스트를 받아들이는 언어문화집단 내에서 수행하는 텍스트 기능 면에서 등가가 구현되었는가를 설명하는 데 도움이 된다.

텍스트의 기능적 등가의 개념을 가장 먼저 소개한 것은 Reiss & Vermeer(1984, Munday 2001: 77에서 인용)이다. 이들은 영어의 '기능' '목적'에 해당하는 'skopos'라는 그리스 어 개념을 번역결과물 평가에 도입하면서, 번역이 그 결과물로서의 텍스트가 구체적으로 사용될 목적에 따라 번역이 이루어졌는가를 번역수준 평가의 척도로 삼을 것을 주장하였다. 이를 위해 그는 우선 텍스트가 수행하는 기능을 중심으로 텍스트 유형을 세 가지로 분류하였는데, 이를 정리한 것이 <표 6.1>이다.

〈표 6.1〉 스코포스 중심의 텍스트 등가 분류[40]

텍스트 유형	정보중심 텍스트 informative text type	표현중심 텍스트 expressive text type	효과중심 텍스트 operative text type
구현된 텍스트 장르	신문기사, 보고서	문학작품	광고문
충실성의 대상	텍스트 또는 텍스트 정보성에 대한 충실성	출발텍스트 저자에 대한 충실성	도착텍스트 독자에 대한 충실성
평가기준으 로서의 등가	정보성의 등가	심미적 등가	커뮤니케이션 효과의 등가

6.7. 해석이론의 '등가'와 '대응'

해석이론(The Interpretive Theory of Translation)의 공동주창자 가운데 한사람인 Seleskovitch는 우선 한 언어에서 사용되는 개별 어휘/표현들을 다른 언어로 옮기는 번역에 있어서 어휘들을 크게 '대응어'와 '문맥적 등가표현' 혹은 '문맥어(contextual word)'의 둘로 크게 나눈다.

대응어란 단어대단어의 단순치환이 가능한 어휘를 가리키는 반면, 문맥적 등가표현 또는 문맥어란 이런 대응어가 존재하지 않아 "문맥에 따라 새로운 등가표현을 끊임없이 찾아내야 하는 단어(Seleskovitch 1967[2002]: 136-7)"를 지칭한다.

Seleskovitch에 따르면 특정 개념을 나타내는 어휘의 즉각적인 대응어가 존재하지 않거나 그 어휘가 나타내는 개념이 다른 언어에서 전혀

---

[40] 본 서 제8장 <표 8.2> 참조

다른 방식으로 표현될 경우를 번역불가능어라고 생각하는 사람이 많지만, 이는 사실과 다르다. 즉 번역할 때 출발텍스트에서 사용된 어휘가 표현하고 지칭하는 것과 '동일한 의미'를 표현해줄 대응어가 없더라도 원 문장의 표현에 상관없이 동일한 의미를 전달할 수 있는 등가표현을 찾아내기만 하면 번역이 가능해진다는 것이다. 이런 의미에서 어떤 "단어가 표상하는 개념이 '번역불가능한 경우'"는 [그 지시대상으로서의 개념이] 도착어를 사용하는 사회에서 아직 존재하지 않는 경우(Seleskovitch 1967 [2002])일 때뿐이다.

번역이란 서로 다른 언어를 사용하여 이루어지는 언어적 표상, 곧 어휘 간에 등가를 구현하는 작업이기도 하다. Seleskovitch는 어휘 간에 존재하는 등가를 세 가지로 나눈다. 첫번째 '어원적 등가(etymological equivalence)'는 출발어의 어휘가 갖는 사전적 정의로서의 협의의 의미를 도착어의 어휘로 옮길 때 두 어휘상 간에 성립하는 관계이다. 예를 들어 영어의 'mother' 불어의 'mére' 독일어의 'Mutter' 간에 일차적인 의미의 등가가 성립된다는 의미에서 이 세 어휘는 '어원적 등가' 관계에 있다고 할 수 있다. 두번째는 '문맥적 등가(contextual equivalence)'이다. 번역을 하다보면 출발어의 어휘가 기술하거나 지칭하는 지시의가 도착어에서는 전혀 다른 방식으로 표현되기 때문에 출발어와 도착어 표현 간에 어휘의 공백이 존재하고 따라서 어원적 등가에 의한 번역이 불가능해지는 경우가 있다. 이런 경우에는 어원적 등가어 대신 주어진 문맥에서만 타당성을 갖는 의미적 등가표현을 찾아내어 번역하는 것이 불가피해진다. 이때 출발어의 어휘와 도착어의 창의적 표현 간에 성립하는 관계를 '문맥적 등가'라고 부른다. 다음의 예문을 통해 '문맥적 등가'를 자세히 살펴보자.

> **예문 6.1**
>
> Before the anticipating crowd, Wise Monkey stood proudly. Holding the newborn firmly in his two hands and carefully rising onto a giant rock on top of the steep hill, He stretched his arms up, and *held the future Lion King high in the air*. (Cheong 2000: 166)

미국 디즈니사의 인기 애니메이션 영화 *Lion King*의 일부분에서 발췌한 위 예문에서 미래의 사자왕이 될 어린 사자가 태어나자 현자(賢者) 원숭이는 어린 사자를 군중들 앞에서 높이 치켜들고 소개한다. 여기에서 '어린사자를 높이 치켜드는' 행위는 단순히 군중들이 잘 볼 수 있도록 하려는 배려 이외에 어린사자에 대한 축원의 의미도 포함한다. 즉 이 행위의 의미는 다음의 은유체계를 통해 이해할 수 있다.

> A. CAREER IS A JOURNEY INVOLVING VERTICAL MOVEMENT
> B. A VIRTUOUS LIFE IS TO SUCCEED IN LIFE
> C. SUCCESS IN LIFE IS TO GO UP
> D. THE DEGREE OF SUCCESS IN ONE'S LIFE IS THE RELATIVE ALTITUDE ONE ASSUMES

즉 영어의 은유체계에서는 (A) 인간의 커리어는 사회적인 수직방향

이동을 나타내는 여정이며, (B) 덕 있는 삶이란 인생에서 성공하는 것이며, (C) 인생에서 성공한다는 것은 수직적으로 상승이동하는 것이고, (D) 인간의 성공 정도를 나타내는 척도는 그가 고도 면에서 얼마나 높은 위치를 점하는가로 나타내진다. 때문에 위의 [예문 6.1]에서 현자 원숭이가 갓 태어난 어린 사자를 높이 치켜드는 행위는 어린사자의 '성공'을 기원하는 의미도 포함하고 있다 할 것이다. 영어의 이런 은유와 상징체계를 담은 SL의 표현을 우리말로 옮길 때 단순히 '높이 치켜들었다'고 번역하는 것만으로는 원래 SL의 표현이 의도한 의미를 온전히 전달할 수 없다. 이 경우 '인생의 성공을 기원하며' 혹은 '훌륭한 왕이 될 것을 축원하며' '어린 사자를 높이 치켜들었다'고 옮기게 되면 해당 문맥에서 의도한 문맥적 등가를 구현할 수 있게 된다.

마지막으로 '관용적 등가(conventional equivalence)'란 처음에는 문맥적 등가의 관계에 있던 어휘쌍들이 점차 사회적으로 수용되고 반복적으로 사용됨에 따라 굳어진 대응어처럼 인정되어 사용되는 경우에 그 어휘쌍 간에 성립하는 등가관계를 말한다.

<표 6.2>에서 보는 것처럼 우리말의 '강세시장'을 직역하면 영어에서는 'strong market'이어야 한다. 그러나 영어의 관용적 등가표현은 'strong market'이 아닌 'seller's market'으로 굳어져 있다. 불어에서는 오히려 우리말을 직역한 'marché fort'가 실제로 관용적 등가표현, 곧 굳어진 대응어로 사용되고 있다.

〈표 6.2〉 한국어-영어-불어의 관용적 등가표현

한국어 표현	관용적 등가 표현	
	영어	불어
강세시장 (주식시장에서 공급이 적고 수요가 많은 시장 상황)	Seller's market	Marché fort 'strong market' Cf. Marché de vendeurs 'seller's market'
현재가	Present value	Valeur actualisée 'realized value'
분실물센터	Lost & Found	Objects Trouvée 'found objects'
문맹률	Literacy '문자해득률'	
관계자외 출입금지	Authorized personnel only	

우리말의 '분실물 센터' 혹은 '유실물 센터'의 경우도 관용적 등가표현은 단순대응어와는 다르다는 것이 위 표에 잘 나타나 있다. 즉 우리말에서는 '잃은 물건을 모았다가 주인에게 돌려주는 기능을 하는 공간'이라는 기의를 '잃어버린 물건'의 측면에 초점을 두어 '분실물 센터'라는 기표로 부르는데 비해, 불어에서는 '찾은 물건'에 더 초점을 두어 용어를 사용하고 있으며, 영어에서는 '잃어버린 것과 찾은 것' 모두를 고려한 용어를 쓴다는 것을 알 수 있다.

'문맹률'의 경우는 전체인구에서 글을 읽을 수 있는 사람의 상대적 비율을 나타내는데, 우리사회에서는 글을 못 읽는 인구의 비중이 더 낮기 때문에 '문맹률'을 중심으로 논하고, 반대로 글을 읽는 인구의 비중이 상대적으로 더 낮은 미국에서는 '문자해득률'을 중심으로 논하는 것을 알 수 있다. 마지막으로 우리말에서는 '금지사항'에 초점을 두는 반면, 영어에서는 '출입이 가능한 사람들을 명시'하는 데 더 초점을 두고 있다.

이런 차이들은 관용적 등가표현들이 단순히 굳어진 대응어쌍이 아니라 처음에는 문맥적 등가를 구현하기 위해 선택되었던 어휘쌍들이 점차 사회 전체적으로 널리 받아들여지고, 이에 따라 '관용적 등가 관계'를 구현하는 등가표현으로 굳어져 사용되게 되었음을 알게 해준다.

6.8. 등가에서 대응으로

Seleskovitch를 제외한 대부분의 학자들은 의미의 내용적 동질성 또는 동등효과를 가리키는 '등가'와 의미의 형태적 치환가능성 내지 동일성을 가리키는 '대응'을 이분법적으로 설명해왔다. 그러나 해석이론의 주창자들은 등가와 대응을 양분하여 서로 배타적인 개념으로 이해할 필요가 없다고 주장한다. 즉 서로 다른 언어문화권이 접촉을 갖게 되는 초기 단계에는 거의 모든 것이 '문맥어'로 받아들여지게 되어 문맥적 등가를 구현하는 것이 번역의 일차적 과제로 떠오르게 된다는 것이다. 해석이론에 따르면 그러나 시간이 흐르면서 문화적 접촉의 빈도와 범위가 확대되면서 처음에는 문맥적 등가어로 받아들여졌던 어휘쌍들이 점차 관용적 등가표현, 곧 포괄적인 대응어로 발전하게 된다. 이런 관점은 지금까지 등가와 대응을 이분법적으로 파악하면서 번역에서 어느 하나가 다른 형태의 관계보다 더 바람직하거나 우위에 있다는 사고를 극복할 수 있게 해준다. 즉 번역을 사회전반적인 과정으로 보는 입장에서 등가표현에서 대응어가 등장하고 확산하는 과정을 보다 현실적으로 설명할 수 있는 시각을 제공해주고 있는 것이다.

제7장 텍스트 규범과 수용가능성

주요 내용

❶ 번역학에의 접근법(approaches to Translation Studies)
　　◉ 처방적/규범적 접근법(prescriptive/normative approach)
　　◉ 기술적(記述的) 접근법(descriptive approach)
❷ 출발텍스트 지위 격하(dethronement of the ST)
❸ 번역규범(norms)
　　◉ 번역기본규범(initial norms)
　　　(1) 충분성(adequacy)
　　　(2) 수용가능성(acceptability)
　　◉ 번역환경규범(preliminary norms)
　　　(1) 번역정책(transation policy)
　　　(2) 번역의 직접성(directness of translation)
　　　cf. 매개언어(intermediate language)
　　◉ 번역작업규범(operational norms)
　　　(1) 형태규범(metrical norm)
　　　(2) 텍스트-언어적 규범(text-linguistic norm)
❹ 번역보편소(universals of translation)
❺ 번역의 잠정적 법칙(tentative laws of translation)
　　◉ 표준성 증가의 법칙(law of growing standardization)
　　◉ 언어간섭의 원칙(law of interference)
❻ 일반화(generalization)

7.1. 번역학에의 접근법

앞장에서 다룬 '등가'와 '대응'은 출발텍스트와 도착텍스트의 양쪽을 놓고 이 두 텍스트간의 관계, 혹은 각각의 텍스트를 구성하는 구성요소 쌍 들간의 관계를 논하는 대조 중심의 접근법을 전제로 하는 개념이다. 또한 두 텍스트 간, 혹은 두 텍스트의 구성요소쌍 들간에 '등가'를 이루는 것이 바람직한 것임을 전제로, 구체적인 비교대상 텍스트 상에서 이것이 실제로 구현되었는지를 우선 판별하고자 한다. 이때 실제로 등가가 구현되었다면 (1) 어떤 면에서 (2) 어느 정도 구현되었는지, 또 (3) 등가 방법이 충분히 경제적이고 효과적이었는지를 평가한다. 등가가 구현되지 못한 경우에는 (4) 해당부분에 대한 진단과 처방을 내리는 '규범적(normative)'[41] · '처방적(prescriptive)' 입장을 취한다.

번역대상 텍스트의 지위에 관해서도 처방적 접근법은 번역의 시발점이자 대상물인 출발텍스트를 신성시하거나 적어도 도착텍스트보다 우월적인 지위를 차지하는 것으로 간주한다. 따라서 출발텍스트의 정보성이나 형태를 훼손하지 않고 도착텍스트에서 재현하는 것이 번역의 목적이라고 주장한다.

그러나 위의 접근법에 문제를 제기하는 입장에서는 위의 접근법이 지나치게 처방중심이며, 평가자의 주관적 판단, 곧 직관과 통찰력만을 근거로 이루어지는 평가일 수 있다는 점을 지적한다. 따라서 번역결과물을 보다 '간주관적(intersubjective)'으로 검증하고 재현(replication)할 수 있는 방식으로 바라볼 필요를 제기한다. 또 텍스트의 지위에 대해서도

---

[41] 여기서 '규범적'이라는 것은 본 장에서 다루어지고 있는 '텍스트 규범(text norms)'과는 다른 통상적인 의미이다.

번역결과물 자체가 도착어 문화권에서 이미 텍스트로 받아들여져 나름대로의 기능을 하고 있음을 중시하고, '번역원전'이 '번역결과물'보다 우월하다는 인식을 버리고 번역을 번역 그 자체로 받아들일 것을 제안한다. 그리고 번역과 번역행위를 보다 잘 이해하기 위하여 구체적인 번역물에 반복적으로 나타나는 번역현상들을 기술하는 것을 번역학의 일차적 목표로 삼아야 한다고 주장한다.

이렇게 번역 현상에 대한 기술(記述)을 중시하는 기술적 접근법(descriptive approach to Translation Studies, DTS)에서는 '번역 원전'의 우월적 지위를 인정하지 않는데, 이를 '출발텍스트 지위 격하(dethronement of the ST)'(Reiss & Vermeer 1984:72, Nord 1997에서 인용)라고 부른다.

7.2. 기술적(記述的) 접근법

Munday는 DTS가 "엄격하게 체계적이지는 않을지 모르지만" 출발텍스트와 도착텍스트를 "탄력적이고 비처방적으로"(2001: 113) 비교할 수 있는 방법"을 제시하였다고 평가한다.

DTS를 처음 주장한 Toury는 DTS의 필요성을 다음과 같이 주장했다.

> 바꾸어 말해 [번역학에]에 부족한 것은 (현존하는 연구 가운데 상당수가 이미 그렇게 하고 있는 것처럼) 탁월한 직관을 반영하고 섬세한 통찰력을 제공하려는 단속적인 시도가 아니라, 분명한 가정으로부터 출발하고, 가능한 한 명확하고 명시적이며 번역학 그 자체에서 정당화된 방법론과 연구기법으로 무장된 체계적인 [연구]분야이다. 이런 분야만이 개별 연구의 성과를 간주관적으로 시험하고 비교하고, 최소한 이론적으로는 재현이 가능함으로써 지식

의 질서정연한 축적을 손쉽게 해준다

(1995: 3, 저자 번역)

이런 연구를 위해 Toury가 제시한 연구모델은 3단계로 이루어지는 단계적 접근 모델이다.

첫번째 단계는 연구대상물 선정으로, 번역결과물이라고 생각되는 도착텍스트를 선정한 다음, 이를 도착어 시스템 내에서 번역텍스트로서의 중요성 등을 자리매김하게 한다. 이때 (1) 해당 텍스트의 중요성 및 (2) 수용가능성 등을 중점적으로 검토하면서 (3) 해당 텍스트가 진정한 번역텍스트임을 전제로 해당 텍스트에 나타나는 개별적인 텍스트-언어적 현상에 대한 잠정적 설명 등을 시도한다.

두번째 단계는 위에서 파악한 현상들에 유념하면서 번역텍스트를 출발텍스트라고 생각되는 텍스트와 비교하는 것이다. 이때 (1) '문제와 해결책'의 쌍을 파악하여 직접 비교 단위로 삼고 (2) 다양한 출발텍스트 요소들을 대체한 도착텍스트의 해당부분들을 실질적으로 파악하되, TT에 사용된 '번역 전환(shift)'과 '번역관계(translation relationships)'를 중심적으로 규명한다.

일단 이 두 단계의 연구가 끝나면 연구결과를 근거로 '일반화(generalization)'를 시도할 수 있다. 여기서 중요한 것은 이때 도달한 일반화의 결론을 이후 연구의 외연을 확대하여 보완하는 것이 필요하다는 사실을 인식하는 것이다. 연구 외연의 확대에는 연구대상인 코퍼스의 양적 확대뿐만 아니라, 코퍼스에 포함되는 연구결과물이 문화적 다양성을 대표할 수 있도록 다양한 문화권에서 이루어지는 번역까지 포함시키는 작업도 포함하여야 한다.

마지막인 삼 단계에서는 향후에 의식적이고 효과적인 의사결정이 이루질 수 있도록 연구의 시사점과 함의를 도출한다.

개별 텍스트 연구에 추가하여 할 수 있는 일은 다양한 텍스트에 대하여 1단계와 2단계의 연구를 반복적으로 수행함으로써 코퍼스를 확대하는 한편, 텍스트 장르·시기·원저자·번역사 등과 같이 번역을 구성하는 다양한 구성요소별로 특징을 파악하고 기술하는 것이다. 이런 연구과정의 궁극적인 목적은 유형별 번역의 규범을 규명하고 나아가 번역형태에 대한 일반화를 통해 번역의 법칙을 제시하는 것이다. DTS의 목적을 좀 더 구체적으로 서술하면 다음과 같다.

❶ 번역행위를 경향별로 분류
❷ 번역사의 의사결정과정 개괄
❸ 번역과정에 작용하는 번역작업규범 재구성
❹ 향후 기술적 접근법에서 검증할 수 있는 가설 수립

7.3. 번역규범

위에서 일반화한다는 것은 번역과 관련하여 존재하는 규범을 파악하고 기술하는 것을 말한다. 규범이란 "한 공동체가 어떤 것이 옳은지 그렇지 않은지, 충분한지 그렇지 않은지에 대해 공유하고 있는 보편적인 가치를 특정한 상황에서의 적절하고 적용할 수 있는 '이행지침(performance instructions)'으로 구현한 것"(Toury 1995: 55)이다.

Toury는 규범을 '번역기본규범(initial norms)', '번역환경규범(preliminary norms)', '번역작업규범(operational norms)'으로 나눈다.

'번역기본규범'은 번역사가 번역을 처음 시작할 때 내리게 되는 일반적인 선택을 가리키는 규범으로, 궁극적으로 어떤 번역을 지향할 것인가를 다룬다. 번역사는 우선 출발텍스트에 존재하는 규범, 그리고 번역하게 될 도착어를 모국어로 사용하는 문화권에 존재하는 언어/문화 규범의 두 가지 상이한 규범의 존재를 인식한다. 그런 다음 이 가운데 출발텍스트의 규범을 따를 것인지, 혹은 도착어와 도착문화에 존재하는 규범을 따를 것인지를 선택하게 된다. 여기서 출발텍스트의 규범을 선택하여 준수할 경우에는 '충분성(adequacy)' 중심의 번역을, 도착어의 규범을 선택하여 준수하고자 할 경우에는 도착문화에서의 '수용가능성(acceptability)' 중심의 번역을 지향하게 될 것이다.

이것을 도식화한 것이 <그림 7.1>이다.

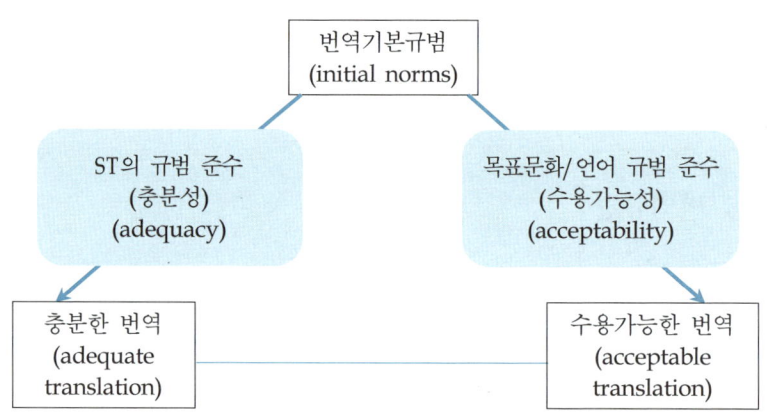

〈그림 7.1〉 Toury의 번역기본규범 (Munday 2001:114)

'번역환경규범(preliminary norms)'은 다시 '번역정책(translation policy)'와 '번역의 직접성(directness of translation)'으로 나뉜다. 번

역정책이란 번역대상텍스트의 생산 시기, 언어, 문화권 등 번역 텍스트의 선정에 작용하는 다양한 결정요소들을 지칭한다. '번역의 직접성'이란 '매개언어(intermediate language)'를 통해서 번역이 이루어지는 것이 아니라 처음으로 쓰여진 언어의 텍스트로부터 곧바로 번역되어 오는지 여부를 가리킨다.

마지막으로 '번역작업규범(operational norm)'은 번역사가 실제로 번역을 하는 과정에서 준수하게 되는 규범이다. 이는 다시 '형태규범(metrical norm)'과 '텍스트-언어적 규범(text-linguistic norm)'으로 이루어진다. '형태규범'이 구절의 생략 여부, 위치변경, 텍스트의 분절이나 구절 구조의 준수, 혹은 각주 첨가 여부와 같이 도착텍스트의 외형적 형태적 측면을 설명하는 개념이라면, '텍스트-언어 규범'은 어휘 선택, 문체론적 특징 준수 등을 다루는 개념이다.

7.4. 번역보편소

앞에서 언급한 것처럼 Toury는 DTS를 통해 다양한 규범들의 존재를 규명함으로써 번역현상을 일반화하고 '번역의 법칙'들을 제시하고자 하였다. 그는 모든 번역텍스트에는 보편적으로 나타나는 언어적 특징이 있다고 보고 이를 '번역보편소(Universals of Translation, TU)'로 확립하고자 하였다.

'번역보편소'란 "오리지날 텍스트보다 번역텍스트에 전형적으로 나타나는 언어적 특징으로, 번역과정에 어떤 언어조합(language pairs)이 사용되든 이에 영향을 받지 않는 것으로 생각되는 특징(Baker 1993: 243)"을 말한다. Toury를 비롯한 학자들이 실제로 번역텍스트와 출발텍스트의 대조연구를 통해 모든 텍스트 유형에 공통적이라고 생각되는 언어적 특징들을 파악하여 번역보편소 후보로 제시하였는데, 이를 정리하면 다음과 같다.

(1) 단순화(simplification) 및 출발텍스트에 나타난 반복의 기피 (avoidance of repetition present in the ST)
번역텍스트가 출발텍스트보다 어휘의 다양성 및 통사구조 면에서 단순해진다. 또 출발텍스트에 사용된 의도적인 반복이 축소되고 생략됨으로써 문체적 단순화 현상도 나타난다.
▶ 관련연구: Blum-Kulka & Levenston (1983: 119); Baker (1992); Vanderauwera (1985: 102-3), Toury (1995: 209-10)

(2) 외연화(explicitation)
번역텍스트에는 출발텍스트에 비해 정보의 명시성(explicitness)을 높이기 위해 비명시적인 정보를 명시적으로 외연화하는 경향이 나타나고, 문장의 응집성을 높이기 위해 접속사도 더 많이 쓰이는 경향이 있다.
▶ 관련연구: Blum-Kulka (1986); Cheong (2004, 2006); Toury (1995: 227); Shlesinger (1989: 171-2; 1995: 201)

(3) 표준화(normalization)
번역텍스트에서는 도착텍스트 청중/독자가 받아들이기 쉽도록 구두점, 어휘선택, 문체, 문장구조 및 텍스트 구성 등의 측면에서 관례를 따라 번역텍스트의 가독성, 친숙성, 응결성을 제고하는 경향이 두드러진다 (Vanderauwera 1985).

▶ 관련연구: Vanderauwera (1985); Toury (1995: 267-8)

(4) 담화 전이(discourse transfer) 및 언어간섭의 법칙(law of interference)

번역에서는 출발텍스트의 구성과 관련된 특징들이 도착텍스트로 전이되어 나타나는 경향이 있다(Toury 1995: 275).
▶ 관련연구: Toury (1995: 275-7)

(5) 특정 도착어 어휘 분포의 두드러진 증가(distinctive distribution of TL items)

번역텍스트에는 출발텍스트나 오리지날 텍스트의 경우에서보다 특정 어휘가 두드러지게 높은 빈도수로 사용되는 경향이 있다.
▶ 관련연구: Shama'a (1978: 168-71); Baker (1993: 245)

이 다섯 가지 번역보편소 후보 가운데 Toury는 특히 표준화와 언어간섭현상을 '잠정적 법칙(tentative laws)'으로 보고 (1) 표준성 증가의 법칙(law of growing standardization)과 (2) 언어간섭의 원칙(law of interference)이란 이름으로 제시하였다.

우선 '표준성 증가의 법칙'이란 출발텍스트에서 나타나는 많은 표현들이 보다 관습적인 도착어 표현으로 대체되거나, 도착어에서 보다 일반적으로 쓰는 언어 요소로 대체되는 경향을 보인다는 것이다. 이에 따라 문체의 다양성이 사라지는 경향이 나타나는데, 특히 번역이 도착어를 모국어로 구사하는 사회, 곧 도착시스템에서 차지하는 위상이 취약하고 '주변적 지위(peripheral status)'에 머물러 있는 경우, 이런 경향이 더욱 두드러지게 나타난다고 주장하였다.

두번째로 '언어간섭의 원칙'이란 출발텍스트의 언어적 특성이 도착텍스트에 그대로 모사되어 나타나는 현상을 가리키는 것이다. Toury는 이것이 도착텍스트의 완성도 측면에서 바람직한가에 대한 논의는 차치하고, 이런 언어간섭 현상이 자주 나타나는 그 자체에 주목하였다. 이때 언어간섭의 결과로 나타나는 도착텍스트의 특성, 혹은 간섭의 영향을 받은 도착텍스트 자체를 도착문화권에서 용인하는 정도, 곧 '용인도(tolerance)'는 여러 가지 변수에 따라 달라진다. 특기할 것은 도착언어 또는 도착문화가 출발문화에 비해 상대적 우위를 점하지 못할수록 용인도는 높아진다는 점이다.

번역보편소와 관련하여 주의할 점은 번역보편소의 존재 자체가 아직 가설에 불과하다는 점이다. 특히 번역보편소를 정의할 때 번역에 사용되는 언어조합의 영향을 받지않고 독립적으로 나타나는 현상일 것으로 가정하는데, 보다 다양한 언어조합을 대상으로 보다 많은 번역텍스트에 대한 실증적 연구를 통해 검증이 이루어질 때 지금과 같은 '번역보편소 후보(candidates of TU's)'의 지위에서 벗어날 수 있을 것이다.

7.5. Chesterman의 번역 규범 분류

Toury의 번역규범은 번역결과물을 분석하고 기술함으로써 번역에 보편적이고 반복적으로 나타나는 번역행위를 규명하기 위한 것이었다. 그러나 Chesterman은 Toury가 제시하는 규범이 그가 주장하는 것처럼 비처방적 성격을 갖는다고 인정하더라도 어떤 규범이든 규범의 존재 자체는 '처방적 압력'을 행사할 수밖에 없다는 점을 인정하다. 이런 맥락에서 Chesterman은 순수하게 비처방적인 규범 대신 번역 실무과정에 작용하는 실질적인 규범으로 관심을 돌림으로써 번역과정과 번역결과물을 기술하는데 유용한 개념을 소개하였다.

우선 그는 규범을 '번역사의 전문규범(professional Norms)'과 '번역독자의 기대규범(expectancy norms)'으로 양분하였다(1993: 9).

'번역사의 전문규범'이란 전문인으로서의 번역사가 번역작업을 수행하는 과정에서 준수하게 되는 규범을 가리키는데, (1) 책임규범(accountability norms) (2) 의사소통 규범(communication norms) (3) 텍스트 관계 규범(relation norms)으로 나뉜다. 먼저 '책임규범'이란 번역사의 윤리성을 관장하는 규범으로, 번역사가 성실성과 철저한 프로의식을 갖고 번역작업에 임하는 전문가 정신을 말한다. 두번째로 '의사소통 규범'이란 커뮤니케이션 전문가인 번역사가 자신이 중개자로 참여하는 이문화간 커뮤니케이션의 성공을 보장하기 위해 최선을 다하겠다는 책임의식을 가리키는데, 일종의 사회적 규범이라 할 수 있다. 세번째로 '텍스트 관계 규범'이란 출발텍스트와 도착텍스트가 협의의 등가 관계를 유지하는 것은 물론, 텍스트 유형, 번역의뢰인의 요구, 출발텍스트 저자의 의도, 번역대상독자의 필요 등을 고려하여 출발텍스트와 도착텍스트 간에 적절한 관계를 설정해야 하는 책임을 가리킨다.

두번째로 '번역독자의 기대규범(expectancy norms)'은 도착문화에서 도착텍스트 수용자인 번역독자가 기능면에서 특정 텍스트 유형에 속하는 번역텍스트에 대해 "모름지기 이러이러해야 한다"고 갖는 텍스트에 대한 총체적인 기대를 가리킨다. 독자들은 특정 텍스트 유형에 속하는 번역텍스트에 대해 적절성이나 수용가능성 면에서 기대를 갖고 있기 마련이다. 또 어떤 번역이 이런 기대에 부응할 때 그 번역을 승인하고 선호하는 경향을 보인다. 이런 점에서 '번역독자의 기대규범'은 번역을 평가할 수 있는 도구가 될 수 있다는 것이다. 이때 도착문화권에서 통용되는 '번역전통(translation tradition)', 도착어의 비슷한 장르에서 통용되는 '담화 관습(discourse convention)'과 이념적 요소들이 번역독자의 기대규범에 영향을 준다.

이상을 정리하면, Toury는 출발텍스트의 절대적 우위를 거부하고 도착텍스트를 중심으로 접근하는 이론틀을 제공하였다. 이를 통해 출발텍스트와 도착텍스트를 텍스트-언어적 특성 면에서 비교할 수 있도록 하는 한편 도착텍스트를 수용할 도착문화에서 통용되고 있는 여러 가지 문화적 틀을 동시에 고려할 수 있는 수단을 제시하였다. 이 과정에서 경험적이고 실증적인 연구를 통해 번역결과물 수준 평가에 간주관적 합의를 통합시켜야 함을 역설하였다. 또 실증적 연구 대상인 코퍼스를 양적 측면에서뿐만 아니라 문화다양성 면에서도 확대하여 연구를 실시함으로써 잠정적인 일반화의 결론들을 검증하고 보완할 필요성을 제시하였다. 또 구체적인 연구들을 통해 번역결과물에서 보편적으로 자주 나타날 수 있는 특성들을 번역보편소라는 이름으로 제시하였다.

Toury는 번역결과물을 처방 대신 규범을 의지하여 접근하고자 하였지만, 그가 정의하는 규범의 존재 자체가 DTS가 지양하는 처방적 압력의 영향을 완전히 벗겨내지는 못하였다는 평가를 받았다. 또 '잠정적'이라는 단서를 달았지만 그가 '번역의 법칙' 또는 '번역보편소' 같은 것을 너무 성급하게 일반화하고자 하였다는 비판도 받고 있다. 정호정(2004, 2006)은 일부 학자들이 '외연화'의 결과로 나타날 수 있는 '텍스트 확장 현상'을 '번역보편소 후보'로 제시하고 있지만, 영한번역의 경우 텍스트의 확장이 아니라 오히려 텍스트의 축소 현상이 나타난다는 것을 실증적 연구를 통해 밝혀냈다. 이를 보더라도 번역현상에 대한 성급한 일반화를 시도하기 보다는 보다 광범위하고 철저한 검증 노력을 지속하는 것이 필요한 것이다.

PART 03

통역·번역 이론

제 8 장 통역·번역 모델
제 9 장 번역과 번역학의 분류
제10장 번역사의 결정
제11장 번역사의 중개 기재

제8장 통역·번역모델

> **주요 내용**
>
> ❶ 이문화간 커뮤니케이션 모델(inter-cultural communication model)
> ❷ 삼단계 전이 모델(three-stage transfer model)
>   ◉ 분석-전이-재구성(analysis-transfer-restructuring)
> ❸ 채널 모델(channel model)
> ❹ 삼각형 모델(triadic model)
>   ◉ 대상독자의 해석행위(target reader's act of interpretating)
>   ◉ 공유 인지적 보완소(shared cognitive complements)
>   ◉ 탈언어화/의미도출(deverbalization)
>   ◉ 센스(sense)
>   ◉ 재표현(reformulation)
>   ◉ 제유의 원칙(the principle fo synecdoche)
> ❺ 기능주의 이론(functionalism)
>   ◉ 스코포스(skopos)
>   ◉ 텍스트 장르(text genres)
>   ◉ 텍스트 유형(text types)
>   (1) 정보중심텍스트(informative text type)
>   (2) 표현중심텍스트(expressive text type)
>   (3) 효과중심텍스트(operative text type)
>   ◉ 번역 브리프(translation brief)
>   ◉ 대상독자 정의(audience/readership design)
>   ◉ 번역을 위한 바람직한 전이 과정(the process of ideal transfer)

통역·번역 과정을 설명하는 도식모델로 '커뮤니케이션 모델', '삼단계 전이 모델(three-stage transfer model)' 및 '채널 모델(channel model)', '삼각형 모델(triadic model)'을 대표적으로 꼽을 수 있다. 물론 도식모델 이외에도 통역·번역 행위와 과정을 설명하기 위한 이론적 노력은 존재한다. 언어학의 적합성 이론을 통역·번역 상황에 적용시킨 E. A. Gutt의 또다른 커뮤니케이션 이론, 그리고 틀 의미론과 스크립트 이론을 중심으로 하는 접근법이 대표적이다. 그러나 이들은 이미 '의미의 문화특수성'을 설명하면서 본서에서 다룬 바 있다. 따라서 본 장에서는 위의 3가지 도식 모델과, Reiss, Reiss & Vermeer, Nord로 대표되는 기능주의 이론을 중점적으로 소개한다.

8.1. 커뮤니케이션 모델

우선 커뮤니케이션 모델은 번역을 이문화간 커뮤니케이션을 가능하게 해주는 중개행위로 정의한다. 이문화간 커뮤니케이션을 이해하기 위해서는 우선 단일언어를 미디엄으로 사용하는 일반적인 커뮤니케이션 상황을 먼저 이해하여야 한다.

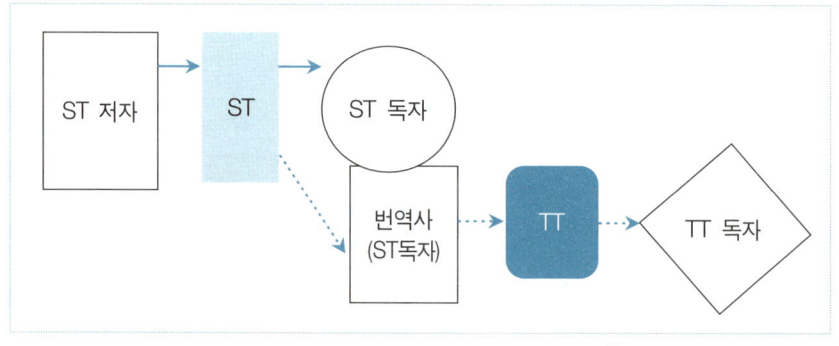

〈그림 8.1〉 이문화간 커뮤니케이션 모델[42]

위 그림에서 위 축은 일반적인 커뮤니케이션을 도식화한 것이다. 출발텍스트의 생산자인 원 저자는 자신이 의도하는 메시지, 곧 출발텍스트를 독자에게 직접 전달한다. 이때 출발텍스트 저자와 독자는 동일한 언어로 소통하기 때문에 언어적 장벽은 존재하지 않고, 경험과 사고의 총체로서의 문화도 공유하기 때문에 문화적 장벽도 작용하지 않는다. 따라서 출발텍스트 생산자가 전달하고자 의도하는 정보의도를 생산자가 의도하는 대로 텍스트 사용자인 대상독자가 추론해낼 수 있는 경우 커뮤니케이션은 성공적으로 이루어진다.

이문화간에 이루어지는 커뮤니케이션은 위의 일반적 커뮤니케이션 과정보다 훨씬 더 복잡하다. 텍스트 생산자와 사용자가 서로 다른 언어를 미디엄으로 사용하고 있기 때문에 언어장벽이 존재하게 되고, 따라서 텍스트 생산자와 사용자간의 직접적인 커뮤니케이션이 원천적으로 불가능하기 때문이다. 그러나 이때 일차적 커뮤니케이션 과정에서 원래의 의도된 소통자와 피소통자 간에 언어장벽만 존재하는 것이 아니고, 문화적 장벽도 동시에 발생하게 된다[43]. 때문에 통역사/번역사가 소통과정에 개입하여 중개를 하게 되는데, 언어중개뿐만 아니라 문화중개도 하게 된다.

이 그림에서 주목할 점은 우선 일차적 커뮤니케이션 과정에서의 원 메시지 수신자와 이차적 커뮤니케이션 과정에서의 메시지 생산자가 동일한 사람이라는 점이다. 즉 통역사/번역사는 일차적 소통과정의 메시지 수신자이자 이차적 소통과정의 메시지 생산자의 역할을 동시에 수행한다. 때문에 일차적 소통과정과 이차적 소통과정이 오버랩되는 동일 축 상에 자리잡고 있다. 두번째로는 출발텍스트로 나타나 있는 원 메시지와

---

[42] H. Qian의 설명을 재구성하였다.
[43] 본 서 제2장 및 제3장 1절 '메시지의 문화특수성' 참조.

도착텍스트로 표시되어 있는 메시지의 체적이 같아야 한다는 것이다. 즉 통역사/번역사는 자의적인 가감삭제 없이 원 메시지의 총체적인 의미의 총합에 변화가 없도록 메시지를 빠짐없이 옮겨놓는 것이 중요하다.

8.2. 삼단계 전이 모델 및 채널 모델

 Nida(1964)는 번역이 출발텍스트가 갖고 있는 '커뮤니케이션 의도(communicative intention)'을 전달하는 것이라는 전제 하에서, 출발텍스트가 대상독자에게 불러일으키는 커뮤니케이션 효과를 도착텍스트를 수용하게 될 대상독자의 마음속에서도 동등한 크기로 전달될 수 있도록 도착텍스트를 재편하는 것이라고 정의한다. 이때 '효과'에 무게중심을 두기 때문에 번역과정에 있어서도 '형태적 대응'보다는 '역동적 등가'를 우선적으로 추구할 것을 주장하였다. '등가 효과의 원칙'이라는 이름으로 이를 더 강조한 Nida & Taber(1969)는 번역과정을 삼단계의 전이 모델로 설명하였다.

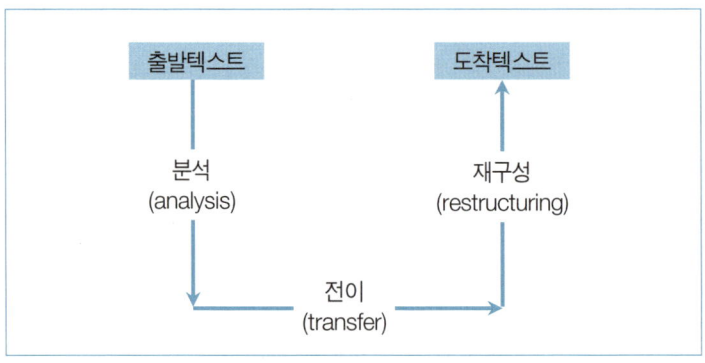

〈그림 8.2〉 Nida의 삼단계 전이 모델

Nida에 따르면 번역은 '출발텍스트 분석'-'문화 전이'-'도착텍스트 재구성'의 세 가지 과정을 거쳐 이루어진다. 출발텍스트 분석과정에는 단순히 메시지의 언어적 표현, 곧 형태적 의미만을 분석대상으로 삼아서는 안되며, 메시지의 형태가 전달하는 지시나 명시의 이외에 내포의나 비(非)명시의까지도 함께 파악하는 총체적 접근이 이루어져야 한다.

분석과정을 거쳐 파악된 총체적인 의미는 도착텍스트 재구성을 위해 '전이'가 이루어져야 한다. 전이 과정에서 중요한 것은 출발문화의 문화 특수성을 완전히 벗겨내는 것이다. 즉 전달하고자 하는 커뮤니케이션 의도가 도착문화권에서 이해하기 쉬운 방식으로 언어적으로 재표현될 수 있도록 준비하는 것이 전이과정이다. 이때 중요한 것은 도착텍스트로 언어적 표현을 입기 이전 상태의 의미, 곧 전이단계의 결과물은 문화중립적인 개념적 의미(culture-neutral conceptualized meaning)라는 점이다. 일단 전이가 끝난 의미를 도착어로 다시 언어적 형태를 부여한 결과가 도착텍스트이다.

번역과정의 마지막 단계인 도착텍스트 재구성(restructuring) 과정은 다시 채널 모델(channel model)로 설명이 가능하다.

Nida & Taber(1969)는 인간 정보처리 이론을 도입하여 번역과정의 마지막 단계인 도착텍스트 재구성 단계를 설명한다. 이 설명에 따르면 효과적인 텍스트는 텍스트를 구성하는 언어의 언어적 특성과 정보처리 용량 및 구조, 곧 채널의 용량에 맞추어 구성된다. 번역의 경우 출발어와 도착어가 함께 사용되는데, 이때 출발어와 도착어의 채널 용량은 다를 뿐만 아니라 도착어의 채널 용량이 출발어의 채널 용량보다 작기 마련이다. 출발텍스트는 원 저자와 독자가 동일한 배경지식과 문화경험을 공유하고 있기 때문에 전달하고자 하는 정보의도의 상당량을 언어적으로 명시하지 않고 독자가 추론에 의해 도출할 수 있도록 암묵적·함축적으로 남겨둔다. 그러나 도착텍스트 독자는 출발텍스트 저자와 동일한 배경지식과 문화경험을 갖고 있지 않기 때문에 출발텍스트 독자와 동일한 추론을 할 수 없게 된다. 즉 "출발어와 도착어, 그리고 출발문화와 도착문화의 '양립 불가능성(incompatibility)'(Nida & Taber 1969: 201)" 때문에 출발텍스트와 도착텍스트에서 각각 전달되어야 할 '정보량(information load)'이 달라진다.

출발어의 채널 용량에 맞추어 제공된 출발텍스트의 '정보부하'는 상대적으로 용량이 적은 도착어의 채널을 통과하지 못하고 걸리게 된다. 출발어와 도착어의 채널 용량 차이, 또 출발문화와 도착문화의 문화적 차이를 확실하고 분명하게 인식하고 있는 번역사는 출발텍스트의 정보부하가 도착어 채널 용량에 맞추어 도착어의 채널을 성공적으로 건너갈 수 있도록 필요한 중개를 한다. 즉 출발텍스트에서 언어적으로 명시되지 않고 함축적·암묵적으로 남겨져 있던 정보를 도착텍스트 독자가 이해할 수 있도록 도착텍스트를 재구성한다. 이 과정에서 비명시적 정보를 명시화하고 필요한 '추가설명(redundancy)'을 친절하게 덧붙여 정보를 확장(amplification)하게 된다. 이 전체 과정을 도식화한 것이 <그림 8.3>이다.

아래 그림에서 도착텍스트는 출발텍스트에 비해 세로는 더 짧아지지만 가로가 훨씬 길어진 형태로 바뀌어졌다. 이는 번역사가 출발텍스트를 도착어의 채널을 통과할 수 있도록 재구성한 결과이다. 단 이때에도 출발텍스트와 도착텍스트의 전체 체적이 같아질 때에만 역동적 등가가 구현되었다고 할 것이다.

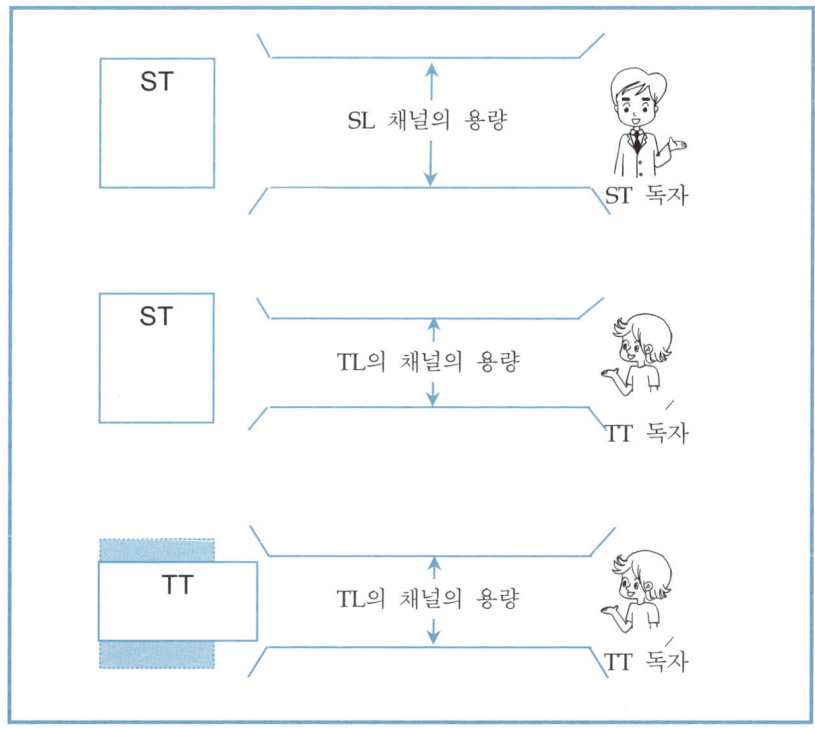

〈그림 8.3〉 Nida의 채널 모델

8.3. 해석이론의 삼각형 모델

Seleskovitch, Lederer, Seleskovitch & Lederer, Dejean 등 해석이론가들은 번역과정을 <그림 8.4>에 제시되어 있는 삼각형 모델(Triadic Model)에 의해 설명될 수 있다고 주장한다.

해석이론에서는 번역이란 출발텍스트에서 출발텍스트 독자들에게 전달하고자 의도하는 정보의도를 도착텍스트를 하는 사용하는 독자들에게도 등가가 이루어지도록 전달하는 것이라고 전제한다. 이때 중요한 것이 독자의 역할, 특히 '해석활동(interpreting)'의 중요성이다. 메시지는 그

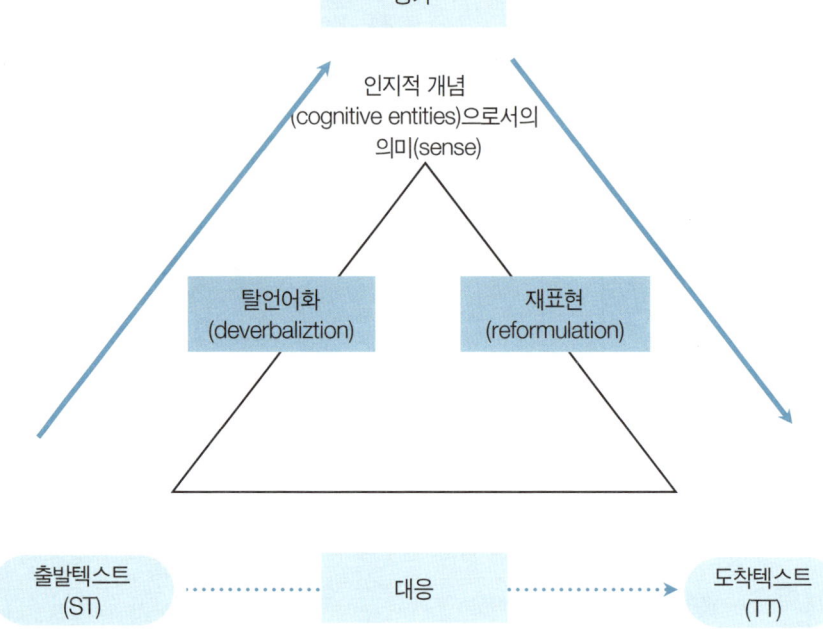

〈그림 8.4〉 해석이론의 삼각형 모델

자체가 고정된 불변의 의미를 담고 있는 것이 아니라 그 메시지를 사용하는 독자가 그 메시지를 읽고 해석하는 과정에 동원하게 되는 총체적인 지식, 곧 '인지적 보완소(cognitive complements)'의 도움을 받아 독자의 생각 속에서 재구성된다. 따라서 독자가 어떤 지식배경을 어느 정도 갖고 텍스트 해석에 임하는가가 매우 중요해진다. 커뮤니케이션의 이런 특성 때문에 텍스트는 의도하는 정보의도를 대상독자가 도출해낼 수 있는 방식으로 구성되게 되는데, 이때 대상독자가 공유하는 인지적 보완소의 내용과 텍스트에 담긴 정보의도를 도출해낼 수 있는 능력 등은 동일한 언어를 의사소통 매개체로 사용하는 언어문화집단별로 달라지게 된다. 따라서 서로 다른 언어문화간에 이루어지는 번역행위의 경우, 출발텍스트에 담겨진 정보의도를 도착텍스트 대상독자가 출발텍스트 독자와 동일한 방식으로 동일한 정보를 도출해낸다는 것을 당연하게 생각할 수 없다.

이런 언어문화적 차이, 더 나아가 텍스트 독자가 텍스트의 해석에 동원하는 집단적인 인지적 보완소의 차이로 인해 출발텍스트에 담겨있는 정보의도, 곧 메시지의 의미를 분석을 통해 제대로 이해하고 도출해내는 과정이 매우 중요해진다. 이때 텍스트의 의미는 단순히 사전적 정의로 국한되는 것이 아니라 그 커뮤니케이션 상황에서 전달하고자 하는 소통효과를 포함하는 총체적이고 구체적인 의미, 곧 '센스(sense)'를 가리킨다.

이 센스에 도달하기 위한 중요한 기재가 '탈언어화(deverbalization)'이다. '의미도출'이라고도 부르는 이 과정의 목표는 텍스트에 담겨져 있는 의미로부터 언어적 표현, 또는 문화특수적 한계를 벗겨냄으로써 문화특수성의 영향을 받지 않는 인지적 개념으로서의 의미를 도출해내는 것이다. 언어적 표현을 벗겨내고 문화중립적인 개념에 도달한다는 의미에서 '탈언어화'라고도 부른다.

번역과정의 마지막 단계는 '재표현(reformulation)'이다. 탈언어화 또는 의미도출 단계의 결과로 얻어진 센스를 도착어의 어법과 도착문화의 관습에 맞추어 재구성하는 과정을 가리키는 단계인데, 이 단계를 지배하는 번역원리가 Lederer(1999)의 '제유의 원칙(Principle of Synecdoche)'이다.

제유란 원래 언어사용의 특징 가운데 하나인 '수사적 비유(figure of speech)'의 일종으로, 사물의 한 부분을 나타내는 말이 전체를 가리키거나 역으로 전체를 나타내는 말이 부분을 가리키도록 하는 수사법이다.

다음 예문을 살펴보자.

> 예문 8.1 이번 춘천마라톤에는 무려 삼천 명의 건각(健脚)들이 참여하고 있습니다.
> 예문 8.2 대통령에게 무엇보다 중요한 것은 두뇌(頭腦) 집단입니다.
> 예문 8.3 경찰 보고에 따르면 송도 회집 사건 현장에는 경기지방의 어깨들이 총출동하였습니다.
> 예문 8.4 이 인간아, 어찌 그리 생각이 짧니?

[예문 8.1]에서 [예문 8.2]까지에는 모두 '사람'을 지칭하기 위해 서로 다른 신체부분이 사용되고 있다. [예문 8.1]에서는 '마라톤 참가자'를 가리키기 위해 '건각'이 사용되었고, [예문 8.2]에서는 '싱크탱크(think tank)를 구성하는 인재'를 '두뇌'라는 말로 지칭하고 있으며, [예문 8.3]에서는 '힘깨나 쓰는 사람'을 '어깨'로 표현하고 있다. 이와 같이 사물의 부분을 통해 그 사물 전체를 지칭하는 수사법이 제유이다. 반면 [예문 8.4]에서는 한 구체적인 사람을 지칭하기 위해서 그 사람이 속한 집단 전체를 통칭하는 '인간'이란 어휘를 쓰고 있다. 즉 전체를 통해 부분을 가리키도록 하는 방식이 사용되고 있는 것이다. 이 경우도 역시 제유에 해당한다.

이런 제유법이 번역의 마지막 단계에서–중요한 의미를 갖는 이유는 제유법을 사용할 때 특정 사물을 대표하는 대상을 선정하거나 구체적으로 비유하는 방식이 문화마다 다른 문화특수성을 나타내기 때문이다.

〈표 8.1〉 제유의 문화특수성

탈언어화 결과로서의 의미	한국어의 제유	기타 언어의 제유
'두께가 매우 가는'	'개미허리 같은'	[영어] '모래시계 가운데 부분 같은'[44]
'아주 소량의'	'쥐꼬리만한 박봉'	[일본어] '참새눈물 같은 박봉'
표리부동하고 속이 검은 남자	'이리 같은 남자'	[영어] '늑대' [동남아시아] '악어 같은 남자'

'제유의 원칙'이란 각 언어문화별로 제유에 사용하는 사물 자체나 그 사물에서부터 부각시키는 구성요소가 달라진다는 것을 인식하고 도착문화의 제유법에 맞추어 출발문화의 제유를 조정하고 변경하여야 한다는 것을 의미한다. 이렇게 제유의 원칙에 입각하여 도착텍스트를 구성하는 것이 재표현 단계의 가장 중요한 목표가 될 것이다.

8.4. 기능주의적 접근

1980년대초 독일에서 등장한 이래 번역학 연구의 한 주류를 이루어오고 있는 이론이 '기능주의(functionalism)'이다. 기능주의 이론을 주창한 Reiss(1997)는 '목적' 또는 '기능'을 뜻하는 'skopos'라는 그리스 어를 번역학에 처음 도입할 당시, 주로 번역수준 평가방법론으로서의 가능성을 더 중시하였다. 즉 번역대상 텍스트는 <표 8.2>에 나와 있는 것처럼 텍스트마다 기대되는 구체적인 기능을 갖고 있기 마련이며, 따라서

---

[44] 'as thin as the middle part of a sandglass'

번역에서 이 기능이 제대로 수행될 수 있는 방식으로 번역이 이루어졌는지가 번역결과물 수준 평가의 중요한 기준이 되어야 한다는 것이다.

〈표 8.2〉 텍스트 유형별 주요 기능[45]

텍스트 타입	정보중심유형 (informative)	표현중심유형 (expressive)	효과중심 (operative)
언어 기능 (language function)	정보적 (사물과 사실 존중)	표현적 (텍스트 생산자의 태도 존중)	호소적(appellative) (텍스트 수용자에 호소)
언어 차원 (language dimension)	논리적(logical)	심미적(aesthetic)	대화적(dialogic)
텍스트의 초점 (text focus)	내용중심 (content-focused)	형식 중심 (form-focused)	효과 중심 (appellative-focused)
TT는	지시의(指示意) 전달	형태미 전달	의도하는 반응 유도
번역 방법 (translation method)	-평이한 산문체 유지 -필요에 따라 명시화	-(저자와의) 동일시 전략 -출발텍스트 저자의 관점에서 접근	-각색/번안 기능 활용 -효과의 등가 추구

<표 8.2>에 정리되어 있는 것처럼 Reiss는 텍스트 유형을 정보중심텍스트, 표현중심텍스트, 효과중심텍스트로 세분하고 있다. '정보중심텍스트'란 텍스트가 담고 있는 내용, 곧 정보의 전달이 가장 중심기능인 텍스트 유형을 말한다. '표현중심텍스트'란 출발텍스트 저자가 전달하고자 하는 심미적 미학적 가치가 가장 중요하거나 혹은 메시지의 내용보다 형식미가 더 중요한 텍스트 유형을 일컫는다. 마지막으로 '효과중심텍스트'란 텍스트 독자 혹은 수신자의 생각이나 태도에 영향을 미치거나 더

---

[45] Munday(2001)에서 인용.

적극적으로는 태도나 행동의 변화를 의도하는 텍스트 유형을 가리킨다. 각각의 텍스트 유형에 해당하는 구체적인 텍스트 장르를 정리한 것이 <그림 8.5>이다.

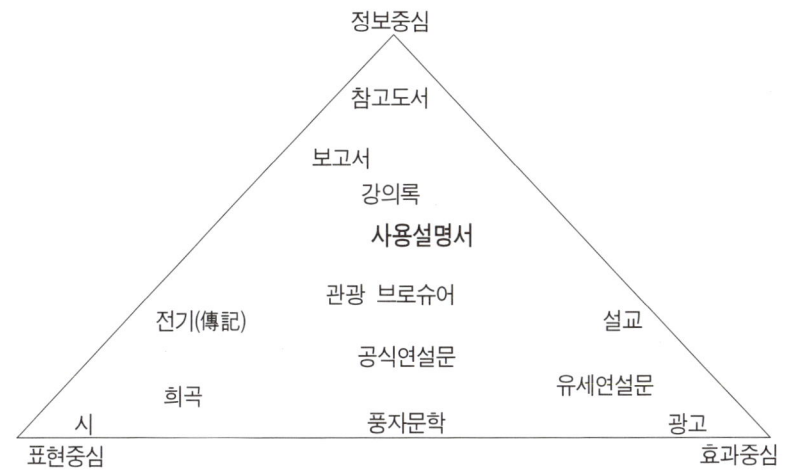

〈그림 8.5〉 Reiss의 텍스트 타입 및 텍스트 장르 분류(1977)

스코포스를 중심으로 하는 기능주의 이론은 두가지 규칙을 근간으로 한다. 첫번째 규칙은 번역행위가 번역의 목적에 따라 결정된다는 것이고, 두번째는 번역의 목적이 텍스트 수신자에 따라 변화할 수 있다는 것이다. 즉 번역사의 결정에 영향을 주는 요소들이 다양하게 존재하는데, 그 중에서도 중요한 것이 '대상독자 정의(audience/readership design)' 이다. 바꾸어 말하면 도착텍스트를 사용할 텍스트 수용자, 즉 대상독자의 구성과 특성을 어떻게 정의하는가에 따라 도착텍스트의 수용방식이 결정되게 되고, 이에 따라 다시 번역전략도 달라지게 된다.

Nord는 구체적으로 "번역브리프(Translation Brief, TB)"라는 개념을 통해 번역사의 번역전략 수립 필요성을 강조한다. 앞에서 논의한 것처럼 번역은 구체적인 커뮤니케이션을 위한 상호작용의 성공을 위한 중개행위이다. 이 중개가 성공적이기 위해서는 누가 커뮤니케이션 당사자이고 의도된 커뮤니케이션의 목적은 무엇인지, 커뮤니케이션 상황을 구체적으로 규정하는 것이 필요한데, 왜냐하면 이런 상황적 특성에 따라 커뮤니케이션 대상 텍스트의 언어적 비언어적 성격이 결정되기 때문이다. 그러므로 번역에 들어가기 이전에 "번역텍스트와 관련된 '텍스트적 특성(text profile)'을 규정하는 상황요소들을 기술"(Nord 1997: 59)하는 것이 중요해진다. 이와 같이 번역텍스트가 사용될 커뮤니케이션 상황을 둘러싼 특성들을 기술한 것이 '번역브리프'이다.

번역브리프는 다음의 요소를 포함한다.

(1) 의도된 텍스트 기능
(2) 도착텍스트 독자
(3) 텍스트 수용의 예상 시점 및 장소
(4) 텍스트가 전달될 매체
(5) 텍스트 생산 또는 수용의 이유 혹은 동기
(Nord 1997: 60)

우선 의도된 텍스트 기능은 정보중심, 표현중심, 혹은 반응중심 텍스트 가운데 어느 하나에 해당하는 것이 일반적이다. 텍스트가 전달될 매체는 대중잡지에 실릴 가십거리인지, 전문저널에 실릴 논평인지, 혹은 관광용 브로슈어인지 등과 같이 번역텍스트가 실제로 사용될 매체가 무엇인지를 가리킨다.

이때 유의할 점은 모든 번역작업에 있어 번역브리프가 명시적으로 주어지지 않을 수 있다는 점이다. 실제 번역발주자가 이상의 정보에 대해 명시적인 번역브리프를 제공할 경우, 번역사의 일은 그만큼 명확해지고 수월해진다. 그러나 대부분의 번역발주자들은 번역이나 번역과정에 대한 이해가 많지 않을 수 있고, 따라서 번역사에게 번역브리프를 명시적으로 제공하여야 한다는 사실조차 인식하고 있지 못한 것이 현실이다. 그러므로 번역브리프가 명시적으로 주어지지 않는 경우에도 번역사가 자신이 수행할 번역작업의 구체적 성격을 규정하고 이에 따라 체계적이고 효과적으로 번역을 수행하는 것이 매우 중요해진다는 것이 기능주의적 접근법의 주장이다.

실제로 Nord는 번역브리프를 사용하여 번역텍스틀 생산하는 과정을 "최적 전이 절차(optimal transfer procedures)"(1997: 63) 모델을 통해 다음과 같이 정리하고 있다.

(1) 출발텍스트와 도착텍스트의 의도된 텍스트 기능 비교
두 기능이 상충하는 경우, 도착텍스트의 의도된 기능에 대한 충실성을 확보하는 번역전략 채택
(2) 출발텍스트 독자와 도착텍스트 독자 비교
두 독자가 갖고 있을 것으로 전제되는 문화경험이나 지식기반의 차이가 큰지, 이 때문에 텍스트의 명시적 정보와 비명시적 정보의 관계를 조정할 필요가 있는지 결정
(3) 텍스트의 예상 수용 시점 및 장소 판단
(4) (2)의 과정에 따른 번역사의 중개의 결과 출발텍스트보다 도착텍스트의 길이가 길어질 경우, 번역텍스트가 사용될 매체의 성격상 번역텍스트 길이를 다시 조정할 필요가 있는지도 판단. 특히 브로

슈어와 같이 지면계획(layout)에 따른 지면제약이 심한 매체의 경우 번역텍스트 길이를 조정
(5) 텍스트 생산 및 수용의 동기 판단

기능주의적 접근은 텍스트 타입과 장르별 텍스트 분류 방식을 번역사가 숙지하고 있으면서 구체적인 번역상황별로 텍스트 타입과 장르별로 특화된 번역전략과 번역기법을 선택적으로 사용할 수 있는 출발점을 마련해준다. 특히 텍스트간 혹은 텍스트 구성요소간의 등가 관계에 얽매어 있던 번역사의 관심을 텍스트 외적 요소, 즉 거시적 차원의 고려사항으로까지 외연을 확대하게 해주었다는 것은 매우 중요한 의미를 갖는다. 이 과정에서 번역대상독자 정의를 번역전략 수립의 중요한 변수로 끌어들이는 한편, 번역 브리프 또는 번역의뢰서에 규정되어 있는 소통목적을 달성하는데 적합하다고 생각되는 번역방식을 선택적으로 사용할 수 있는 이론적 토대를 마련했다는 것은 큰 공과로 평가해야 할 것이다.

제9장 번역과 번역학의 분류

주요 내용

❶ 번역학의 구성(map of Translation Studies (TS))
- Holmes의 번역학 도해(Holmes's map of TS)
- Toury의 번역학 도해(Toury's map of TS)
  (1) 순수번역학(pure TS)
  (2) 응용번역학(applied TS)
  (3) 번역과정중심(translation process-oriented)
  (4) 번역결과물중심(translation product-oriented)
  (5) 번역기능중심(translation function-oriented)
  (6) 일반 번역 이론(general translation theory)
  (7) 부분적 번역 이론(partial translation theory)

❷ 번역의 분류(translation types)
- Roman Jakobson
  (1) 언어내적 번역(intra-lingual translation)
  (2) 언어간 번역(inter-lingual translation)
  (3) 기호간 번역(intersemiotic translation)
- Peter Newmark
  (1) 의미중심 번역(semantic translation)
  (2) 소통중심 번역(communicative translation)
- Eugene Nida
  (1) 형식적 대응(formal correspondence)
  (2) 역동적 등가(dynamic equivalence)
  cf. 등가 효과의 원칙(the principle of equivalent effect)
- Ernst-August Gutt
  (1) 직접적 번역(direct translation)
  (2) 간접적 번역(indirect translation)

- Juliane House
    - (1) 내재적 번역(covert translation)
    - (2) 공개적/유표적 번역(overt/marked translation)
- Christiane Nord
    - (1) 기록적 번역(documentary translation)
        - –행간번역(int erlinear translation)
        - –직역(literal translation)
        - –문헌학적 번역(philological translation)
        - –이국적 번역(exoticizing translation)
    - (2) 도구적 번역(instrumental translation)
        - –기능유지 번역(equifunctional translation)
        - –기능변경 번역(heterofunctional translation)
        - –기능상응 번역(homologous translation)

9.1. 번역학의 구성

9.1.1. Holmes의 번역학 세부 분야 도해(圖解)

20세기 마지막 10년을 대표하는 학문으로 꼽히는 번역학이 처음 독립적인 학문으로 발전하는 계기를 마련한 사람으로 Holmes를 꼽는다. 그는 1972년 덴마크 코펜하겐에서 개최된 제3차 국제응용언어학대회(Third International Congress of Applied Linguistics)에서 번역학의 영역을 일목요연하게 정리한 도해를 발표함으로써 기존의 여러 학문분야에 산재해있던 번역학을 하나로 통합하는 계기를 제공하였다.

자신의 1972년 발표내용을 "The Name and Nature of Translation Studies"(1988[2000])라는 제목으로 보완출판한 논문에서 Holmes는 번역학을 '순수번역학(pure Translation Studies)'과 '응용번역학

(applied Translation Studies)'으로 크게 나누었다.

우선 순수번역학은 실제로 일어나는 다양한 번역 현상을 기술하는 한편 이런 번역현상을 기술하고 설명할 수 있는 원칙들을 발전시킨다는 두 가지 목표를 갖는다. 번역현상 기술이라는 첫번째 목표에 해당하는 분야가 '번역학에 대한 기술적 접근법(DTS)'으로, 이는 다시 '번역결과물 중심의 기술적 접근법(product-oriented DTS)' '번역과정 중심의 기술적 접근법(process-oriented DTS)' '번역 기능 중심의 기술적 접근법(function-oriented DTS)'으로 세분된다. 번역현상을 기술하고 설명할 수 있는 원칙을 발전시킨다는 두번째 목표를 추구하는 분야로는 '번역이론'이 있는데, 이는 다시 '일반 번역이론(general translation theory)'과 '부분적 번역이론(partial translation theory)'으로 나누어진다.

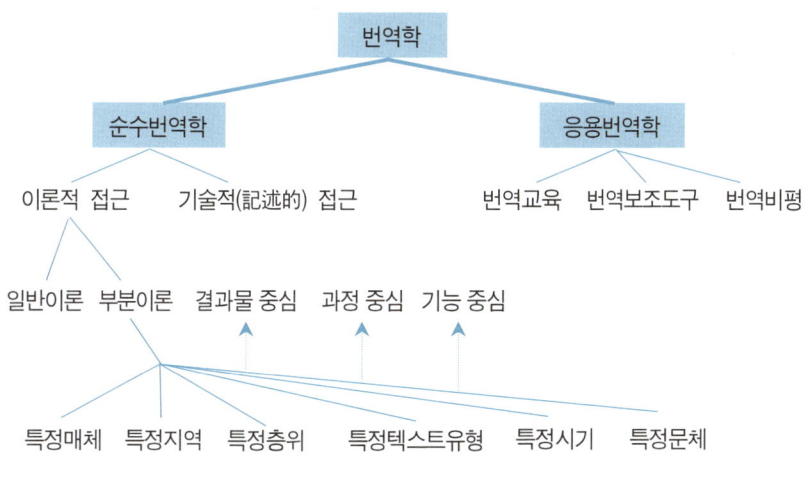

〈그림 9.1〉 Holmes의 번역학의 분류

순수번역학과 구분되는 응용번역학 분야에는 번역사 훈련, 사전 및 용어은행 개발과 같은 번역 지원, 번역 정책 및 번역 비평 등의 하위분야가 있다.

Holmes는 번역학 연구의 나아갈 방향으로 몇 가지를 제시하였다. 우선 (1) 번역이론 자체에 대한 연구와 (2) 번역연구 방법론 및 모델 개발을 위한 연구라는 두 가지 연구유형의 중요성을 강조하였다. 또 번역학에 대한 이론적, 기술적, 응용적 연구가 서로 독립적이고 단선적으로(uni-directional) 이루어져서는 안 되며, 한 연구분야의 성과가 다른 두 분야에 자극을 주어 또다른 발전을 가져오는 '변증법적(dialectical) 관계'를 유지하면서 발전할 수 있도록 협력할 것을 주장하였다(Holmes 1988 [2000]: 78-9).

Holmes의 도해는 이전에 혼동되었던 번역학의 제반분야를 하나로 묶는 계기를 마련하였고, 이 과정에서 다양한 하위분야간의 경계를 명확하게 하고 분야별 분업과 협동을 강조할 수 있게 하였다는 의미를 갖는다.

9.1.2. Toury의 번역학 세부분야 도해

Holmes의 도해와 Toury(1995)의 도해는 몇 가지 점에서 차이를 나타낸다. Toury는 우선 Holmes와는 달리 번역사 훈련이나 번역 비평 같은 응용분야 활동을 번역학 연구의 핵심 구성요소로 보지 않았다. 그 대신 이를 번역학의 확충영역에 해당한다고 보았다. 뿐만 아니라 Holmes가 이론적·기술적·응용적 접근의 3대 영역간의 변증법적 협력관계를 강조한 것과는 다른 입장을 취하였다. 즉 이론적 접근과 기술적 접근이 서로 관계를 맺으면서 하나의 독립된 축을 형성해나가고, 자신이 "번역학의 응용 확충분야(applied extensions of the discipline)"라고 이름붙인 분야는 단독으로 단선적으로 발전할 것을 제시하고 있다.

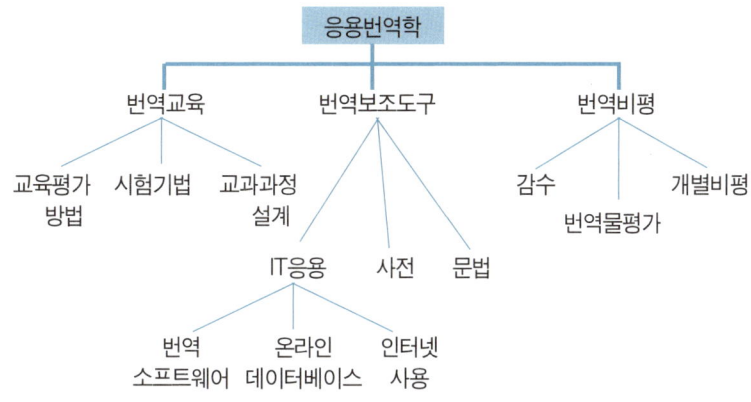

〈그림 9.2〉 Toury의 응용번역학의 분류

9.2. 번역의 분류

9.2.1. Jakobson의 번역 분류

구조주의 언어학자인 Jakobson은 자신의 논문 'On Linguistic Asepcts of Translation (1959)'에서 번역언어간의 관계를 중심으로 번역을 세 가지로 분류하였다. 우선 '언어내적 번역(intra-lingual translation)'은 동일한 언어간에 이루어지는 번역을 가리킨다. '언어간 번역(inter-lingual translation)'은 서로 다른 두 개의 언어 간에 이루어지는 번역을 말한다. 세번째로 '기호간 번역(inter-semiotic translation)'은 서로 다른 기호체계 간에 이루어지는 번역을 가리키는데, 예를 들어 '시계'라는 시각적 기호체계를 보고 '말(언어)'이라는 청각적 기호체계를 통해 시간을 알려주는 행위가 여기에 속한다. 그는 이 가운데 '언어간 번역'이 '번역의 본령(translation proper)'을 구성한다고 보았다.

9.2.2. Newmark의 번역 분류

Newmark는 *Approches to Translation* (1988)에서 번역의 종류를 '의미중심 번역(semantic translation)'과 '소통중심 번역(communicative translation)'의 둘로 크게 나누어 소개하였다. Newmark 자신의 정의에 따르면 "소통중심 번역은 번역사가 출발텍스트가 출발어 독자에게 일으킨 것과 동일한 효과를 도착어 독자에게도 일으키고자 하는 [목적을 가진] 번역46(1988: 22)"이라면 "의미중심 번역은 최소한의 도착어의 통사적·의미론적 제약 범위 내에서 출발텍스트 저자의 문맥적 의미를 정확히 재현하고자 하는 [목적을 가진] 번역47(1988: 22)"을 가리킨다.

이 두 번역유형의 가장 큰 차이는 '의미중심 번역'이 보다 직역에 충실한 반면 '소통중심 번역'은 텍스트의 전반적인 의미 전달에 관심이 더 크다는 점을 들 수 있다. 의미중심 번역은 출발텍스트의 의미와 형태 모두에 최고의 우선순위를 부여하는 번역방식으로 종교텍스트, 법률문서, 문학작품 등과 같이 출발텍스트의 지위가 높은 텍스트 유형의 번역에 적합하다. 반면 소통중심 번역은 보다 의역에 가깝고, 소통대상인 메시지의 효과를 살리는 데 우선순위를 둔다. 따라서 가독성(readability)과

---

[46] "Communicative translation, where the translator attempts to produce the same effect on the TL readers as was produced by the original on the SL readers"

[47] "semantic translation, where the translator attempts, within the bare syntactic and semantic constraints fo the TL, to reproduce the precise contextual meaning fo the author"

표현의 자연스러움을 중시하는데, 광고, 관광 안내문, 제품설명서 및 안내서, 매뉴얼과 같은 텍스트 유형의 번역에 적합하다.

Newmark의 분류는 실제로는 번역 자체에 대한 분류라기보다는 번역방법론 또는 번역 접근법의 분류라는 지적들을 많이 받아왔다. 즉 의미중심이나 소통중심 번역 모두 실제 번역을 하는 과정에서 고려할 사항을 번역의 종류인 것처럼 제시하였다는 비판이 많이 제기되어 왔다.

9.2.3. Nida의 번역방식의 분류

본 서 제 장의 '등가와 대응'에 관한 설명에서도 다루어진 것처럼, Nida(1964)는 '형태적 대응(formal correspondence) 중심의 번역'과 '역동적 등가(dynamic equivalence) 중심의 번역'을 구분하였다. 전자가 출발어의 어휘/표현과 의미의 최(最)근사치(closest equivalent)에 해당하는 도착어 어휘/표현을 찾아 치환하는 번역방식이라면, 후자는 번역사가 출발어로 이루어진 텍스트 또는 그 일부분을 번역할 때 출발텍스트의 표현이 출발텍스트 독자의 마음속에 남긴 것과 동등한 영향과 효과를 도착텍스트 번역대상독자의 마음 속에 촉발할 수 있도록 도착텍스트로 옮기는 접근법을 가리킨다.

Nida & Taber(1969)는 역동적 등가와 형태적 대응을 동시에 충족시킬 수 있는 번역을 가장 우수한 번역으로 꼽았다. 그러나 현실적으로 두 언어를 대상으로 하는 언어쌍 간에 반드시 형태적 대응이 존재하지는 않음을 인정하고, 두 가지 관계를 모두 충족시킬 수 없는 경우 역동적 등가에 우선순위를 둘 것을 권고하였다. 후에 Nida는 '역동적 등가'의 중요성을 좀더 강조하여 '등가효과의 원칙(the principle of equivalent effect)'이라는 이름으로 소개하였다.

9.2.4. Gutt의 번역 분류

적합성 이론을 번역학에 도입한 Gutt(1991)는 언어사용방식을 '기술적 언어 사용(descriptive use of language)'와 '해석적 언어 사용(interpretive use of language)'으로 양분하였다. '기술적 언어 사용'이란 텍스트 생산자인 화자 또는 저자가 사실이라고 생각하는 것을 자신의 신념에 대한 진술로서 전달하고자 할 때의 언어사용을 가리키는 반면, '해석적 언어 사용'이란 화자 또는 저자 이외의 사람이 생각하거나 말한 것을 나타내기 위해 말을 할 때의 언어사용 방식을 나타낸다.

출발텍스트와의 관계 속에서 바라볼 때 번역은 '해석적 언어 사용'의 예가 된다는 것이 Gutt의 생각이다. 이때의 번역은 다시 '직접적 번역(direct translation)'과 '간접적 번역(indirect translation)'으로 나눌 수 있다.

먼저 '직접적 번역'이란 "번역사가 출발텍스트의 명시적 내용에 충실한 경우의 번역(Gutt 1991: 122)"을 가리킨다. 반면 '간접적 번역'이란 번역사가 자유롭게 자세히 설명하거나 요약할 수 있는 경우의 번역(1991: 122)"을 말하는데, 이런 번역은 "출발텍스트의 고유한 의미를 수용언어 청중에게 제공하는 것"보다는 출발텍스트에 담긴 정보의도를 "가능한 한 명료하고 명확하게 소통하려는 욕망(1991: 177)"을 충족시키는 것을 더 중요하게 여기는 번역 유형이다. 바꾸어 말하면 번역텍스트로서의 성격이 보다 두드러지게 나타나는 것이 '직접적 번역'이라면, 번역텍스트로 느껴지지 않도록 TL에서의 가독성이나 소통효과를 더 중시하는 것이 '간접적 번역'이라 할 수 있을 것이다

9.2.5. House의 번역 분류

Gutt와 동일한 맥락에서 번역을 구분한 사람이 House(1977)이다. 그는 번역을 Gutt의 '직접적 번역'에 해당하는 '공개적 번역(overt translation)', 그리고 '간접적 번역'에 해당하는 '내재적 번역(covert translation)'으로 대별하였다.

'내재적 번역'이란 출발텍스트의 기능을 훼손하지 않거나 변화시키지 않고 유지하는 범위 내에서 도착텍스트가 도착문화에서 오리지널 텍스트로서의 지위를 누릴 수 있도록 이루어지는 번역을 가리킨다. 반면 '공개적 번역'이란 "도착텍스트 수용자들을 커뮤니케이션의 직접대상자로 다루지는 않고, 도착텍스트가 번역임을 의식하도록 만드는 번역(1977: 188)"으로서 "유표적인 번역(marked translation)"이라고도 한다. 즉 도착텍스트가 번역이라는 것을 대상독자들이 인식하도록 의도적으로 번역의 티가 나도록 번역하는 방식이다.

9.2.6. Nord의 번역 분류

번역의 목적 또는 기능을 가리키는 그리스 어 'skopos'의 개념을 번역에 도입한 Reiss(1977[1989]: 115)와 Reiss & Vermeer(1984: 134, Nord 1997에서 인용)는 텍스트 유형별로 서로 다른 번역접근법이 적용될 때 좋은 번역이 나올 수 있다고 주장하였다.[48]

Reiss는 특히 '소통중심 번역 유형'이 "현재 번역의 이상이라는 소신을 숨기지 않았다(Nord 1991: 46)." Reiss가 추구하는 번역은 "언어적

---

[48] 텍스트 유형에 따른 번역접근법의 분류방식은 본서 제8장 4절 참조.

형태 면에서 출발텍스트를 배신하지 않고 출발텍스트와 동일한 소통목적을 충족시키는 동시에, 출발텍스트와 통사적·의미적·화용적으로 완전한 등가를 구현하는 도착텍스트(1984: 135, Nord 1997에서 인용)"이다.

Nord는 텍스트 기능의 의미를 좀더 발전시켜, "번역과정의 기능과 번역과정의 결과로서의 도착텍스트의 기능을 구분(1991: 47)"하고 이 두 가지 개념을 각각의 축으로 하여 번역 유형을 나누었다.

우선 번역과정의 기능을 중심으로 '기록적 번역(documentary translation)'과 '도구적 번역(instrumental translation)'을 나누고, 번역과정의 결과로서의 도착텍스트의 기능을 중심으로 이 두 유형의 번역을 다시 몇 가지의 세부유형으로 나누었다.

'기록적 번역'이란 "출발텍스트에 수록되어 있는 커뮤니케이션 내용을 도착어를 사용하여 문서화하는 데 도움이 되는 번역(Nord 1991: 72)"을 가리킨다. 출발텍스트를 단순 재생산(reproduction)하는 것으로, 도착텍스트를 특별히 고려하지 않는다. 대신 출발텍스트에 사용된 구체적 표현(wording), 어순, 문화적 지시의와 출발어 문화권의 문화특성(local color) 같은 출발텍스트 특성을 우선적으로 고려한다. 기록적 번역에 주로 사용되는 전략은 단어 대 단어의 치환, 직역, 이국화(foreignization/exoticism) 등이 있다.

'도구적 번역'이란 출발어를 통해 출발텍스트가 이루고자 한 바에서 완전히 벗어나는 것을 허용할 정도로 보다 자유로운 번역방법을 가리킨다. 도착텍스트는 출발텍스트의 커뮤니케이션 목적과 다른 새로운 목적을 갖게 될 수도 있다. 이때 도착텍스트 수용자는 자신이 다른 커뮤니케이션 행위에서 이미 사용된 텍스트를 읽거나 듣는다는 것을 의식하지 못하고 도착텍스트를 수용하게 된다(Nord 1991: 73).

Nord(1997)의 '기록적 번역'과 '도구적 번역'의 세부 유형을 각각 정리한 것이 <표 9.1>과 <표 9.2>이다.

〈표 9.1〉 기록적 번역의 종류

번역의 종류	기록적 번역			
번역 형태	행별 번역 (interlinear translation)	직역 (literal translation)	문헌학적 번역 (philological translation)	이국적 번역 (exoticizing translation)
번역 목적	출발어 체계의 재생	출발어 형태의 재생	출발텍스트 형태와 내용의 재생	출발텍스트 형태·내용· 상황의 재생
번역시 우선사항	출발어 어휘 및 통사 구조 준수	출발텍스트의 어휘단위 준수	출발텍스트의 통사단위 준수	출발텍스트의 텍스트 단위 준수
텍스트 장르	대조언어학	뉴스문에서의 인용	그리스 및 라틴어 고전	현대 문학의 산문

Nord가 말하는 기록적 번역의 첫번째 세부유형인 '행별 번역'이란 출발텍스트를 행 단위로 번역하여 출발텍스트 행 바로 아래에 출발어의 어휘를 도착어로 직역한 것을 나란히 제시하는 방식이다. 이때 출발어의 형태적·어휘적·통사적 특징에 초점을 맞추므로, 출발어의 형태를 전문적으로 연구하는 데 도움이 된다. 두번째 유형인 '직역'은 '문법적 번역'이라고도 부르는데, 출발텍스트의 어휘를 단위로 번역하되 통사구조와 관용어들을 도착어의 규칙에 맞도록 조정하는 방식의 번역을 말한다. 세번째로 '문헌학적 번역'이란 출발텍스트를 직역하되 출발문화나 출발어의 특징 등에 대한 설명을 주석이나 용어설명 등의 형태로 덧붙이는 경우의 번역을 지칭한다.

마지막으로 '이국적 번역'이란 소설 등을 번역할 때 이야기의 전개에서 출발문화의 세팅을 변경하지 않고 그대로 남겨놓음으로써 도착텍스트 독자/청중에게 이국적 느낌이나 문화적 거리감을 느끼게 하는 번역 유형이다.

〈표 9.2〉 도구적 번역의 종류

번역의 종류	도구적 번역		
번역 형태	기능유지 번역 equifunctional translation	기능변경 번역 heterofunctional translation	기능상응적 번역 homologous translation
번역 목적	도착문화권 청중에 대한 출발텍스트의 기능 달성	출발텍스트와 유사한 기능 달성	출발텍스트의 효과에 상응하는 효과 달성
번역시 우선사항	출발텍스트의 기능 단위 준수	출발텍스트의 기능 전이	출발텍스트 독창성의 구현 정도
텍스트 장르	사용설명서/ 지시서 번역	'걸리버 여행기'를 아동용으로 각색	시인에 의한 시 번역

도구적 번역은 무엇보다 출발텍스트와 동일하다고 생각되는 범위 내의 기능을 수행하는 도착텍스트를 생산하는 것이다. 번역시 형태적인 요소들은 텍스트 유형, 텍스트 장르, 어역 등에 관한 도착문화의 규범과 관습에 따라 조정되는 것이 대부분이다.

도구적 번역의 첫번째 유형인 '기능유지번역'은 도착텍스트의 기능이 출발텍스트와 동일할 경우의 번역을 가리킨다. Reiss가 말하는 '소통중심의 번역'에 해당하는데, 도착텍스트 독자들은 자신이 번역물을 읽고 있다는 사실을 인식하지 못하거나 특별한 관심을 기울이지 않는다.

두번째로 '기능변경 번역'이란 출발텍스트의 기능이 전적으로 보존되지 못하거나, 기능의 우선순위가 변경되는 경우의 번역을 말한다. Nord(1997)는 걸리버 여행기를 아동용 도서로 번역할 경우, 성인용 원작의 풍자적 기능이 단순히 이국적 환경에서 일어나는 재미있는 픽션으로서의 기능으로 대치되는 것을 예로 들고 있다.

마지막으로 '기능상응번역'이란 출발어로 쓰여진 시를 도착어를 모국어로 하는 시인이 시로서 번역하는 경우를 가리킨다. 다른 번역보다 창의성이 요구된다는 점에서 '창의적 전환문(creative transposition)'(Jakobson 1959; Bassnet 1991: 18)이라고도 한다. 번역의 본령에 해당하지 않는다는 견해도 있지만, 특별한 스코포스를 충족시키는 번역이라는 점에서 도구적 번역에 포함된다.

9.3 적절한 번역 유형의 선택

이상에서 살펴본 것처럼, 번역대상언어간의 관계, 번역시 우선적 고려사항, 도착텍스트에 나타나는 번역적 특성 및 정도, 그리고 번역텍스트의 목적과 기능 등 다양한 기준을 사용하여 번역을 다양하게 분류할 수 있고, 이에 따라 다양한 번역 유형이 존재하게 된다. 여기서 중요한 것은 어떤 한 번역유형이 반드시 다른 번역유형보다 우월하거나 더 선호할 만 하거나 더 효과적이라고 획일적으로 말할 수 없다는 것이다. 예를 들어 음식조리법을 번역한 도착텍스트를 보고 직접 음식을 만들려는 경우에는 번역임을 의식하게 만드는 번역결과물은 바람직하지 않을 것이다. 오히려 '소통중심의 번역방법'을 통해 '기능유지적' 또는 '내재적' 번역텍스트를 제공하는 것이 필요할 것이다. 반면 한국어와 핀란드 어를 대조적으로 이해하고자 하는 언어학도를 위해서라면 한국어와 핀란드어의 어휘와 통사구조를 직접 대조할 수 있도록 '기록적 번역' 중에서도 '행별 번역'을 해주는 것이 도움이 될 것이다. 요컨대 번역의 목적이나 대상독자의 성격과 필요 등 다양한 변수를 고려하여 그때그때 적절한 번역유형을 선택하고, 또 선택한 유형에 맞는 적절한 번역텍스트를 생산할 수 있도록 번역전략과 번역기재를 사용하는 것이 필요할 것이다. 이렇게 볼 때 번역상황이나 독자정의 등을 고려하지 않은 채 '직역이냐 의역이냐'를 둘러싼 단순한 이분법적 논쟁을 계속하는 것은 무의미할 수밖에 없을 것이다.

제10장 번역사의 결정

> **주요 내용**
>
> ❶ 결정과 문제해결(decision-making & problem-solving)
>   ◉ 선언적 지식(declarative knowledge)
>   ◉ 절차적 지식(procedural knowledge)/전략적 지식(strategic knowledge)
> ❷ 번역을 둘러싼 결정과정의 어려움(difficulty of decision-making in translating)
> ❸ 파생된 행위로서의 번역(translation as a derived act)
> ❹ 번역사의 결정(translatior's decisiono-making)
>   ◉ 거시적 차원의 결정(macrocontextual-level decisiono-making)
>   ◉ 미시적 차원의 결정(microcontextual-level decision-making)
> ❺ 번역과정의 계획(planning a translation process)
> ❻ 번역 브리프(Translation Brief)
> ❼ 번역전략(translation strategy)
>   ◉ 하향식 접근법(top-down process)
>   ◉ 상향식 접근법(bottom-up process)

10.1. 결정과 문제해결

번역을 이해하는 방법 가운데, 번역과정을 번역사가 번역 임무 수행과 관련하여 내리게 되는 일련의 결정의 연속으로 보는 입장이 있다. 어떤 것에 대해 결정을 내리는 과정은 문제를 해결하기 위한 활동과 불가분의 관계에 있다. 이렇게 볼 때 '과정으로서의 번역'이란 번역사가 번역 임무를 수행하면서 직면하게 되는 다양한 문제 상황을 해결하기 위하여 내리는 결정의 연속이다.

Wilss(1998)는 Ryle(1949)을 인용하여 문제해결을 위해서 인간이 가져야 할 두 가지 유형의 지식에 대해 설명하고 있다. 문제해결에 필요한 첫번째 지식은 '선언적 지식(declarative knowledge)'으로, 인간이 기억 속에 축적해놓은 모든 지식과 경험을 가리킨다. 두번째 '절차적 지식(procedural knowledge)'은 인간이 자신이 의도하는 목적을 달성하기 위해 어떤 상황에서 어떤 행동을 취해야 하는가에 대해 갖고 있는 지식을 말하며, '전략적 지식(strategic knowledge)'이라고도 한다.

번역사의 '선언적 지식'은 번역사가 축적한 포괄적인 지식기반(knowledge base)에 해당한다. 이때 번역사의 지식은 '언어적 지식(linguistic knowledge)'과 '언어외적 지식(extralinguistic knowledge)'으로 이루어진다. '언어적 지식'은 출발어와 도착어의 구사력과 관련된 모든 지식을 말하며, '언어외적 지식'에는 폭넓은 배경지식과 번역대상텍스트에서 다루어지고 있는 주제 분야에 대한 주제지식, 출발문화와 도착문화를 대상으로 하는 이문화간 중개능력(biculturalism)이 중요한 내용이 된다. 번역사의 '전략적 지식'이란 번역방법론에 대한 지식으로, 번역상황 및 번역대상 독자를 정의하는 능력과 다양한 번역기재에 대한 지식이 모두 포함된다.

10.2. 번역을 둘러싼 결정의 어려움

번역사는 위의 두 가지 지식을 갖고 번역 임무를 수행하는 과정에서 직면하게 되는 문제를 해결하기 위해 결정을 내리게 된다. 이때 번역사의 결정과정은 통상적인 결정과정보다 더 힘들기 마련인데, 이는 번역이 본질적으로 "파생된 행위(derived activity, Wilss 1998: 57)"이기 때문이다. '파생된 행위'란 "번역의 목적이 오리지날 텍스트를 창조해내는 것이 아니라 일차적 텍스트를 이차적 텍스트로 변환시키는 것"이라는 의미를 갖는다. 번역의 임무는 출발텍스트를 도착어 독자를 위해 재생산하되, 출발텍스트의 의미적·기능적·화용적·문체적 측면을 고려하면서 도착텍스트 독자의 필요와 기대에 부응하는 것이다. 따라서 이런 다양한 요인들을 모두 충족시킬 수 있는 결정을 내려야 하는 번역을 둘러싼 결정과정은 결코 쉬울 수 없을 것이다.

Levý는 '게임 이론(game theory)'을 번역을 둘러싼 결정과정을 설명하는데 적용시키고자 하였다. 그의 기여는 "번역사가 취하는 모든 움직임은 바로 이전 단계에서 내린 결정에 대한 지식, 그리고 그 결정으로부터 파생된 상황의 영향을 받는다(1967: 1172)"는 점에 주의를 환기시킨 것이다.

10.3. 번역사 결정의 두 가지 층위

번역사의 결정은 크게 두 가지 층위에서 이루어진다. Wilss(1998)는 번역사가 '거시적 차원의 결정(macrocontextual-level decision-making)'과 '미시적 차원의 결정(microcontextual-level decision-making)'을 한다고 말하는 반면, Alpert(1997)는 '상위의 결정(high-order decisions)'과 '하위의 결정(low-order decisions)'이란 용어를 써서 번역사의 결정 층위를 구분한다.

거시적 차원에서의 결정사항은 '번역전략(translation strategy)'이다. Lörscher(1992)에 따르면 '번역전략'이란 "번역을 계획하고 번역의 목적을 결정하며 그 목적에 도달할 수 있도록 행동 순서를 선택하는 행위"이다. 번역 작업마다 Lasswell이 말하는 "누가 무엇을 누구에게 어떤 커뮤니케이션 의도를 갖고 어떤 시간과 공간적 세팅에서 어떤 언어수단을 사용하여 말하는가?"에 대한 답변을 번역사가 찾아내는 것이 거시적 차원에서의 결정 과정이다.

반면 미시적 차원에서의 결정 과정에서는 구체적인 '번역기법(translation tactics)'의 선택이 이루어진다. 번역대상텍스트에 나타나 있는 의미의 중의성(ambiguity), 모호성(vagueness), 복합통사구문, 수사학적 전략, 주제/논평(theme/rheme) 구조, 핵심정보 및 주변적 정보, 은유, 언어유희, 아이러니, 응집성 및 응결성, 신조어, 형용사와 명사간의 연어(連語), 전치사 구 처리, 복합어, 문화간극(cultural lacunae) 등을 처리하기 위해 번역사가 어떤 '중개기재(mediation devices)'를 사용할 것인지 결정하는 것이 '번역기법'이다.

Wilss(1998[49])는 실제 번역사의 결정이 다음과 같은 단계를 반복적으로 거치면서 일어난다고 설명한다.

❶ 문제 파악
❷ 문제 기술(記述)을 통해 문제의 본질을 명확히 밝힘
❸ 관련정보 수집
❹ 진행방법 숙고
❺ 선택

---

[49]이는 Corbin(1980)이 소개한 번역사의 결정과정을 변형한 것이다.

❻ 선택 후 행위 : 번역결과에 대한 평가

10.4. 번역과정의 계획

번역사는 번역에 착수하기에 앞서 번역텍스트의 의도된 기능은 무엇인지, 번역독자는 누구이며 어떤 시간과 공간 상황에서 번역텍스트를 사용할 것인지, 텍스트의 특징은 무엇인지 등에 대한 거시적 차원의 결정을 내리게 된다. 그러면 번역사가 이런 결정을 내릴 수 있는 근거, 곧 '절차적 지식'은 무엇인가?

번역에 대한 기능주의적 접근법을 채택하고 있는 Nord(1997b: 57)는 모든 번역행위는 반드시 텍스트가 의도하는 도착문화 상황에 대한 분석에서 시작하여야 한다고 주장한다. 즉 번역사가 번역을 하기 위해서는 번역텍스트가 어떤 의도된 텍스트 기능을 충족시킬 것인가에 대한 결정을 내린 다음에야 다음 단계로 이행이 가능하다는 것이다.

Nord가 생각하는 이상적인 번역과정은 다음과 같다.

❶ '번역 브리프(Translation Brief)'를 통한 번역의 스코포스 파악
❷ 출발텍스트 분석 및 번역전략 수립
❸ 번역 문제의 파악 및 범주화
❹ 번역 진행 방식 결정
  하향식 접근법(top-down process)
  상향식 접근법(bottom-up process)
❺ 문제 해결

(Nord 1997b:57)

Nord가 제안한 번역과정을 자세히 살펴보기로 하자.

10.5. 번역 브리프

번역사는 번역을 시작하기 전에 출발텍스트와 도착텍스트의 성격을 비교하여 두 텍스트가 차이를 보이는지를 알아야 한다. 이때 도착텍스트의 전체적인 성격을 명시적 혹은 암묵적으로 정의해놓은 것으로서 도착텍스트에 기대되는 기능에 관하여 필요한 정보를 도출해낼 수 있는 자료가 '번역 브리프'이다. 번역 브리프에 포함되는 내용은 다음과 같다 (Nord 1997b: 56).

❶ 텍스트의 의도된 기능
❷ 번역대상독자
❸ 번역텍스트 수용 시점
❹ 번역텍스트 수용 장소
❺ 매체
❻ 텍스트 생산/수용 동기

번역사는 번역 브리프로부터 도출한 정보를 통해 도착텍스트에 어떤 정보를 포함시킬 것인지에 대한 우선순위를 결정할 수 있게 된다.

일단 도착텍스트의 스코포스를 결정하고 나면 출발텍스트를 분석하고 적절한 번역전략을 찾아낸다. 우선 출발텍스트의 기능을 파악한 다음, 이 기능을 중심으로 '기능유지번역', '기능변경번역', '기능상응번역' 가운데 어떤 번역유형을 채택할 것인지 결정한다.

이 단계의 결정이 이루어지고 나면 번역문제를 파악하고 이를 범주화한다. 여기서 Nord는 '번역 문제(problems of translation)'를 '번역의 어려움(difficultes of translation)'과 구분하여 정의하였다. 그는 '번역의 문제'란 "구체적인 번역상황에서 개별 번역사가 겪게 되는 번역의 어려움과는 달리 기능적으로 충분한 도착텍스트를 생산하기 위해 번역사가 번역과정에서 해결하여야 하는 문제로서 객관적 또는 간주관적으로 검증이 가능한 문제(1997a: 141)"라고 정의하였다. 파악된 번역 문제는 화용적 번역문제, 이문화간 번역 문제, 언어간 번역 문제 이외에 언어유희와 같이 특정 텍스트에만 나타나는 텍스트-특수적 번역 문제의 네 가지로 범주화할 수 있다.

번역문제 파악과 범주화가 끝나고 나면 번역진행방식을 결정하게 된다. Nord(1997b)는 번역진행방식을 '상향식 과정(bottom-up process)' '하향식 과정(top-down process)'의 두 가지로 나누어 생각하였다.

10.6. 상향식 번역 과정

상향식 번역 과정은 텍스트의 언어적-텍스트 표면적 구조를 먼저 다루는 것으로 분석을 시작하여 언어사용의 관습적 측면을 다루고, 마지막으로 화용적 측면을 고려하는 번역 진행방식이다. Nord(1997b: 62)는 상향식 번역과정을 채택하게 되면 ST의 구조를 가능한 한 지키려는 유혹을 받기 마련이고, 번역을 코드 변환 과정으로 볼 위험이 상대적으로 커진다는 점을 단점으로 꼽았다. 또 번역 과정의 관심이 언어의 소단위에 국한될 수도 있고, 결정이 번역사 개개인의 직관에 의존할 위험이 커서 간주관적 근거를 통해 정당화하기가 어렵다는 점도 지적하였다. 결정적인 문제로는 낮은 단계에서 내려진 결정이 높은 단계로 이행하면서 수정되는 경우도 많아 비효율적이고, 어휘차원에서 "번역불가능어처럼 보이는 경우에 봉착할 경우 번역 과정 자체가 중단될 위험도 크다"는 점을 꼽았다.

10.7. 하향식 번역 과정

하향식 번역 과정은 Nord(1997b: 63)와 Kussmaul(1995: 12-14)이 상향식 번역 과정의 위험을 극복할 수 있는 방식으로 권장한 번역 접근 방식이다. 상향식 접근방법에서는 번역의 의도된 기능을 먼저 결정함으로써 화용적 수준에서 번역을 시작하게 된다. 그런 다음 번역대상독자의 지적수준, 기대, 의사소통상의 필요, 매체 등을 고려하여 ST의 기능적 요소를 조정하는 순서를 취한다. 번역 유형을 선택한 다음에는 도착문화와 출발문화 가운데 어느 쪽의 관습을 존중할 것인지 결정하게 되고, 이 결정을 바탕으로 비로소 언어적 문제를 구체적으로 다룬다.

하향식 번역 과정을 도식화한 것이 <그림 10.1>[50]이다.

정리하자면, 번역사는 번역 임무를 수행하는 과정에서 직면하게 되는 문제를 해결하기 위하여 다양한 결정을 내리게 되고, 이러한 결정 과정의 연속이 번역 과정이다. 번역사의 결정은 두 가지 층위에서 이루어지게 되는데, 우선 거시적 차원에서는 누가, 어떤 텍스트를, 왜, 누구를 위하여 사용하고자 하는지, 번역텍스트에 기대되는 스코포스는 무엇인지와 같은 텍스트 외적 요소들에 대해 결정을 내리게 된다. 이때 번역 브리

---

[50] Nord(1997b: 63)에서 재구성

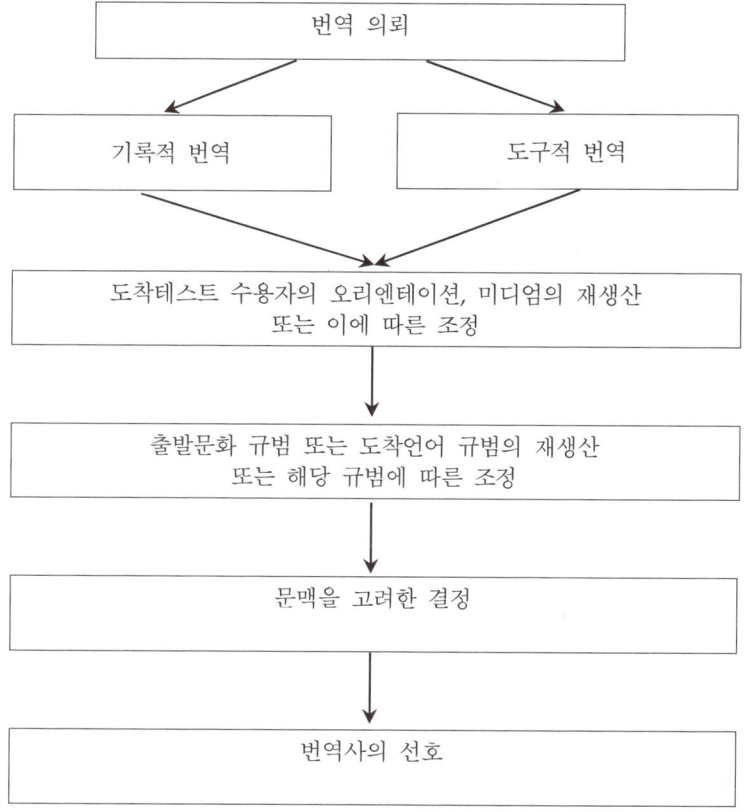

〈그림 10.1〉 Top-down 식 번역발주 및 번역수행 과정

프를 통해 번역텍스트에 기대되는 스코포스를 정의한 다음, 출발텍스트와 번역텍스트의 성격을 비교 분석하여 번역전략을 선택한다. 일단 출발텍스트 분석을 통해 번역전략의 선택이 이루어지면 번역 문제를 파악하여 이를 화용적 번역문제, 이문화 간 번역 문제, 언어 간 번역 문제, 특정 텍스트에만 나타나는 번역 문제의 네 가지로 범주화하여 적절한 해결방안을 모색한다.

구체적인 문제 해결과정에는 상향식 진행과 하향식 진행의 두 방식 가운데 하나를 선택적으로 적용한다. 이때 번역의 의도된 기능을 먼저 결정함으로써 화용적 수준에서 번역을 시작하고, 그런 다음 번역대상독자의 지적수준, 기대, 의사소통상의 필요, 매체 등을 고려하여 ST의 기능적 요소를 조정하는 순서를 취하는 하향식 진행 방식이 상향식 접근법의 단점을 보완해줄 수 있다.

제11장 번역사의 중개 기재

주요 내용

❶ 번역 전환(tanslation shift)
　　◎선택적 번역 전환(optional shift)
　　◎의무적 번역 전환(obligatory shift)
❷ Catford의 번역 전환
　　◎층위 전환(level shfit)
　　◎범주 전환(category shift)
　　　(1) 품사 전환(class shift)
　　　(2) 구조전환(structure shift)
　　　(3) 번역단위 전환(unit shift) 또는 위계 전환(rank shift)
　　　(4) 언어체계 내적 전환(intra-system shift)
❸ Vinay & Darbelnet의 번역 전환
　　◎번역전략(translation strategy)
　　◎번역기법(translation tactics) 또는 번역절차(translation procedure)
　　◎직접번역전략에 따른 번역기재
　　　(1) 차용(borrowing)
　　　(2) 모사(calque)
　　　(3) 직역(literal translation)
　　◎간접번역전략에 따른 번역기재
　　　(1) 치환(transposition)　　(2) 변조(modulation)
　　　(3) 등가(equivalence)　　(4) 번안(adaptation)
❹ 이국적 번역전략 (foreignization/exoticizing/minioritizing strategy)
❺ 자국적 번역전략(domestication/naturalization strategy)
❻ 번역사의 불가시성(invisibility of a translator)
❼ 번역의 투명성(transparency of translation)

11.1 번역 전환의 정의

출발텍스트의 언어형태를 고수하는 것만으로는 번역이 불가능해질 때 번역사는 출발텍스트에 대한 형태적 대응을 포기하고 출발텍스트와 도착텍스트의 텍스트적 등가를 구현하고자 노력하게 된다. 이때 출발텍스트를 기준으로 "번역과정에서 일어나거나 일어날 수 있는 변화(Bakker, Koster & Leuven-Zwart 1998: 226)"를 '번역 전환(tanslation shift)'이라고 부른다. Catford는 번역 전환을 "출발어로부터 도착어로 이행하는 과정에서 형태적 대응으로부터 벗어나는 것(departures from formal correspondence) (1965: 73)"으로 정의하였고, Popovič은 "오리지날과 비교하여 새롭게 보이는 모든 것, 혹은 [텍스트 상에서] 기대된 곳에 나타나지 않는 모든 것을 번역 전환으로 해석할 수 있다(1970: 79)"는 정의를 내렸다.

번역대상인 두 언어, 그리고 그 두 언어를 각각 모국어로 사용하는 언어문화집단의 분화를 눌러싼 언어체계 및 문화체계 차이는 번역이 필요한 근거가 된다. 이때 이런 언어체계 및 문화체계의 차이를 극복하려는 노력의 결과가 번역 전환이다. 번역이 출발텍스트의 형태나 내용이 갖는 다양한 가치를 도착텍스트로 전이하는 작업이라 한다면, 번역 전환은 이 전이과정에 수반되는 결과라고 할 수 있다.

Bakker, Koster & Leuven-Zwart(1998)는 번역 전환을 기술하고 설명하는 일은 언어와 문화에 대한 정적인 비교를 통해서는 불가능하므로 문화역동성(dynamics of culture)을 인정하고 고려하여야 한다고 주장한다.

11.2. 선택적 번역 전환과 의무적 번역 전환

번역 전환을 분류하는 방식도 매우 다양하게 존재한다. 번역과정을 중심으로 하는 입장에서는 '의무적 번역 전환(obligatory translation shift)'과 '선택적 번역 전환(optional translation shift)'으로 구분한다 (Kade 1968: 79). '의무적 번역 전환'이란 번역대상인 두 언어의 언어체계상의 차이 때문에 이루어지는 전환을 말하는데, 예를 들어 출발어와 도착어 간에 어휘 공백이 있는 경우 등에 이루어지는 전환이 이에 해당한다. '선택적 번역 전환'이란 번역사가 언어적 차이 중개 필요성 이외에 문체적·이념적·문화적 이유로 선택하는 전환을 말한다.

11.3. Catford의 번역 전환

언어학적 측면을 중심으로 번역 전환의 개념을 다룬 Catford는 번역 전환을 크게 '층위 전환(level shift)'과 '범주 전환(category shift)'의 둘로 나누었다.

먼저 '층위 전환'이란 출발어의 어휘에 대한 등가표현이 원래의 언어 층위와는 다른 층위에서 존재하는 경우에 이루어지는 전환을 가리킨다. 출발어에서는 문법에 의해 전달되던 의미가 도착어에서는 그 문법적 의미와 동일한 의미를 갖는 어휘가 존재할 경우 출발어의 문법적 요소가 도착어의 어휘로 전환되는 경우가 여기에 해당한다.

Catford(1965: 141-3)의 다음 예를 살펴보면 이해가 쉬워진다.

> **예문 11.1** Trois tourists *auraient été* tués
> 'three tourists would have killed'
>
> **예문 11.2** Three tourists have been *reported* killed

'관광객 세 명이 살해되었을 것이다'라고 해석될 수 있는 [예문 11.1]에서는 기술되고 있는 내용이 참인지 확인되지 않았다는 정보를 불어의 문법요소 가운데 조건문 형식을 통해 전달하고 있다. 반면 이를 영어로 번역한 [예문 11.2]에서는 동일한 정보를 'reported'라는 어휘를 통해 전달하고 있다. 이처럼 문법요소를 어휘로 대치하는 전환이 '층위 전환'이다.

이에 비해 '범주 전환'이란 품사, 문법구조, 체계 및 번역단위의 4가지 범주와 관련하여 이루어지는 전환을 가리키는데, 이를 자세히 살펴보기로 하자.

(1) 품사 전환(class shift)

품사전환이란 출발어의 어휘가 도착어의 다른 품사에 속하는 어휘로 번역될 때 일어나는 전환을 가리킨다. 한국어와 영어의 경우를 예로 들어보자.

> **예문 11.3**
>
> 영어: *He allegedly has a nice character.*
>   '일부 주장에 따르면 그는 좋은 성격을 가졌다'
> 한국어: 그 사람은 성격이 좋다고 한다.

영어가 명사중심 언어(noun-centered language)인 데 비해 한국어는 술어중심 언어(verb/predicate-centered language)이다. 때문에 영어에서는 명사를 꾸미는 형용사가 발달하였고, 한국어에서는 술어를 수식하는 부사가 발달하였다. 이런 차이를 반영하여 번역에서 영어의 형용사를 한국어의 부사나 술어로 바꾸어 옮기는 것이 품사전환의 좋은 예이다.

(2) 구조전환(structure shift)

출발어와 도착어의 문법구조가 달라 도착텍스트에 나타나는 문장의 문법구조가 전환되는 경우를 가리킨다. Hatim(2001: 16)은 영어의 "John loves Mary"라는 문장이 게일어(고대 아일랜드어)에서는 "Is love at John on Mary"로 문법구조가 달라져 번역된 것을 구조전환의 예로 소개하고 있다.

(3) 번역단위 전환(unit shift) 또는 위계 전환(rank shift)

텍스트 구성성분의 위계가 문장, 절(節), 어군(語群), 단어, 형태소의 순으로 이루어진다고 할 때, 출발어의 요소를 번역한 결과 생성된 도착어 요소가 원래 출발어의 위계와는 다른 도착어의 위계상에 위치해 있는 경우의 전환을 가리킨다. Hatim(2001: 16)은 영어의 정관사가 러시아어로 번역될 때 어순변경으로 나타나는 것을 그 예로 들고 있다.

(4) 언어체계 내적 전환(intra-system shift)

출발어와 도착어가 서로 대응하는 문법체계를 가졌는가의 여부에 상관없이 번역사가 출발어 요소를 번역할 때 이에 대응하지 않는 도착어 요소를 선택할 때 이루어지는 전환을 말한다. Catford(1965[2000])는 불가산명사여서 복수형으로 사용될 수 없는 'advice'란 영어 어휘가 불어에서는 복수명사로 'des conseils'로 사용되는 경우를 예로 들었다.

이상의 설명에서 알 수 있듯이, Catford의 번역 전환은 주로 언어적 측면에 초점이 주어져 있다. 따라서 이문화간 커뮤니케이션 행위로서의 번역시 직면하게 되는 문화경험의 차이와 이로 인해 발생하는 문화간극, 또 이런 문화간극의 결과로 나타나는 어휘공백의 문제를 해결하기 위한 번역 전환을 설명하지 못한다.

이런 면에서 불어-영어 간의 비교문체론적 분석을 통해 번역 전환을 다룬 Vinay & Darbelnet(1958[1995])의 설명은 보다 효용이 크다.

11.4. Vinay & Darbelnet의 번역 전환

Vinay & Darbelnet는 우선 번역 전환을 '번역전략(translation strategy)'과 '번역기법(translation tactics)'의 두 가지 층위로 나누어 설명하였는데, '번역기법'은 '번역절차(translation procedure)'란 용어로 불렀다. 그러나 '번역절차'라는 용어는 '번역과정'과 의미적으로 중복될 여지가 많으므로 이 책에서는 용어사용의 혼란을 덜기 위해 '번역전략'과 '번역기법'의 용어를 사용할 것이다.

Vinay & Darbelnet는 *Stylistique Comparée du Français et de L'anglais* '불어와 영어의 비교문체론'(1958[1995])에서 '직접번역(direct translation)'과 '간접번역(oblique translation)'의 두 가지 번역전략과 일곱 가지 번역기재를 소개하고 있다. 직접번역 전략이란 직역에 의한 번역 전략에, 간접번역이란 의역에 의존하는 번역전략에 해당한다고 볼 수 있다.

11.4.1. 직접 번역 전략

우선 직접번역전략에 속하는 번역기법을 살펴보면 다음과 같다.

(1) 차용(borrowing)

차용은 출발어의 어휘가 도착어의 어휘로 존재하지 않는 어휘 공백이 존재할 경우, 출발어 어휘를 음가 중심으로 도착어로 전이하는 번역기법을 가리킨다. 예를 들어 러시아어의 시골별장을 가리키는 'datchas'를 음가 그대로 들여와 '다챠'로, 영어의 'key word'를 '키워드'로 사용하는 경우가 이에 해당한다.

(2) 모사(calque)

차용의 일부로서, 출발어의 어휘/표현을 도착어로 전이하되 출발어 어휘/표현의 음가를 중심으로 전이하는 대신 출발어 어휘/표현을 도착어 어휘/표현으로 축어적으로 번역하는 전환을 가리킨다. 예를 들어 언론에서 자주 사용되는 'hot potato'를 '뜨거운 감자'로 옮기는 것이 그 예이다.

(3) 직역(literal translation)

단어대단어의 치환번역을 가리키는 것으로, Vinay & Darbelnet는 동일어족이나 동일문화권에 속하는 언어간 번역에서 대표적으로 나타나는 번역 전환이라고 지적하였다.

11.4.2. 간접번역전략

직접번역전략의 경우에 비해 출발텍스트의 언어형태로부터 비교적 자유롭게 벗어날 수 있는 간접번역전략에는 네 가지 번역기법이 존재한다.

(4) 치환(transposition)

치환이란 어휘의 의미를 바꾸지 않고 출발어 어휘의 품사를 도착어의 다른 품사어로 바꾸어 번역하는 경우를 가리킨다.

한국어-영어 간의 번역에서 '*Many* witneses declined to appear in the court'에서 '많은'을 뜻하는 'many'라는 형용사가 '법원 출두를 거부한 증인이 *많았다*'로 옮겨지면서 술어[51]로 바꾸어진 것을 치환에 의한 번역 전환으로 꼽을 수 있다.

(5) 변조(modulation)

출발어 어휘를 도착어 어휘로 변환하는 과정에서 어휘의 관점, 환기되는 내용(evocation), 사고 범주를 전환하는 방식을 가리키는 것이 변조인데, 다음의 예[52]가 모두 변조에 해당한다.

〈표 11.1〉 변조의 예

한국어	영어
분실물	Lost and found
문맹률	Literacy
관계자외 출입금지	Authorized personnel only

---

[51] 우리말에서 형용사의 일부는 동사와 함께 용언을 구성하여 술어로 사용된다. 위 예문에서 '많다'는 말도 여전히 품사로는 형용사이지만 술어로 사용되고 있다는 점에서 단순히 명사를 수식하는 기능만을 할 수 있는 영어의 형용사와 구분되어야 한다는 점에서 품사전환, 곧 치환으로 이해할 수 있다.

[52] 이 예들은 제6장 「등가와 대응」에서도 '관용적 등가'의 예로서도 다루어지고 있다.

(6) 등가(equivalence)

Vinay & Darbelnet가 말하는 '등가표현'이란 번역의 원리로서 '대응'과 쌍을 이루는 보다 포괄적인 '등가'와는 구분되는 단순한 번역기법을 가리킨다. 즉 속담이나 관용어구를 번역할 때 출발어의 표현을 그 언어적 형태에 구애받지 않고 도착어에서 이미 통용되고 있는 등가표현을 찾아 바꾸어주는 것을 말한다. 예를 들어 'comme un chien dans un je de quills'라는 불어 문장을 직역하면 'like a dog in a set of skittles'이 된다. 그러나 이미 영어에 동일한 의미를 전달하기 위해 사용되고 있는 굳어진 표현인 'like a bull in a china shop'로 번역하는 것이 이에 해당한다.

(7) 번안(adaptation)

출발텍스트에 나타나있는 문화요소들이 도착문화에 존재하지 않는 경우 해당하는 문화적 지시대상을 도착문화 독자들이 잘 이해할 수 있는 대체물로 대체하는 것을 가리킨다. 예를 들어 생소한 'marmalade & bread'를 'marmalade' 대신 '잼과 빵'으로 옮기거나, 「신데렐라 이야기」를 「콩쥐팥쥐전」으로 옮기는 것을 번안으로 볼 수 있을 것이다.

Bakker, Koster & Leuven-Zwart(1998)는 이 가운데 치환과 변조를 번역사에게 유용한 번역기법으로 꼽았다. Vinay & Darbelnet는 치환능력은 번역사가 도착어 구사능력이 뛰어날 때 효과적으로 자주 사용되는 번역기법이 될 수 있는 반면, "우수한 번역사를 가르는 진정한 시금석은 변조(1958[1995])"라고 지적하여 변조의 중요성을 강조하였다. 또 직역 또는 치환에 의해 문법적으로 정확한 번역을 한 경우에도 "도착어의 어법이나 관용적 표현 면에서 부적절하거나 어색한 경우(1958[1995])"에는 변조를 도입할 것을 권유하였다.

11.5. 이국화 전략 대 자국화 전략

번역사는 실제 번역에 착수하기 이전에 거시적 차원에서 텍스트 외적 요소에 대한 번역전략을 수립한다. 번역의 기본 원리로 '등가'와 '대응' 가운데 어떤 것을 선택할 것인가, 또 선택한 가치를 구현하기 위한 구체적인 진행방식으로 '상향식 접근법'과 '하향식 접근법' 가운데 어떤 선택을 할 것인가, 번역텍스트에 기대되는 기능을 어떻게 규정할 것인가에 대한 못지 않게 중요한 결정이 '이국화 전략(foreignization/exoticizing strategy)' 대 '자국화 전략(natualization/domestication strategy)' 가운데 어떤 번역전략을 선택할 것인가의 문제이다.

'자국화 전략'이란 번역텍스트를 번역독자에게 가깝게 가져가는 번역전략, 혹은 "독자를 제자리에 두고 [번역텍스트를] 번역독자에게 접근시키는(Schleiermacher 1813[1992]: 41-2)" 번역전략이다. 이를 위해 "도착텍스트에서의 외래성(foreignness)을 최소화하기 위해 투명하고, 유창하며, 번역사의 "불가시성(invisibility, Venuti 1998)"을 높이는 번역방법을 택하게 된다.

반면에 '소수화(minoritizing) 전략(Venuti 1998)'이라고도 불리는 '이국화 전략'이란 즉 "출발텍스트 저자 또는 출발텍스트를 제자리에 두고 번역독자를 텍스트에 접근시키는(Schleiermacher 1813[1992]: 42)" 번역 접근법을 말한다. Venuti는 이국화 전략이 "이국적인 텍스트의 언어문화적 차이를 수용할 수 있도록 독자를 외국으로 보내는 것(1995: 20)"에 해당한다고 설명한다. 즉 번역사가 도착텍스트를 도착문화권에서 낯설게 느끼거나 유창하지 않도록 번역함으로써 번역사의 존재가 가시적으로 느껴지도록 하는 한편 출발텍스트가 갖는 외래성을 보호하고 강조하게 된다.

11.6. 번역사의 불가시성과 번역의 투명성

이국화 전략 또는 자국화 전략과 밀접한 관련을 갖는 것이 번역텍스트 내에서의 번역사의 존재 내지 위상이다. 번역은 서로 다른 언어문화간에 이루어지는 의사소통행위가 성공적으로 이루어지도록 개입되는 중개행위이다. 이런 점에서 가장 바람직한 번역 또는 번역사의 역할은 의도하는 소통의 효과를 높이기 위해 소통과정에 적극적으로 개입하되 직접적인 커뮤니케이션 당사자들에게는 그 존재감이 느껴지지 않는 것이다. 이렇게 커뮤니케이션 과정에서 번역사의 존재가 가시적으로 드러나지 않는 특성을 "불가시성(invisibility, Venuti 1995)"이라고 한다. 또 번역이 유창하게 읽혀 언어적 문체론적 특성이 없이 투명하게 느껴지는 성질을 번역의 '투명성(transparency)'라고 한다.

자국화 번역전략을 채택하여 번역된 텍스트에서는 번역사의 불가시성이 두드러지고 투명성도 높아진다. 반면 이국화 전략을 통해 번역된 텍스트에서는 번역사의 가시성이 높아지고, 직접번역의 가능성이 훨씬 높아진다.

PART 04

통역·번역의 실제

제12장 통역·기억력·노트테이킹
제13장 번역 종류별 접근법

제12장 통역·기억력·노트테이킹

> **주요 내용**
>
> **I. 통역의 분류**(categorization of interpretation)
> ❶ 통역 상황별 분류(interpretation types, by situation)
>   ◉ 회의 통역(conference interpretation)
>   ◉ 매스미디어 통역(mass-media interpretation)
>   ◉ 커뮤니티 통역(community interpretation)
> ❷ 통역방식별 분류(interpretation types, by mode)
>   ◉ 동시통역(simultaneous interpretation)
>   ◉ 순차통역(consecutive interpretation)
>   ◉ 수행통역(escort interpretation)
>   ◉ 위스퍼링(whispering)
> ❸ 통역언어 중개 방향별 분류
>   (interpretation types, by language combination direction)
>   ◉ 단일방향 통역(unidirectional interpretation)
>   ◉ 쌍방향 통역(bi-directional/two-way interpretation)
>   ◉ 릴레이 통역(relay interpretation)
>   cf. 피봇 언어(pivot language)
> ❹ 통역사-연사 간 물리적 거리별 분류」
>
> **II. 통역과 기억**
> ❶ 통역과 기억의 관계(relations between interpretation and memory)
> ❷ 축어적 기억과 실질적 기억(verbatim memory vs. practical/working memory)
> ❸ Thiery의 3박자 이론(Thiery's Three-Beat Theory of Intepretaition)
> ❹ Gile의 중력모델(Gile's Gravity Model)
> ❺ 노트테이킹 요령(tips for notetaking)
> ❻ 노트테이킹 기호의 예(symbols used for notetaking)

12.1. 통역의 분류

통역을 어떻게 분류할 것인가의 문제는 무엇을 분류 기준으로 삼을 것인가에 따라 대답이 달라진다. 일반적인 통역 분류 기준은 통역 상황, 통역 방식, 통역언어 중개 방향, 그리고 통역사와 연사 간의 물리적 거리이다. 이 각각을 기준으로 통역의 종류를 살펴보기로 하자.

12.1.1. 통역 상황별 분류

통역상황을 기준으로 할 때 통역은 크게 '회의 통역(conference interpretation)', '매스미디어 통역(mass-media interpretation)', '커뮤니티 통역(community interpretation)'으로 나눌 수 있다.

우선 회의 통역은 통역을 생각할 때 가장 대표적으로 꼽히는 통역 유형이다. 두 개 이상의 언어를 사용하는 모든 종류의 회의, 세미나는 물론이고 정상회담, 장관회담, 다양한 수준에서의 쌍무회의 등에서 사용되는 통역을 말한다. 회의 통역은 방식에 따라 크게 동시통역과 순차통역으로 구분된다('통역 방식별 분류' 참조).

두번째로 매스미디어 통역은 TV, 라디오 등 방송매체의 프로그램을 위해 통역 서비스를 제공하는 것이다. 가장 대표적인 것이 보도통역이다. 두번에 걸친 걸프전과 9.11 테러 공격 당시 CNN 보도를 방송에서 실시간 통역하여 보도한 것을 계기로 우리 사회에서 보도통역에 대한 사회적 관심과 수요가 폭발적으로 증가했다. 보도통역 이외에도 기자회견, 인터뷰, 작품 제작 발표회 등을 위한 통역도 매스미디어 통역에 포함된다. 이 경우 주로 순차통역, 그 가운데에서도 '짧은 순차통역'이 사용되며, 경우에 따라서는 '위스퍼링' 방식을 사용하기도 한다. 매스미디어 통역의 특징은 '전달력'이 크게 필요하다는 것이다. 특히 작가나 배우 등의 기자회견·작품발표회 등의 통역일 경우, 통역의 정확도나 청중의 이해 용이성 이외에도 인터뷰 대상자의 특성이나 예술적 가치가 잘 전달되도록 하는 '퍼포먼스(performance)'적 요소도 어느 정도 필요해진다.

세번째로 커뮤니티 통역이 있는데, 대체로 일반인과 다양한 공공서비스기관 종사자간의 커뮤니케이션이 원활하게 이루어지도록 제공되는 통역 유형을 말한다. 이 때문에 '공공서비스 통역(public service interpretation)'이라고 불리기도 하고, 또 주로 커뮤니케이션 당사자간의 대화를 통역 대상으로 삼는다는 점에서 '대화 통역(dialogue interpretation)'이라고도 부른다. 크게 경찰서, 검찰청, 출입국 관리사무소, 법정 등에서 이루어지는 사법통역(legal interpretation), 병원, 보건소, 정신건강기관 등에서 이루어지는 의료통역(medical interpretation), 마지막으로 대학 등 다양한 수준의 교육기관에서 통역사용자의 교육받을 권리를 보장하기 위해 이루어지는 교육통역(educational interpretation)으로 나눌 수 있다.

12.1.2. 통역방식별 분류

통역은 그 방식에 따라 '동시통역(simultaneous interpretation)', '순차통역(consecutive interpretation)', '수행통역(escort interpretation)', '위스퍼링(whispering)'으로 크게 나누어진다. 동시통역은 통역의 대상인 연사의 발화와 실제 통역사의 발화가 거의 동시에 이루어져서 두 발화 사이에 시차(時差)가 별로 존재하지 않는 통역방식을 말한다. 이때 '동시'라는 용어가 사용되기 때문에 연사가 발화하는 동시에 통역사도 발화를 시작한다는 오해를 가져올 수 있다. 그러나 실제로는 연사의 발화가 적절한 최소한의 의미단위를 형성할 때까지 통역사가 기다려야 하기 때문에 약간의 시차는 존재할 수밖에 없다.

동시통역의 경우 별도의 통역 부스 안에서 헤드셋과 마이크 등의 장비를 사용하여 통역을 한다. 이때 고도의 집중력을 요하는 업무 성격상 쉽게 정신적·육체적 피로(fatigue)를 느낄 수 있으므로 통상적으로 통역사는 2인 1조를 이루어 20분 내지 30분 간격으로 교대로 통역한다.

통역 발전 단계 상으로 보면 전문장비를 사용하지 않는 동시통역에 해당하는 위스퍼링으로부터 발전한 통역형태이다. 역사적으로는 세계 제2차대전 이후 전범(戰犯) 처리를 위한 독일 뉘른베르크 재판 당시부터 널리 사용되기 시작하여, 오늘날에는 대부분의 국제기구 회의나 국제회의에서 선호되는 통역 방식이다.

순차통역은 통역의 대상인 연사의 발화가 일정시간 진행된 다음, 이를 집중하여 듣고 있던 통역사가 해당 분량을 통역하고, 연사가 또다시 일정한 길이만큼 발화하는 방식으로 연사와 통역사가 교대로 순차적으로 통역하는 통역 방식을 가리킨다. 순차통역은 '전문순차통역'과 '짧은 순차통역'으로 구분된다. 주로 회의나 세미나 등에서 자주 사용되는 전문순차통역에서는 전문적인 통역훈련을 받은 통역사가 3분 내지 5분 정도를 단위로 통역하는데 비해, 짧은 순차통역에서는 대개 쌍방향 의사소통을 하는 양 당사자의 대화를 문장단위, 혹은 두 세 문장씩 묶어 통역하게 된다. 전문순차통역과 짧은 순차통역의 중요한 차이는 전문순차통역의 경우 통역단위시간이 상대적으로 길어 통역사가 발화 내용을 일일이 기억하지 못하기 때문에 기억 부하(memory load)를 덜기 위해 노트테이킹에 의존하는 정도가 상대적으로 높아진다는 점이다. 또 전문순차통역의 경우에는 대체로 단일연사의 발화를 단일방향으로 통역하는 경우가 대부분인데 비해, 짧은 순차통역에서는 쌍방향 의사소통의 양 당사자를 대상으로 번갈아 통역하는 일이 많아 '대화통역'적 성격을 갖기도 한다는 점을 지적할 수 있다.

수행통역은 통역대상인 연사의 일정에 따라 통역사가 연사와 같이 이동하면서 필요할 때마다 통역을 제공하는 통역방식을 가리킨다.

위스퍼링은 일종의 동시통역이라고 할 수 있는데, 정상회담이나 고위 각료회의 등에서처럼 제한된 수의 통역사용자를 위해 통역부스나 마이크 등과 같은 통역장비를 사용하지 않고 통역사용자의 지근거리에서 귀에 대고 '속삭이듯' 동시통역을 제공하는 통역방식을 말한다. 앞에서도 언급한 것처럼 본격적인 동시통역의 시원이 된 통역형태이기도 하다.

12.1.3. 통역언어 중개 방향별 분류

통역에 사용되는 언어의 집합을 언어조합이라 할 때 이 언어조합이 단일방향으로 이루어지는가, 쌍방향으로 이루어지는가에 따라 통역은 단일방향 통역, 쌍방향 통역으로 나뉘어지고, 이밖에 일단 한 언어조합을 대상으로 이루어진 통역을 다시 다른 언어로 중개하는 릴레이 통역이 포함된다.

단일방향 통역이란 커뮤니케이션 양 당사자 가운데 어느 일방의 발화를 다른 일방이 사용하는 언어로 통역하는 방식을 가리키는데, 국제회의에서 발표자인 연사의 말을 청중이 이해할 수 있는 언어로 통역하는 방식이 여기에 해당된다.

쌍방향 통역이란 서로 다른 언어를 사용하는 커뮤니케이션의 양 당사자의 발화를 교대로 순차적으로 모두 통역하는 방식을 말한다. 예를 들어 한국인과 미국인 관료들이 참여하는 쌍무회담을 한 통역사가 모두 통역한다고 가정할 때, 한국인 관료의 발화를 영어로, 미국인 관료의 발화를 한국어로 통역하는 경우가 쌍방향 통역에 해당된다. 주의할 것은 국제회의나 세미나라 하더라도, 연사의 발표에 대한 통역은 단일방향 통역으로 이루어지지만 발표가 끝나고 이루어지는 질의응답 순서의 경우는 쌍방향 통역을 제공하게 된다는 점이다. 오늘날에도 UN 안전보장이사회와 같이 신중한 진행과 의사결정이 필요한 회의에서는 요구에 따라 순차통역이 사용된다.

마지막으로 릴레이 통역은 여러 언어가 사용되는 회의에서 회의에 사용될 모든 언어를 직접 통역할 수 있는 통역사를 확보할 수 없을 때 채택하는 통역 방식이다. 통역중개방향으로 보면 단일방향 통역이지만, 일단계 단일방향 통역의 도착어를 '피봇(pivot language)', 곧 이단계 단일방향 통역의 출발어로 삼아 다시 단일방향통역이 이루어지는 두 단계에 걸쳐 진행된다는 점에서 구분된다. 예를 들어 UN에서 한국어 연사의 대표연설을 영어를 비롯한 스페인어, 러시아어, 중국어, 아랍어 등 공식 언어로 통역하는 과정을 살펴보자. 한국어 연사의 발화는 먼저 영어를 도착어로 일단계 단일방향통역이 이루어진다. 그런 다음 일단계 단일방향통역의 도착어인 영어 통역을 피봇으로 하여 다시 아랍어 등 다양한 언어로 이단계 단일방향 통역이 이루어지는 것이다. 릴레이 통역은 통역사가 연사의 발화를 직접 듣고 통역하는 '직접통역방식(direct interpretation)'이 아니기 때문에 통역수준이 상대적으로 떨어질 수도 있다. 따라서 사용하지 않을 수 있는 경우에는 되도록 채택하지 않는 것이 통역 수준을 높이기 위해 바람직하다.

12.1.4. 통역사·연사 간 물리적 거리별 분류

통역사와 연사 사이의 물리적 거리를 기준으로 통역을 분류할 때 '현장통역'과 '원격통역'으로 구분할 수 있다. 우선 통역사와 연사가 동일한 공간에 자리할 때의 통역을 가리키는 현장통역은 '동시통역', '생(生) 동시통역(voicing-whispering)', '위스퍼링'의 세 가지로 세분된다. 동시통역과 위스퍼링은 통역방식별 분류에서 이미 설명한 바 있다. 생동시통역이란 통역방식으로는 위스퍼링과 마찬가지로 동시통역에 해당하고, 통역장비를 사용하지 않는다는 점에서도 위스퍼링과 비슷하다. 그러나 위스퍼링보다 통역대상인 연사 또는 통역사용자로부터 공간적으로 더 떨어진 상태에서 위스퍼링의 경우보다 약간 더 큰 목소리를 사용하여 통역한다는 차이가 있다.

원격통역이란 화상통역이라고도 불리는데, 통역대상 연사와 통역사가 동일공간이 아니라 물리적으로 떨어진 공간에 각각 자리한 상태에서 첨단기기 화면으로 발화를 보고 통역을 제공하는 방식을 가리킨다. 국제화·세계화의 진전으로 국제회의가 많아지면서 회의 참가자들이 자신의 나라에서 이동하지 않고 화상회의를 진행하는 것은 물론, 이런 형식의 회의를 위한 통역도 화상회의 방식으로 이루어지는 추세이다.

12.2. 통역과 기억

12.2.1. 통역과 기억의 관계

통역과 기억의 관계를 일률적으로 논하기는 어렵고, 통역방식별로 기억의 역할이나 중요성도 따라서 달라진다.

동시통역의 경우 통역대상 연사의 발화와 통역사의 통역 사이에 시차가 별로 없기 때문에, 연사의 발화가 일정한 의미단위가 될 때까지 통역사가 기다리면서 들은 내용을 기억해야 하더라도 기억 자체의 부담은 그다지 크지 않다고 할 수 있다. 반면 순차통역의 경우는 연사의 발화와 통역사의 통역 사이에 길게는 3분~5분 단위로 연사와 통역사가 발화순서를 바꾸면서 통역을 하게 된다. 1분당 구어 발화량이 영어 단어로는 대개 125~140단어, 한국어 단어로는 25단어 안팎이라고 할 때, 통역사가 한번에 통역해야 할 연사의 발화량은 엄청나다고 할 수 있다. 그만큼 통역사의 우수한 기억력의 역할이 중요해지는 것이다.

통역과 기억의 관계를 요약하자면, 연사의 발화를 제대로 집중하여 듣고 이해한 것을 효과적으로 기억할 수 있는 통역사의 기억 능력이 수준 높은 통역에 필수불가결한 요소라는 것이다.

12.2.2. 축어적 기억과 실질적 기억

통역사의 기억 능력이 우수한 통역을 위해 중요하다는 말을 제대로 이해하기 위해서는 '축어적 기억(verbatim memory)'과 '실질적 기억(practical/working memory)'을 구분할 수 있어야 한다. 즉 통역사에게 필요한 기억능력은 자신이 들은 내용을 단순히 암기하는 단순암기력(rote memorization ability)이 아니라 자신이 듣고 이해한 것을 기억하는 실질적인 기억능력이다. 누군가가 5분 동안 발화한 이야기를 그 화자가 사용한 것과 똑 같은 어휘를 사용하여 동일한 순서로 반복하라고 할 때 선뜻 할 수 있다고 나설 수 있는 사람은 거의 없을 것이다. 그러나 90분짜리 영화를 보고 나서 영화가 어땠느냐고 묻는다면 대부분의 사람들은 큰 어려움 없이 영화의 줄거리를 말할 수 있다. 주어지는 정보를 단순암기하는 능력과 일단 자신이 이해한 것을 기억하는 능력은 별개의 것이다. 이처럼 자신이 이해한 것을 의미 있는 방식으로 기억하는 능력이 실질적 기억능력이다.

통역사는 실질적 기억능력을 향상시키기 위해 끊임없이 노력한다. 구체적으로는 우선 주어지는 정보를 분석하고 이해한 다음 자신에게 의미 있는 방식으로 재구성하는 훈련을 한다. 동일한 정보라도 자신에게 의미 있는 정보는 훨씬 더 오래 효과적으로 기억할 수 있기 때문이다.

12.2.3. 인간의 단기 정보처리용량: 7±2단위

통역사가 기억능력을 향상시키기 위해 사용하는 두번째 방법은 보다 높은 층위의 기억단위를 사용하여 단기 기억용량을 높이는 것이다. 정보처리과학에서는 인간이 한번에 기억할 수 있는 용량을 '7±2단위'로 정의한다. 인지심리학자인 George A. Miller는 1956년 논문 "The Magical Number Seven, Plus or Minus Two: Some Limits on Our Capacity for Processing Information"에서 인간이 단기적으로 인식하고 기억할 수 있는 용량이 7±2단위, 곧 5~9 단위의 범위임을 밝혔다. Miller는 성인의 기억범위가 7개 단위 안팎이며, 이때 단위는 숫자나 글자나 단어나 그밖의 좀더 큰 단위도 될 수 있다고 주장하였다. 바꾸어 말하면 숫자나 글자 같은 작은 단위 대신 보다 큰 단위를 기억단위로 삼는다면 통역사가 한번에 기억할 수 있는 기억용량도 그만큼 커질 수 있다는 것이다.

다음 예를 살펴보자.

[A 목록]
사과, 배, 감, 포도, 멜론, 닭가슴살, 오리고기, 돼지고기, 동태, 대구, 민어, 달맞이꽃기름, 올리브기름, 포도씨기름

[B 목록]
{사과, 배, 감, 포도, 멜론}(5)
{닭가슴살, 오리고기, 돼지고기}(3)
{동태, 대구, 민어}(3)
{달맞이꽃기름, 올리브기름, 포도씨기름}(3)

위의 [A 목록]에는 15개의 개별정보가 열거되어 있는 반면 [B 목록]에는 똑 같은 15개의 개별정보가 4개의 소집합으로 나뉘어 열거되어 있다. 인간의 단기 기억용량이 '7±2단위'라는 Miller의 발견을 받아들일 때 [A 목록]에 열거되어 있는 15개나 되는 개별정보를 기억하기는 매우 힘들다. 반면 개별정보 수에서는 똑같다 하더라도 [B 목록]에서는 비슷한 성격의 개별정보들을 모아 보다 큰 단위로 구분하여 놓았다. 이 경우 [B 목록]을 구성하는 개별정보의 양은 15개가 아니라 {과일 5가지} {흰살 육류 3가지} {흰살 생선 3가지} {외국산 기름 3가지}의 4개의 집합이 된다. 기억이 가능한 정보량이 될 수 있다는 말이다.

실제로 Miller의 기억 모델이 인간의 기억능력을 구체적으로 향상시키는 데 도움이 되는지는 더 많은 연구가 필요할 것이다. 그러나 이것이 통역사의 기억능력 향상 노력에 시사하는 바는 분명하다. 통역사는 자신

에게 주어지는 정보를 수동적으로 수용하는 대신, 적극적인 분석을 통해 정보에 대한 이해도를 높이는 한편, 자신이 이해한 것을 의미있게 기억할 수 있는 방향으로 정보단위를 보다 크게 묶고 메시지를 재구성하는 노력을 끊임없이 함으로써 기억용량을 늘려나가야 할 것이다.

12.2.4. 기억 도우미로서의 노트테이킹

통역사가 아무리 기억용량을 향상시키더라도 자신이 한 번에 통역해야하는 정보를 오류 없이 모두 기억하는 것은 불가능하다. 때문에 통역사는 집중하여 들으면서 메시지에 대한 이해를 높이려고 노력하는 동시에 '노트(notes)'를 활용한다. 통역사는 연사의 연설을 집중하여 들으면서 이해한 내용을 통역을 위해 발화할 때 효과적으로 기억해낼 수 있도록 필요한 최소한의 내용을 적게 되는데, 이것이 '노트'이다. 이때 노트를 기록하는 일을 '노트테이킹(notetaking)'이라고 부른다. 노트테이킹이란 통역대상인 연사의 연설에 실제로 사용된 단어나 표현을 문자나 기호로 '바꾸어 적는 것(transcoding)'이 아니라는 점에서 속기(速記)와 구분된다.

12.2.5. 통역에 있어서 노트테이킹의 중요성

K. Dejean(1984, 최정화 1998에서 인용)은 "노트테이킹은 기억이 잘 나도록 도와주는 목발(clutch)일 뿐, 통역사의 기억 그 자체를 대신할 수 있는 의족(義足)이 아니다"라는 말로 노트테이킹과 통역의 관계를 요약하였다.

C. A. J. Thiery(1981, 최정화 1998에서 인용)는 통역 요소들의 상대

적 중요성을 소위 '세박자 이론'(<그림 12.1>)으로 설명하였다. Thiery에 따르면 통역은 텍스트의 의미를 전체적으로 집중하여 듣고 이해하는 부분, 이해한 것을 기억하기 좋도록 노트테이킹하고 사용하는 부분, 실제 언어로 재표현하는 부분의 세 부분으로 이루어진다. 이때 통역의 수준과 가장 밀접한 관련을 갖는 구성요소는 텍스트의 의미를 집중하여 듣고 이해하는 부분이고, 그 다음으로 중요한 요소는 이해한 것을 실제 언어로 재표현하는 부분이며, 노트테이킹과 관련된 부분은 중요도가 가장 떨어진다. Thiery는 이를 음악적 비유를 사용하여 표현하였는데, 통역에 있어서 가장 중요한 '듣고 이해하기'는 '제1박(primary beat)', 또는 '강박(强拍)'에, 두번째로 중요한 실제 통역은 '제2박(secondary beat)' 또는 '중간박(中間拍)'에, 마지막으로 노트테이킹과 관련된 부분은 '제3박(tertiary beat)' 또는 '약박(弱拍)'에 비유하였다.

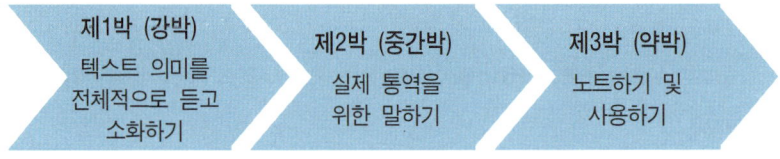

〈그림 12.1〉 Thiery의 '통역의 3박자 모델'

Daniel Gile(1995)은 통역사가 우수한 통역을 하기 위해 어떤 노력을 해야 하는가를 '중력 모델(Gravity Model)'을 통해 설명하였다. 이미 알려진 것처럼 인간의 언어구사력은 듣기 말하기 쓰기 읽기의 네 가지 능력으로 구분할 수 있는데, 이 가운데 쓰기와 말하기는 다른 두 가지보다 더 높은 수준의 집중력을 필요로 한다. Gile에 따르면 통역은 '집중하여 듣기' '실제 통역을 위한 말하기' '노트테이킹을 위한 쓰기'의 세 가지 이질적인 지적 활동을 동시에 수행하여야 하는 어려운 작업으로, 이 가운데 가장 중요한 활동이 '집중하여 듣기'이고 그 다음이 '실제 통역을 위한 말하기'이며, 중요도가 가장 떨어지는 것이 '노트테이킹을 위한 쓰기'이다. 문제는 인간의 순간적인 정보처리능력 혹은 지적 능력이 유한하다는 것이다. 따라서 수준 높은 통역을 하기 위해서는 인간의 유한한 집중력과 지적 에너지를 이질적인 세 가지 활동에 효과적으로 분배하고 사용하는 것이 반드시 필요해진다. 그런데 통역사가 의도적으로 노력하지 않으면 보다 높은 집중력을 요하는 말하기와 쓰기, 곧 '실제통역'과 '노트테이킹'을 향하여 통역사의 지적 에너지가 쏠리게 되고, 상대적으로 '집중하여 듣기'에는 필요한 것보다 적은 에너지가 할애되게 된다. 따라서 통역사는 의도적인 노력을 통해 '집중하여 듣기'에 에너지를 많이 돌리고, '노트테이킹'에 할애되는 에너지를 최소화하여야만 우수한 통역을 생산할 수 있게 된다는 것이다. 이것을 도식화한 것이 <그림 12.2>이다.

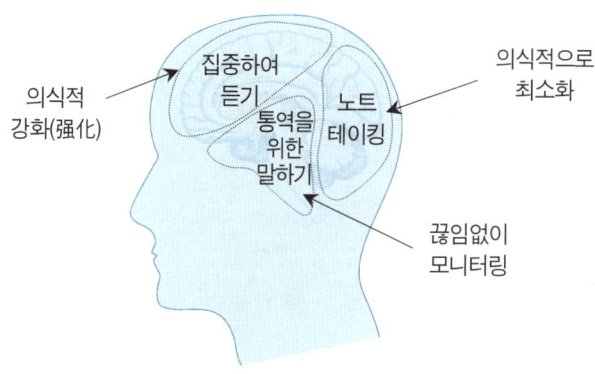

〈그림 12.2〉 Gile의 '중력 모델'

Gile은 이에 덧붙여 '집중하여 듣기' 활동의 효과를 높일 수 있도록 통역사의 평소 노력을 강조하였다. 통역사의 집중하여 듣기 활동의 성과에 영향을 줄 수 있는 요인은 통역주제의 친숙도 및 난이도, 통역사가 갖고 있는 일반적 배경지식, 텍스트의 정보밀도(information density), 발음, 액센트, 속도, 휴지(pause)의 사용빈도 등과 같은 통역대상 화자인 연사의 발화특징, 회의장의 소음 여부나 마이크 성능 등과 같은 통역환경 등을 꼽을 수 있다. 이 가운데 통역사가 평소 노력을 통해 다양한 주제에 대한 주제지식과 일반적인 배경지식을 넓히는 한편, 통역 전 사전준비과정에서 통역 주제 분야에서 사용되는 전문용어들을 충분히 습득하고 통역에 임하게 되면 '집중하여 듣기'의 효과가 훨씬 높아질 것이라고 지적하였다.

12.2.6. 노트테이킹을 어떻게 할 것인가?

노트테이킹의 구체적인 요령에 대해서는 '왕도(王道)가 없다'는 말로 답변을 대신할 수 있다. 바꾸어 말하면 어떤 내용을 얼마나 많이 구체적으로 어떻게 적을 것인가는 통역사 개인의 기억용량, 스타일, 통역 상황에 따라 그때그때 달라질 것이다.

일반적으로 효과적인 노트테이킹 요령으로 꼽히는 사항은 다음과 같다[53].

❶ 집중하여 듣기를 계속하면서 기록한다. 노트테이킹 도중에 연설의 내적 논리 또는 흐름을 놓치거나 계속하여 내용을 이해할 수 없을

---

[53] 최정화(1998)와 Seleskovitch & Lederer(1998)를 중심으로 재구성한 내용이다.

때에는 노트테이킹을 중단하고 집중하여 듣기에 더 집중한다. 연설의 내용을 다시 이해할 수 있게 된 후에 비로소 노트테이킹을 재개한다.

❷ 적는 분량을 최소화한다. 특히 집중하여 듣기, 분석을 통한 이해, 집중력이 뛰어난 경우에는 노트테이킹의 양을 최소화한다.

❸ 귀에 들리는 단어들을 적는 것이 아니라 자신이 이해한 내용을 다시 기억해내는 데 도움이 될 수 있는 방식으로 적는다. 듣는 데 집중할 수 있도록 가장 먼저 떠오르는 기호 상징 표의문자 숫자 수학연산기호 등 다양한 수단을 활용한다.

❹ 연사의 사고의 흐름을 따라가면서 사고단위를 한눈에 파악할 수 있도록 구분한다. 노트테이킹은 수평방향으로 하는 대신 수직방향으로 함으로써 사고의 흐름이 시각적으로 한 눈에 파악되도록 하고, 하나의 사고단위가 종결되고 나면 가능하면 횡선을 그어 표시한다.

❺ 노트테이킹에 사용할 언어는 가능하면 통역이 이루어질 도착어를 기본으로 하는 것이 도움이 된다. 그러나 도착어로 적기 위해 별도의 지적 노력이 필요해서 집중하여 듣기를 방해할 수 있는 경우에는 굳이 도착어를 고집하지 않는다.

❻ 출발어와 도착어의 언어구조가 상이한 경우에는 도착어의 구조에 맞추어 적는 것이 도움이 된다. 특히 통역 방향이 한국어에서 영어일 경우에는 한국어 문장에서 제일 나중에 나오는 동사를 도착어 순서에 따라 주어 옆에 적는다.

❼ 자신이 적은 노트를 불신하는 태도를 갖는다. 실제 통역을 위해 발화하는 과정에서 텍스트의 전체 흐름에 배치되는 노트가 발견되

는 경우가 있을 수 있다. 예를 들어 시간에 쫓겨 'not'이나 '부(不)'와 같은 부정어를 빠뜨리고 적을 수 있기 때문이다. 따라서 실제 통역에서는 자신의 노트테이킹이 부정확할 수 있다는 점을 염두에 두고 사고의 흐름을 모니터하면서 통역한다.

❽ 통역에서는 순발력이 필수적이므로 노트테이킹의 시간을 최소화하기 위해 자주 사용하는 단어나 표현은 평소에 일정한 기호나 약어로 표현할 수 있도록 몸에 익힌다. 이때 남이 개발해놓은 노트를 '직수입'하는 것은 피한다.

❾ 다음의 네 가지 정보는 통역사가 이해한 부분을 중심으로 발화하는 대신 노트를 보고 '읽는 부분'에 해당하므로 특히 정확한 노트가 필요하다.

(1) 열거: 상식적으로 이미 알고 있는 내용에 대한 열거를 제외한 열거일 경우에는 거의 기계적으로 받아 적어야 한다. 연사의 입장에서는 열거에 이르러 발화속도가 빨라지는 것이 일반적이기 때문이다.

(2) 고유명사: 기구명이나 인명 같은 것은 보고 읽기 쉽게 발음 위주로 받아적는 것이 좋다.

(3) 숫자: 숫자는 기억하기가 매우 어려운 사항이므로 받아적는다.

(4) 의도적으로 사용된 용어: 수사적 효과를 위해 반복되거나 계산된 뉘앙스를 전달하기 위해 의도적으로 사용된 용어는 적어두었다가 통역에서도 그 표현과 뉘앙스를 살려주는 것이 통역의 효과와 완성도를 높여준다.

12.2.7. 노트테이킹 기호의 예[54]

앞에서 설명한 원칙에 따라 통역사는 개인적으로 자신에게 적절한 노트테이킹 기호를 개발하여 사용하게 된다. 다음에 다양한 노트테이킹 기호의 예가 소개되어 있다. 여기서 주목할 점은 'α' 'Ω'와 같은 문자부터 'π' 같은 수학기호, '□'과 같은 한자 간체, '⌣'과 같은 그림까지 다양한 방식의 기호가 사용되고 있다는 것이다.

기호	의미	기호	의미
⊢	의장(의자)	⌣	만족(웃는 입모양)
⌒	불만족(화난 입모양)	⌒	빠른
⌒	늦은	✓	좋은(체크할 때 쓰는 표시)
✗	나쁜(체크 표시에 부정)	▽	관심있는(아이스크림)
⊢→	:부터	←⊣	까지
═	동일	⇄	교환
↗	증가	↘	감소
⊔	기본	⤴	생기다, 일어나다
∿	피하다	□	나라(한자에서 유래)
⬆□	선진국	□↗	개발도상국
□→	수출	→□	수입
∣○	후(後)	∣	전(前)

---

[54] 최정화(1998: 84-86)에서 인용

⌐ : 과거	⌐ : 미래
─ : 강조할 때(밑줄)	═ : 더욱 강조할 때
α : 시작	Ω : 끝
π : 정치	ε : 경제
σ : 사회	𝒳 : 문화
♭ : 심리	m : 1,000(천)
M : 1,000,000(백억)	M̄ : 1,000,000,000(십억)
⊓ : 유럽(E자)	⊓⊦ : 동부유럽
⊦⊓ : 서부유럽	⊦⊓⊦ : 중부유럽
ʃ : 미대륙	ʃ : 북미
ʃ : 남미	ʃ : 중미

    노트테이킹과 관련하여 중요한 사실은 저절한 노트테이킹 기호의 개발이나 사용 자체가 통역사의 목적이 아니라는 점이다. 통역사 자신이 쉽게 기억해내어 사용할 수 있는 기호를 개발하여 사용하게 되면 분명히 통역의 수준은 높아질 수 있다. 그러나 더욱 중요한 것은 노트테이킹 기호 자체의 개발이 아니다. 이의 사용은 최소화하는 한편, 메시지를 집중하여 듣고 통역해내는 데 더 많은 에너지를 쏟아야 할 것이다.

제13장 번역 종류별 접근법

주요 내용

❶ 문어텍스트 대상의 번역 유형 분류(types of written text translation)
- 문학번역(literary translation)
- 비(非)문학번역(non-literary translation)
- 문학작품의 번역(translation of literary works)
- 실용전문번역(technical translation)
- 문어텍스트 번역(translation of written texts)

❷ 언어조합방향별 번역유형(translation types, by languge combination direction)
- 모국어로의 번역(inbound translation)
- 외국어로의 번역(outbound translation)

❸ 출판제의서(pubilcation proposal)

❹ 영상번역의 유형(types of translations of audio-visual texts)
- 자막번역(subtitle translation)
- 더빙번역(dubbed translation)
- 보이스-오버(voice-over)

❺ 영상번역의 원칙(principles of audio-visual translation)
  (1) 시간·공간적 제약 존중(working with temporal/spatial constraints)
  (2) 표현의 경제성 확보
      (maximizing the economy of expreesion in translation)
  (3) 영상정보와 청각정보의 동시 활용
      (complementing the TT with audio-visual information on screen)
  (4) 화면과 TT의 일치 확인 필요
      (synchronizing the TT with audio-visual information on screen)

13.1. 번역분류

13.1.1. 문어텍스트 대상의 번역 유형 분류

문어텍스트(written text)를 대상으로 이루어지는 번역을 가장 전통적인 방식으로 분류한 것이 '문학번역(literary translation)'과 '비(非)문학번역(non-literary translation)'으로 양분하는 것이다. 문학번역이란 문자 그대로 한 언어로 쓰여진 문학작품을 다른 문학작품으로 옮기는 것이고, 비문학번역은 문학작품 이외의 텍스트를 번역하는 것이다.

문학번역과 관련하여 두 가지를 이해하는 것이 중요하다. 첫번째로 Newmark(1988)는 '문학번역'과 '문학작품의 번역(translation of literary works)'을 구분하여야 한다고 지적한다. Newmark에 따르면 '문학번역'은 문학텍스트를 옮긴 번역으로서 그 결과물이 도착텍스트도 문학작품 수준에 도달했다고 말할 수 있을 정도로 완성도가 높은 경우를 지칭한다. 반면 '문학작품의 번역'은 문학텍스트를 출발텍스트로 사용하여 번역된 결과물로서 출발텍스트와 같은 문학적 완성도에 이르지 못한 경우를 가리키는 용어이다. 그가 이런 구분을 시도한 것은 그만큼 문학번역이 어렵다는 것을 반증하는 것이다.

이런 맥락에서 Nord(1997)의 '기능상응번역(homologous translation)'을 떠올릴 수 있을 것이다. Nord는 한 언어로 쓰여진 시를 도착어를 모국어로 하는 문화권의 다른 시인이 시로 번역하는 경우를 기능상응번역의 예로 들고 있다. 그의 논리는 시와 같은 문학작품은 시인등 문인이 보다 창의적으로 번역하여 문학작품으로서의 완성도에 도달할 때 비로소 기능적으로 상응하는 번역으로 간주할 수 있다는 것이다.

최근 들어 국제화·세계화 물결의 급격한 확산으로 국제간 교류가 많아지고 국제기구의 활동이 활발해지면서 번역에서도 기존의 문학번역보다 비문학번역의 비중이 높아지고 있다. 특히 국가간·다자간 교류 협력, 저작권을 비롯한 지적재산권을 둘러싼 국제계약 등과 관련된 전문적이고 실용적인 텍스트에 대한 번역 수요가 급증하고 있다. 이런 현실적인 추세를 반영하여 최근에는 번역을 문학·출판 번역과 실용전문번역으로 구분하는 것이 일반화되고 있다. 이는 번역대상텍스트의 성격, 번역텍스트의 기능 및 용도, 번역텍스트의 독자 정의(target readership design, Mason 2001) 면에서 타당성 있는 분류체계로 받아들여진다.

우선 실용전문번역의 번역대상텍스트는 '전문적 텍스트'이다. Durieux는 "전문번역이라는 말에서 전문적인 것은 번역 자체가 아니[라] 전문적 기술적 학문적 성격을 가진 텍스트의 번역을 말하는 것(1988[2003]: 11)"이라고 말함으로써 전문번역의 요건으로서 텍스트 성격의 중요성을 강조하고 있다. Delisle(1980, Durieux 1988[2003]: 11-2에서 인용)은 '전문적 텍스트'라는 용어 대신 '실용적 텍스트'라는 용어를 사용하여 "주로 정보를 전달하는 것을 목적으로 하며 미학적 측면이 지배적이지 않은 텍스트"로 정의하였다. 이렇게 볼 때, 실용전문번역은 번역대상텍스트의 성격이 전문적이고 미학적 측면이 지배적이지 않으면서 텍스트의 기능은 정보중심유형인 텍스트를 대상으로 이루어지는 번역으로 정의할 수 있다.

두번째로 번역텍스트의 대상독자는 해당 텍스트에 대한 특별하고 구체적인 관심이나 소양 훈련을 받은 사람들로서, 문학·출판번역의 대상독자에 비해 동질성(homogeneity)이 상대적으로 큰 집단이다. 물론 번역독자들에 비해 통역청중들이 동질적이기는 하지만, 번역독자만을 놓고 볼 때는 연령·교육정도·사회경제적 배경·관심분야 등 다양한 면에서 매우 이질적인 문학·출판번역 독자보다 실용전문번역 대상독자들이 동질적이라고 할 수 있다.

이상의 논의를 바탕으로 번역유형을 정리한 것이 <표 13.1>에 나와 있다.

〈표 13.1〉 문어텍스트의 번역 유형 분류

분류	출판번역		실용전문번역
	문학출판번역	일반출판번역	
텍스트 성격	상대적으로 비전문적		전문적·기술적·학문적
텍스트의 기능 유형	표현중심텍스트	정보중심텍스트	정보중심텍스트
번역의 우선순위	표현의 등가 가독성 도착어의 심미적 완성도	정보성의 등가 가독성	정보성의 등가
평가기준	출발텍스트 저자에 대한 충실성	(1) 출발텍스트에 대한 충실성 (2) 도착텍스트 대상 독자에 대한 충실성	출발텍스트에 대한 충실성
번역대상 독자 정의	상대적으로 이질적인 집단		상대적으로 동질적인 집단

13.1.2. 텍스트 모드 중심의 번역 유형 분류

번역대상 텍스트는 문자로 이루어지는 문어텍스트 이외에 영상과 소리로 이루어지는 시청각텍스트도 있다. 문어텍스트를 대상으로 하는 번역을 '문어텍스트 번역(translation of written texts)'이라고 하는 반면 시청각텍스트를 대상으로 이루어지는 번역을 '영상번역(translation of audio-visual texts)'라고 한다.

13.2. 실용전문번역

현재 우리나라의 실용전문번역시장 규모와 실제 활동하고 있는 전문번역사의 수에 대한 정부기관의 공신력 있는 통계는 존재하지 않는다. 그러나 해당업계에서 실용전문시장의 규모를 약 1조원에 달하는 것으로 추정하고 있는 것으로 보아 실용전문번역에 대한 수요는 엄청나다.

실용전문번역은 크게 전문대학원 수준에서 전문적 번역훈련을 받은 전문번역사들과, 이런 훈련 및 자격요건과 관련없이 활동하고 있는 기타 번역사들로 크게 나뉜다. 또 번역작업을 둘러싼 업무의 성격이나 번역사와 번역발주자간의 관계를 중심으로 분류하면 크게 프리랜서 번역사, 상근번역사(in-house translator), 프로젝트 번역사, 번역업체에 피고용인으로 근무하는 번역사로 크게 나눌 수 있다. 우선 상근번역사란 일정한 시간동안 출퇴근을 원칙으로 번역서비스를 제공하는 계약직 번역사들을 말하는데, 재정경제부, 보건복지부, 한국관광공사 등과 같은 정부기관 및 준 정부기관이나 대기업 등에서 수요가 많다. 프로젝트 번역사란 비즈니스 컨설팅이나 특정 정부사업에의 응찰 등과 같이 단기간에 일시적으로 대규모 번역작업이 이루어져야 할 필요가 발생하는 경우 복수의 번역사들이 집단으로 번역작업에 참여하는 경우를 가리킨다. 반면 번역업체에 피고용인으로 근무하는 번역사들도 있는데, 이 경우 대부분의 번역업체들이 영세한 수준인 경우가 많아 번역사들의 처우도 상대적으로 열악한 경우가 많다.

실용전문번역 서비스의 요율을 보면 대학원 수준에서 전문번역훈련을 받고 석사 학위를 보유하고 있는 전문번역사들의 요율과, 이와 상관없이 활동하는 일반번역사들의 요율로 크게 나눌 수 있다.

현재 전문번역훈련을 제공하고 있는 대학원 수준의 교육기관은 한국외국어대학교, 이화여자대학교, 서울외국어대학원대학교, 선문대학교 등 모두 12곳에 이른다.55 이 가운데 학교부설로 전문번역서비스를 제공하는 기관을 운영하고 있는 대표적인 세 곳의 번역요율을 정리한 것이 아래에 나와 있다.

〈표 13.2〉 대학원별, 언어별 전문번역사 번역요율 비교

	그룹	$L_A \rightarrow L_B$	$L_B \rightarrow L_A$	비고
한국외국어 대학교 통번역원	영, 일, 중 (1그룹)	원문1자(공백포함) 최저 60원, 원고지환산 12,000~	영어1단어 최저80원일어1자 최저30원중어1자 최저40원	
	불, 독, 서 (2그룹)	원문1자(공백포함) 최저 66원	불어1단어 최저80원 독,서1단어 최저100원	1그룹보다 10% 가중치
	러, 아랍 (3그룹)	원문1자(공백포함) 최저 72원	1단어 최저100원	1그룹보다 20% 가중치
이화여자 대학교 통역·번역 연구소	영, 불	원문1자당 최저80원	원문1자당 최저120원	감수 : 번역료의 20%추가/타기관 수행번역결과물일 경우 영,불 : 단어당 최저60원~, 중,일:자당 최저20원~
	중	원문1자당 최저60원	원문1자당 최저40원	
	일	원문1자당 최저80원	원문1자당 최저40원	
서울외국어 대학원대학교 통역·번역센터	영, 일, 중, 불, 독, 서, 포, 아랍, 마인어	40,000 ~ 60,000 (감수료 포함)	20,000 ~ 30,000	결과물 25행 1매(12폰트) 기준
	노어	50,000 ~ 60,000 (감수료 포함)	25,000 ~ 30,000	

---

[55] 정호정 외 (2007).『국가 번역 시스템 구축을 위한 기초연구』

⟨표 13.3⟩ 언어조합별 일반번역업체 번역요율 분포   (단위: 천원)

언어조합	영→한	한→영	일→한	한→일	중→한	한→중
가격 분포	9~18	14~35	8~18	13~28	7~18	12~50
밀집 가격대	12~15	18~20	12~14	18~20	15	20
언어조합	불,독→한	한→불,독	러,서→한	한→러,서	기타→한	한→기타
가격 분포	18~35	25~52	20~40	35~60	25~70	35~120
밀집 가격대	25	35	30	40~45	40~50	60~70

기타 제시기준	■ A4 용지, 12 포인트, 25라인, 상하좌우여백 3cm (가장 일반적) ■ 한글 200~220 단어, 영어 220~300단어, 일중 600~800자 ■ 원어민 감수 30~50% 추가 ■ 기술, 전문번역 120~150%, 의학 130~160%, 문학,예술 200%

　번역사의 전문적 훈련 여부 및 자격요건 이외에도, 감수료의 포함 여부가 번역료에 영향을 준다. 동일한 전문번역기관의 경우에도 도착어 원어민의 언어감수(linguistic proofreading & editing)을 포함한 서비스를 원칙으로 하고 있는 경우와 번역발주자의 희망에 따라 별도비용 부담을 전제로 감수 서비스를 제공하는 경우로 나뉜다.

　일반 번역업체의 경우 도착어 원어민에 의한 감수료를 30~50%까지 추가로 요구하는 경우가 많은데, 이는 시장에서 가격경쟁력으로 승부하기 위하여 번역료를 상대적으로 낮게 책정하는 대신 감수료 비중을 높여 전체적인 수입을 높이려는 상술로 인한 경우가 많다.

　이상에서 살펴본 것과 같이 실용전문번역을 수행하고 있는 번역사들은 전문번역훈련 여부와 실제 제공하는 번역서비스의 수준에 따라 천차만별이다.

13.3. 문학출판 번역 및 일반출판 번역

13.3.1. 인바운드 번역 시장

문학출판 및 일반출판을 위한 번역은 번역대상언어의 언어조합방향에 따라 외국어로 생산된 출발텍스트를 우리말로 옮기는 '모국어로의 번역(inbound translation)'과 우리말로 생산된 출발텍스트를 외국어로 옮기는 '외국어로의 번역(outbound translation)'으로 나눌 수 있다. 정호정 등이 집필한 『국가번역시스템을 위한 기초연구 보고서』에 따르면 모국어로의 번역에 해당되는 국내 문학 및 일반 번역출판 시장 규모는 연간 5천억 원으로 추정되며, 우리나라는 세계 최고의 저작권 수입 번역출판국이다. 구체적으로는 <표 13.4>에 나와 있는 것처럼 국내의 인바운드 번역서 비중은 발행종수를 기준으로 2004년 현재 28.5%인데, 체코와 함께 세계 1위(뉴욕타임스, 2007.4.15자 보도) 수준이다. 바꾸어 말하면 발행종수 대비 국내 발행신간도서 4권 가운데 1권은 번역서인 셈이다.

〈표 13.4〉 해외 번역도서 비중 추이[56]

(단위 : 종, %)

분야	1996	1997	1998	1999	2000	2001	2002	2003	2004	2005	2006
총발행종수	32,256	33,610	36,960	35,044	34,961	34,279	36,186	35,371	35,394	43,598	45,521
번역서	4,834	6,129	6,633	6,860	8,839	9,680	10,444	10,294	10,088	8,938	10,482
구성비(%)	15.0	18.2	17.9	19.6	25.3	28.2	28.9	29.1	28.5	20.5	23.0

---

[56] 출전: 대한출판문화협회(납본대행 도서기준), 한국문학원『국가번역시스템을 위한 기초연구 보고서』에서 인용.

도서판매량을 기준으로 할 때는 인바운드 번역도서의 영향력이 월등히 커진다. 특히 소설의 경우 <표 13.5>에서 나타나 있는 것처럼 인바운드 번역이 이루어지는 외국소설의 번역출판의 비중은 전체 소설 판매시장에서 약 70%의 점유율을 차지할 만큼 급성장하고 있다.

<표 13.5> 국내외 소설의 매출 비율[57]   (단위 : %)

연도	판매량 비중		매출액 비중	
	국내소설	외국소설	한국소설	외국소설
2002	44.5	55.5	42.7	57.3
2003	38.2	61.8	37.8	62.2
2004	32.3	67.7	33.6	66.4
2005	31.7	68.3	32.7	67.3
2006	32.2	67.8	32.8	67.2
2007(4월말)	30.6	69.4	31.1	68.9

바꾸어 말하면 번역출판시장이 점차 확대추세에 있다는 말이고, 이는 다시 모국어로의 문학출판 및 일반출판 번역 시장의 전망도 밝다는 해석이 가능해진다. 특히 <표 13.6>에서 나타나고 있는 것처럼 미국과 영국 등 영어권 및 일본어로부터 우리말로 이루어지는 출판번역시장은 매우 전망이 있는 것으로 보아진다.

<표 13.6> 문학 및 일반 번역출판 대상 도서의 수입국 현황

일본	미국	영국	프랑스	독일	중국	이탈리아	러시아
42.2%	26.6%,	8.5%,	6.5%,	6.2%,	2.6%,	2.2%,	1%

---

[57] 교보문고 온·오프라인 전체 매출 기준. 한국문학원 『국가번역시스템을 위한 기초연구 보고서』에서 인용.

주제분야별로 세분한 분야별 번역출판도서 발행 현황을 정리한 것이 <표 13.7>이다.

〈표 13.7〉 인바운드 번역출판 도서의 분야별 발행 종수[58]

구 분 분 야	번역 종수 (종)						점유율 (%) [번역서 전체 대비]					
	2001	2002	2003	2004	2005	2006	2001	2002	2003	2004	2005	2006
총 류	13	3	14	89	33	32	0.1	0.0	0.1	0.9	0.4	0.3
철 학	180	169	215	250	301	334	1.9	1.6	2.1	2.5	3.4	3.2
종 교	399	321	382	403	319	459	4.1	3.1	3.7	4.0	3.6	4.4
사회과학	728	772	849	1,002	883	1,257	7.5	7.4	8.2	9.9	9.9	12.0
순수과학	143	182	204	148	153	195	1.5	1.7	2.0	1.5	1.7	1.9
기술과학	411	456	487	329	289	352	4.2	4.4	4.7	3.2	3.2	3.4
예 술	260	236	264	262	196	303	2.7	2.3	2.6	2.6	2.2	2.9
어 학	163	174	189	148	103	109	1.7	1.7	1.8	1.5	1.2	1.0
문 학	1,387	1,682	1,749	1,823	1,833	2,057	14.3	16.1	17.0	18.1	20.5	19.6
역 사	132	201	225	272	244	327	1.4	1.9	2.2	2.7	2.7	3.1
학습 참고	27	42	68	9	17	36	0.3	0.4	0.7	0.1	0.2	0.3
아 동	1,570	2,443	2,048	2,245	1,923	2,290	16.2	23.4	19.9	22.2	21.5	21.8
만 화	4,267	3,763	3,600	3,108	2,644	2,731	44.1	36.0	35.0	30.8	29.6	26.1
계	9,680	10,444	10,294	10,088	8,938	10,482	100.0	100.0	100.0	100.0	100.0	100.0

13.3.2. 아웃바운드 번역 시장

문학 및 일반 출판을 위한 외국어로의 출판번역(outbound translation)은 해외저작물의 인바운드 번역출판에 비해 상대적으로 저조하다. 한국출판연구소가 최근 국내의 주요 저작권 에이전시를 대상으로 조사한 바에 따르면, 지난 2000년부터 2006년까지 해외로 수출된 국내 도서는 총 1,605종 2,992권으로 추계되었다. 여기에 조사 대상업체 이외의

---

[58] 출처 : 대한출판문화협회. 정호정 외(2007). 『국가번역시스템을 위한 기초연구 보고서』에서 인용.

에이전시, 출판사와 저자에 의한 직접 수출 등을 감안하면, 지난 7년 사이에 대략 2,000종 4,000권 정도의 저작권 수출이 이뤄진 것으로 추산된다. 주목할 점은 2002년 전후로 시작된 한류 열풍을 배경으로 우리 도서의 저작권 수출이 점차 증가하고 있음을 알 수 있는데, 이는 다시 우리 도서에 대한 아웃바운드 번역의 수요 증가로 이어질 것을 기대할 수 있다.

국가별로 우리 도서의 저작권 수출 현황을 세분해보면, 인접국인 중국, 대만, 일본, 그리고 한류의 기류를 따라 점차 동남아로 저작권 수출 권역이 확대되고 있지만, 서양으로의 수출은 거의 미미한 수준에 머물러 있음을 알 수 있다. 구체적으로는 2004~2006년 사이의 수출 실적을 기준으로 할 때 한국 도서 저작권의 수입국 비중은 중국(32%), 대만(27%), 태국(16%), 일본(16%) 등 아시아권이 전체의 94.5%로 절대적 비중을 차지하는 반면, 미국과 유럽의 비중은 각각 2.6%, 기타가 0.3% 정도에 불과하다. 도서의 종별 구성은 아동/학습과 만화 등 주로 어린이 대상 도서가 전체 저작권수출의 42%를 차지하며, 유명인의 에세이나 한류 관련 원작소설 등의 순으로 높은 비중을 나타내고 있다. 지역별로도 선호하는 도서종류가 달라, 일본은 한류 관련서와 순수문학·영어학습·논픽션 분야의 도서를 선호하는데 비해, 중국은 인터넷소설과 학습만화를, 대만은 아동서와 영어학습서 수입을 선호한다. 최근에는 아시아권에서의 한류 붐이 사그라들기 시작하면서 드라마와 영화의 원작소설 등 한류 관련서 및 아동서 중심이던 수출 분야가 비소설, 실용(건강·취미), 경제 경영, 학습, 과학, 인문 분야에 이르기까지 저변이 확장되는 경향을 보이고 있다. 따라서 다양한 분야에 대한 일본어나 중국어로의 아웃바운드 번역 수요가 커지기 시작하고 있다.

아웃바운드 출판번역과 관련하여 중요한 것이 우리 문학작품에 대한 외국어로의 번역출판이다. 이 경우 시장원리에만 맡겨질 경우 번역수요가 사실상 매우 미미한 수준에 불과하다. 때문에 이 분야의 번역출판을 장려하기 위한 지원이 제한적으로나마 이루어지고 있다. 대표적인 것이 준정부기관인 한국문학번역원과 민간기구인 대산문화재단의 문학 번역 지원이다.

　한국문학번역원은 1996년 그 전신인 한국문학번역금고가 설립된 이후 현재에 이르기까지 모두 총 27개의 언어로 776개 문학작품의 아웃바운드 번역을 지원했다. 대산문화재단의 경우 시상 첫해인 1993년부터 현재에 이르기까지 모두 총 18개의 언어로 223개 작품을 선정하여 번역출판을 지원하였다. 두 기관 모두 지원대상으로 선정된 번역에 대해 1500~2000만원의 번역지원금을 지급하고 있으며, 특히 한국문학번역원에서는 '번역신인상' 제도를 통해 신진 번역작가들의 참여문호를 열어놓고 있다.

〈표 13.8〉 한국문학번역원 및 대산문화재단 번역지원금 내역(2001~2007년)

(단위 : 천 원)

연도	지원금 규모	지원 건수	총 지원액	지원금 규모	지원 건수	총 지원액	
2001	1,500	15	22,500	1,500	13	19,500	42,000
2002	1,500	34	51,000	1,500	12	18,000	69,000
2003	1,500	34	51,000	1,500	12	18,000	69,000
2004	1,500	47	70,500	1,500	12	18,000	88,500
2005	1,500	72	108,000	1,500	12	18,000	126,000
2006	1,600	62	99,200	1,500	12	18,000	117,200
2007	1,600	16	25,600	1,500	12	18,000	43,600
총계		280	427,800		85	127,500	555,300

(한국문학번역원과 대산문화재단 합계)

13.3.3. 인바운드 일반 출판 번역

대부분의 출판사에서 일반 출판번역을 위해 이루어지는 번역은 외국어에서 한국어로의 언어조합방향, 곧 인바운드 번역이 거의 대부분이라 할 수 있다.

번역료 지급 방식은 '일시불 지급' 혹은 '매절 방식'과 '인세(印稅) 방식'의 둘로 크게 나뉜다. 번역 완료 후 번역료를 번역원고량을 기준으로 일시불로 지급하는 '일시불 지급 방식' 혹은 '매절 방식'은 번역원고가 책으로 출판된 이후 책의 판매고에 따라 일정 금액을 인세로 지불하는 '인세방식'보다 보편적으로 많이 쓰인다. 출판계 관계자에 따르면 예전에는 인세방식이 약간 늘어나는 추세였으나, 최근에는 A급 번역사들을 중심으로 다시 일시급 지급방식으로 환원되는 경향이 나타나고 있다.

번역요율은 인바운드 번역의 경우 번역사 등급에 따라, 출판사 규모에 따라, 출발어에 따라 차등 적용된다. 출판사 규모를 기준으로 할 때 상위 출판사일수록 200자 원고지 1장당 출발어가 영어일 때 3,000~4,000원 수준의 원고료를 지불하는 비중이 상대적으로 더 높다.

국내출판사에서 외국도서를 번역출판하는 방식은 대개 두 가지이다. 하나는 출판사에서 출판하고자 하는 도서를 미리 선정하여 원하는 번역사에게 번역을 의뢰하는 경우이다. 이 경우에는 신진번역사에게 기회가 주어질 가능성이 별로 높지 않다. 두번째로는 번역사가 번역출판하고자 하는 도서를 선정하여 이를 가지고 출판사에게 번역출판을 제의하는 경우이다. 이 경우 출판사에서는 번역사에게 A4용지 3~4매 정도의 길이로 '북 리뷰(book review)'나 '출판제의서(pubilcation proposal)'를 제출할 것을 요구하는 경우가 대부분이다. 이때 포함될 내용은 다음과 같다.

❶ 서명 및 저자, 출판년도, 출판사 등에 대한 서지정보
❷ 저작권 현황
❸ 도서의 구체적인 주제
❹ 동일하거나 유사한 분야의 다른 도서와 비교한 출판대상도서의 특징
❺ 구체적인 대상독자와 시장성/판매가능성 전망
❻ 번역사 약력
❼ 번역기간을 포함한 번역 계획

출판사에서는 이를 검토하여 번역 의뢰 및 출판 여부를 결정짓게 된다. 이때 위 사항에 대한 정보 이외에도 번역출판을 제안한 번역사의 전문주제지식은 물론 문장력도 함께 고려대상이 되므로 출판제안서 작성에 신중을 기해야 한다.

이외에도 중요한 고려사항의 하나가 저작권 처리문제이다. 우리나라는 1979년 세계지적소유권기구설립협약에, 1987년에 세계저작권협약에 가입한 회원국이며, 1986년 체결된 베른조약에도 1996년부터 회원국으로 활동하고 있다. 이에 따라 국내 저작권법이 일부 개정되어 1996년부터 시행되어 오고 있다. 해외도서의 국내출판을 위해서는 우선 그 도서의 저작권소유자 또는 그 대행사와 접촉해 번역출판과 관련한 저작권 처리 문제를 해결해야 한다. 이와 관련해 번역사는 다음의 방식을 취할 수 있다.

❶ 번역출판할 출판사와의 접촉 이전에 자신이 저작권자와의 직접 접촉을 통해 저작권 처리 문제를 매듭짓는다. 이 경우 출판사와의 번역출판협상은 쉬워질 수도 있지만 이와 관련한 접근방식이나 절

차를 모르는 경우에는 비용과 노력면에서 효율적인 방안이 아닐 수 있다.
❷ 번역출판할 출판사와의 접촉 이전에 저작권 대행사를 통해 저작권 문제를 해결한다.
❸ 번역출판할 출판사에 저작권 문제 처리까지 일괄위임해 처리한다. 일정 규모 이상의 출판사는 대부분 자체 저작권 팀을 운영하거나 긴밀하게 관계를 갖고 협력하는 저작권 처리 대행사를 갖고 있다.

13.4. 영상번역

13.4.1. 영상번역의 중요성

우리 사회에서 영상번역은 문어텍스트 번역에 비해 양적으로도 열세이고, 번역 분야 내에서도 상대적 우위를 차지하지 못해왔다. 그러나 최근 세계화 국제화 시대가 본격화되고 FTA의 체결을 통해 우리의 방송 문화 시장이 급속히 개방됨에 따라 외국 프로그램의 유입이 크게 늘어나고 있으며, 이에 따라 우리 방송 및 영화 시장에서 차지하는 비중이 급격히 높아지고 있다. 당연히 영상번역의 중요성도 따라서 날로 신장되고 있다

영상번역 수요를 생각할 때 고려할 것이 번역방향이다. 지금까지는 해외 영상물을 들여와 우리말로 옮기는 '모국어로의 번역(inbound translation)'의 비중이 훨씬 높았다. 그러나 한류의 세계적 확산 가능성이 높아지면서 우리나라 영화와 드라마 등 영상물의 해외수출이 크게 늘고 있는 현실에서 앞으로는 '외국어로의 번역(outbound translation)'의 중요성도 함께 높아질 것으로 기대된다.

13.4.2. 영상번역의 정의

영상번역이란 시각정보와 청각정보로 이루어지는 복합 모드 텍스트를 문어 텍스트로 전환하는 번역방식을 말한다. 번역 모드에 따라 '자막번역(subtitle translation)', '더빙번역(dubbed translation)', '보이스오버(voice-over)'가 있다. 이때 더빙번역이나 보이스오버의 경우에는 복합 모드 텍스트를 문어 텍스트로 일단 변환한 다음 다시 청각정보로 바꾸어주는 후속 작업이 뒤따른다.

영상번역의 대상은 비디오테이프, CD, DVD 등과 같이 영상을 담고 있는 다양한 매체의 영상물이다. 분야별로는 영화, 드라마, 다큐멘터리, 토크쇼, 리얼리티 쇼, 애니메이션, 홍보 영상물 등 다양한 분야를 포함한다.

드라마 자막번역의 예[59]

---

[59] 미국 유명 드라마 시리즈 <Friends>의 화면 캡처

13.4.3. 영상번역의 종류

앞에서 언급한 것처럼 영상번역은 자막번역, 더빙번역, 보이스오버로 나뉜다. 자막번역이란 음성정보로 이루어진 출발텍스트를 문어텍스트로 변환하여 화면 위에 문자로 전달하는 번역 방식을 말한다. 이때 자막은 극장용 영화의 경우 화면 오른쪽 상단이나 화면 하단 중앙에 위치하게 되고, 방송용의 경우에는 통상적으로 화면 하단 중앙에 위치한다. Mera(1999: 75)는 "[영상물에서] 출발텍스트 등장인물의 실제 목소리를 듣게 되면 출발텍스트의 구체적인 대화나 줄거리 구조를 이해하기가 쉬워질 뿐 아니라 그들의 지위나 관계를 이해하기 위해 필요한 열쇠도 함께 찾을 수 있게 된다"는 말로 자막번역의 장점을 설명한다.

더빙번역이란 형식적으로는 번역텍스트를 목소리 배우나 성우 등의 목소리로 녹음하여 청각정보로 전달하는 방식을 말하는데, "외국어로 이루어지는 대화를 영화 속 배우의 입놀림과 동작에 맞추게 된다(Dries 1995: 9, Shuttleworth & Cowie 1997: 45에서 인용)." 내용적으로는 도착텍스트 청중들로 하여금 등장인물들이 실제로 말하고 있는 것처럼 생각하게 만드는 것이 중요하다.

영상번역의 마지막 유형인 보이스오버(voice-over)란 번역텍스트를 성우 등의 목소리로 다시 녹음하여 청각정보로 전달한다는 점에서는 더빙번역과 같다. 그러나 이때 원 출발텍스트 화자의 음성을 완전히 배제하지 않은 상태에서 그 위에 새로 녹음한 성우의 목소리를 입힌다는 점에서 차이가 있다.

13.4.4. 영상번역의 특징

Shuttleworth & Cowie(1997)에 따르면 영상번역의 특징은 크게 (1) 복합정보의 사용 (2) 대중적 번역 (3) 언어의 경제성 추구 (4) 번역사용자에 대한 충실성 (5) 문화적 고려의 중요성을 꼽을 수 있다.

우선 영상번역을 위해서는 화면에 영상으로 전달되는 시각정보와 귀로 들리는 청각정보를 동시에 사용하여 메시지를 전달하게 되므로 복합정보를 사용하게 된다. 또 출발텍스트와 도착텍스트 사용자가 모두 불특정다수의 일반인으로 사용자 집단의 이질성(heterogeneity)이 높다. 따라서 특정집단의 교육수준이나 기대를 전제로 이에 부응하는 접근법보다는 대중을 겨냥한 번역을 하게 된다. 세번째로 화면제약 등으로 인해 간결하고 경제적인 표현을 중시하게 된다. 또 출발텍스트 내용이나 출발텍스트 저자에 대한 충실성보다는 도착텍스트의 도착어 표현의 완성도, 가독성, 이해용이성 등 도착텍스트 대상독자에 대한 전달 효과에 우선순위를 두게 되어 도착텍스트 사용자에 대한 충실성이 가장 중요한 평가기준이 된다. 마지막으로 꼽을 수 있는 특징이 문화적 고려의 중요성이다. 영상번역 대상 텍스트는 그것이 생산된 언어문화권에 고유한 문화특수적 정보를 담고 있는 경우가 많아 출발텍스트 사용자와 도착텍스트 사용자가 각각 갖고 있는 배경지식이나 문화경험이 차이가 많이 날 수 있다. 때문에 이런 문화간극을 인식하고 도착텍스트 사용자를 위해 문화중개를 해야 할 필요성이 매우 높아지므로, 필요한 만큼의 문화중개를 하기 위한 문화적 고려가 매우 중요해진다.

13.4.5. 영상번역의 원칙

영상번역은 크게 (1) 시간·공간적 제약 존중 (2) 표현의 경제성 확보를 위한 노력 (3) 영상정보와 청각정보의 동시 활용 (4) 화면 전개와 도착텍스트 내용의 일치 여부 확인 필요라는 네 가지 원칙을 중심으로 이루어진다.

우선 시간·공간적 제약 존중이란 일정한 양적(量的) 제약 내에서 자막이나 더빙 텍스트를 확정하는 것을 말한다. 영상번역의 결과물로서의 자막은 화면의 전개내용에 맞추어 해당 화면이 전환되기 전까지 평균적인 시청자가 읽을 수 있는 정도의 양으로 작성되어야 한다. 한글의 경우는 띄어쓰기를 제외하고 극장용 영화는 화면당 2줄을 기준으로 한 줄당 8자까지, 비디오용 영화는 화면당 2줄을 기준으로 한 줄당 13자까지 허용된다. 영어의 경우는 띄어쓰기를 포함하여 화면당 2줄을 기준으로 한 줄당 81자까지의 공간을 활용할 수 있다. 반면 더빙 번역이나 보이스오버의 경우는 원칙적으로 출발텍스트의 음성정보가 지속되는 시간 동안만 번역결과물을 청각정보로 전달해야 하는 시간적 제약에 따라 번역이 이루어져야 한다.

두번째 원칙은 첫번째 및 세번째 원칙과 밀접한 연관이 있다. 즉 영상번역의 결과물이 텍스트의 양적 제약을 지켜야 하기 때문에 도착텍스트의 표현은 경제적으로 하는 것이 중요하다. 따라서 출발텍스트의 모든 정보를 문자(자막번역의 경우)나 대사(더빙과 보이스오버의 경우)로 처리하려고 하지 말고, 자막이나 대사가 사용되는 해당 화면의 영상정보를 충분히 활용할 수 있어야 한다. 바꾸어 말하면 출발텍스트의 정보를 전달하는 과정에서 영상을 통해 전달이나 보완이 불가능한 꼭 필요한 정보만을 자막이나 대사로 전달해야 한다.

　마지막으로 화면과 도착텍스트 내용이 일치하는지 반드시 확인하는 것이 필요하다. 번역사의 미숙으로 한 화면에서 처리가 끝나야 할 자막이나 대사가 다음 화면까지 이어져 제공되는 경우도 있고, 부주의에 의해 화면내용과 자막/대사가 일치하지 않는 경우도 있다. 따라서 이런 실수로 인해 번역텍스트에 대한 신뢰도와 수용가능성이 떨어지지 않도록 확인하는 노력을 게을리 하여서는 안될 것이다.

|참|고|문|헌|

정호정(2007). 「동일한 언어로 말하기: 번역학 연구를 위한 용어 통일의 시급성」.『국제회의 통역과 번역』, 9(1): 173-204. 서울: 한국문화사.

정호정, 염행일, 신지선(2007).『국가 번역 시스템 구축을 위한 기초연구』서울: 한국문학번역원.

최정화(1998).『통역 번역 입문』, 서울: 신아사

Austin, J. L. (1992). *How to do Things with Words,* Cambridge, MA: Harvard Univ. Press.

Baker, M. (1992). *In Other Words: A Coursebook on Translation,* London & New York: Routledge.

Baker, M. (1998). "Norms." In Baker, M. (ed.) *Routledge Encyclopedia of Translation Studies,* 163-165. London & New York: Routledge.

Bakker, M., Koster, C., & Leuven-Zwart, K. van (1998). 'Shifts of Translation', In Baker, M. (ed) *Routledge Encyclopedia of Translation Studies,* 226-231. London & New York: Routledge.

Bassnet, S. (1980 [1991]). *Translation Studies,* London & New York: Routledge.

Benjamin, W. (1923 [1969]). 'The Task of the Translator: An Introduction to the Translation of Baudelaire's *Tableaxu Parisiens*', in Walter Benjamin, *Illuminations,* (ed) Hannah Arendt, trans. Harry Zohn, New York: Schochen Books, 69-82.

Blum-Kulka, S. (1986). 'Shifts of Cohesion and Coherence in Translation', in House and Blum-Kulka (eds) 17-35.

Blum-Kulka, S., & Levinson, E. (1983). 'Universals of Lexical Simplification', in Claus Faerch and Gabriele Kasper (eds)

Strategies in Inter-Language Communication, London & New York: Longman, 119-39.

Catford, J. C. (1965 [1980]). *A Linguistic Theory of Translation: An Essay in Applied Linguistics*, London: Oxford Univ. Press, trans. Centro de Especialização de Tradutores da Pontificia Universidade Católica de Campina as *Uma teoria lingüistica da tradução*, 1980, São Paulo: Cultrix.

Cheong, H-J. (2004). *Translated Text Expansion and Contraction Phenomena: A Corpus-Based Study of Quantitative Target Text Changes as Reflective of Translator Mediation*, Unpublished Doctoral Dissertation, Seoul: Hankook Univ. of Foreign Studies.

Cheong, H-J. (2006). 'Target Text Contraction in English-into-Korean Translation: A contradiction to presumed translation universals?' *META*.

Chesterman, A. (1993). 'From "Is" to "Ought": Laws, Norms and Strategies in Translation Studies', *Target* 5(1): 1-20.

Delisle, J. D., Lee-Jahnke, H., & Cormier, M. (1999). *Translation Terminology*. Amsterdam & Philadelphia: John Benjamins.

Durieux, C. (1988). *Fondement didactique de la traduction technique*, Paris: Dider-Érudition. (이향·박시영 옮김(2003), 『전문번역 어떻게 가르칠 것인가?』, 서울: 고려대학교 출판사.

Fillmore, C. (1975). An alternative to checklist theories of meaning. *BLS. 1*. 123-131.

Fillmore, C. (1982). Frame semantics. In Linguistic Society of Korea (Ed.), *Linguistics in the Morning Calm* (pp. 111-138). Seoul: Hanshin.

Fillmore, C. (1985). Frames and the semantics of understanding. *Quaderni di Semantica, 6(*2), 222-253.

Fillmore, C. (1992). 'Corpus linguistics' vs. 'computer-aided armchair linguistics'. *Directions in corpus linguistics* (pp. 35-60), Mouton de Gruyter (Proceedings from a 1992 Nobel Symposium on Corpus Linguistics, Stockholm).

Fillmore, C., & Atkins, B.T. (1992). Towards a frame-based lexicon: the case of RISK. In A. Lehrer & E. Kittay (Eds.), *Frames and fields* (pp. 75-102). Erlbaum Publishers.

Fillmore, C., & Atkins, B.T. (1994). Starting where the dictionaries stop: The challenge for computational lexicography. In B. T. Atkins & A. Zampolli (Eds.), *Computational approach to the lexicon*. Oxford: Oxford Univ. Press.

Gile, D. (1995). *Basic Concepts and Models for Interpreter and Translator Training*, Amsterdam & Philadelphia: John Benjamins.

Gliozzo, A. (2007a). 'Semantic Domains and Linguistic Theory', http://tcc.itc.it/ people/gliozzo, retrieved on August 1, 2007.

Gliozzo, A. (2007b). 'Domain Models in Lexical Semantics', http://tcc.itc.it/people/ gliozzo, retrieved on August 1, 2007.

Grice, H.P. (1975). *Logic and conversation*. Oxford Univ. Press.

Gutt, E-A. (1990). A theoretical account of translation-without a translation theory. *Target, 2*(2), 135-164.

Gutt, E-A. (1991). *Translation and relevance: Cognition and context.* Oxford: Blackwell.

Gutt, E-A. (1992). *Relevance theory: A guide to successful communication in translation*. New York: United Bible Societies.

Gutt, E-A. (1996). Implicit information in literary translation: A relevance-theoretic perspective, *Target 8(*2), 239-256.

Gutt, E-A. (1998). Pragmatic aspects of translation: Some relevance theory observations. In L. Hickey (Ed.), *The pragmatics of translation* (pp. 41-53), Clevedon: Multilingual Matters.

Gutt, E-A. (2000a). *Translation and relevance: Cognition and context,* 2nd edition, Manchester: St. Jerome.

Gutt, E-A. (2000b). Issues of translation research in the inferential paradigm of communication. In M. Olohan (Ed.), *Intercultural faultlines* (pp. 161-180). Manchester: St. Jerome.

Hatim, B. (1997). *Communication across cultures: Translation theory and contrastive text linguistics.* Devon: Univ. of Exeter Press.

Hatim, B. (2001). *Teaching and researching translation*. Harlow & New York: Longman.

Hatim, B., & Mason, I. (1990). *Discourse and the translator*. London & & New York: Longman.

Hickey, L. (Ed.) (1998). *The pragmatics of translation*. Clevedon: Multilingual Matters.

Holmes, J. (1972 [1987]). *The Name and Nature of Translation Studies*. Unpublished manuscript, Amsterdam: Translation Studies Section, Department of General Studies. Reprinted in Gideon Toury (ed) *Translation Across Cultures,* 1987, New Delhi: Bahri Publications, and in Holmes 1988, 66-80.

Holmes, J. (1988). *Translated! Papers on literary translation and translation studies*. Amsterdam: Rodopi.

House, J. (1977). *A model for translation quality assessment*. Tubingen: Gunter Narr Verlag.

House, J. (2001). Translating quality assessment: Linguistic description versus social evaluation. *Meta, 46(2)*, 243-257.

House, J., & Blum-Kulka, S. (Eds.), (1986). *Interlingual and intercultural communication*. Tubingen: Gunter Narr Verlag.

Hurtado-Albir, A (1990). *La Notion de Fidélité en Traduction*. Paris: Didier Eruditon.

Jakobson, R. (1959). 'On Linguistic Aspects of Translation', in Brower (ed) 232-9.

Katz, J. J. (1978). 'Effability and Translation', in Guenthner and Guenthner-Reutter (eds) 191-234.

Klaudy, K. (1993a). On explicitation hypothesis. In K. Klaudy et al. (Eds.), *Transferre necesse cet... Current Issues of Translation Theory: In Honour of Grörgy Radó on Hhis 80th birthday* (pp. 69-77). Szombathely: Dániel Berzsenyi College.

Klaudy, K. (1993b). Optional addition in translation. In *Translation the vital link. Proceedings of the XIII. FIT World Congress, 2* (pp. 373-381). London: ITI.

Klaudy, K. (1998). Explicitation. In M. Baker & K. Malmkjær (Eds.), *Routledge encyclopedia of translation studies* (pp. 80-85). London & New York: Routledge.

Köller, W. (1978). *EINFÜHRUNG IN DIE ÜBERSETZUNGSWISSENSCHAFT*. (박용삼 옮김(2000), 『번역학이란 무엇인가?』, 서울: 숭실대학교 출판사.

Kuβmaul, P. (1994). Semantic models and translating. *Target 6(*1), 1-13.

Kuβmaul, P. (1995). *Training the translator*. Amsterdam & Philadelphia: John Benjamins.

Lauscher, S. (2000). Translation quality assessment. *The translator, 6*(2), 149-168.

Laviosa-Braithwaite, S. (1998). Universals of translation. In M. Baker & K. Malmkjær (Eds.), *Routledge encyclopedia of translation studies* (pp. 288-293). London & New York: Routledge.

Lederer, M. (2000). 'The Role of Cognitive Complements in Interpreting'. In *Interpreting: Yesterday, Today and Tomorrow*. Amsterdam & Philadelphia: John Benjamins.

Lederer, M. (1999). The interpretive theory of translation: A brief survey. *Conference Interpretation and Translation, 1*, 15-28.

Leppihalme, R. (1996). Caught in the frame. *The Translator, 2(*2), 199-218.

Leppihalme, R. (1997). *Culture bumps*: *An empirical approach to the translation of allusions*. Clevedon & Philadelphia: Multilingual Matters.

Levý, J. (1967). Translation as a decision process. In *To honor Roman Jakobson: Essays on the occasion of his 70th birthday, 2* (pp. 1171-1182). The Hague.

Lörscher, W. (1992). *Investigating the translation process. Meta, 37*(3).

Mason, I. (2001). *Triadic exchanges*: *Studies in dialogue interpreting*. Manchester: St. Jerome.

Miller, G. (1956). The Magical Number Seven, Plus or Minus Two: Some Limits on Our Capacity for Processing Information.

Munday, J. (2001). *Introducing translation studies*: *Theories and applications*. London & New York: Routledge.

Neubert, A. (1985). *Text and Translation,* (Übersetzung wissenschaftliche Beiträge 8), Leipzig: VEB Verlag Enzyklopädie.

Neubert, A. (2001). Shared ground in translation studies dependent on shared views of looking at translation. *Target, 13*(2), 333-339.

Neubert, A., & Shreve, G. (1992). *Translation as text.* Kent & London: The Kent State University Press.

Newmark, P. (1981). *About translation*. Clevedon & Buffalo: Multilingual Matters.

Newmark, P. (1982). *Approaches to Translation,* Oxford: Pergamon Press.

Newmark, P. (1988). *A Textbook of Translation,* Prentice Hall.

Newmark, P. (1998). *More paragraphs on translation*. Clevedon & Philadelphia: Multilingual Matters.

Nida, E. (1964). *Toward a science of translating*: *With special reference to principles and procedures involved in Bible*. Leiden: E.J. Brill.

Nida, E. (2002). *Contexts in translating.* Amsterdam & Philadelphia: John Benjamins.

Nida, E., & Taber, C. (1969). *The theory and practice of translation*. Leiden: E.J. Brill.

Nord, C. (1991). *Text analysis in translation*. Amsterdam: Rodopi.

Nord, C. (1996). Revisiting the classics: Text type and translation method-An objective approach to translation criticism. *The Translator, 2*(1), 81-88.

Nord, C. (1997a). *Translating as a purposeful activity*: *Functionalist approaches explained*. Manchester: St. Jerome.

Nord, C. (1997b). 'A Functional Typology of Translations', In Trosborg (ed) *Text Typology and Translation,* 43-66.

Pym, A., and Turk, H. (1998). 'Translatability', In Baker, M. (ed) *Routledge Encyclopedia of Translation Studies,* London & New York: Routledge.

Qian, H. Looking at interpretation from a communicative perspective.

*Babel, 40(*4), 214-221.
Schank, R., & Abelson, R. (1977). *Scripts, plans, goals and understanding.* Hillsdale, NJ: Lawrence Erlbaum.
Schleiermacher, F. (1813). Über die verschiedenen Methoden des Übersetzungs', in Störig (ed) 1963, 38-70; trans. By Andre Lefevere (1977) as 'On the Different Methods of Translating' in *Translating Literature,* 67-89.
Seleskovitch, D., & Lederer, M. (1998). *Approaches to Interpretation.*
Seleskovitch, D. (1967).*Interpreting for international conferences*: *Problems of language and communication.* Paris: Didier-Eruditio. (정호정 옮김(2002), 『국제회의통역에의 초대』, 서울: 한국문화사)
Seleskovitch, D. (1980). Translating: From experience to theory. In W.K. Winckler & J.A. Valls (Trans.), *Bulletin of the South African Institute of Translators and Interpreters, 2*(80).
Seleskovitch, D. (1986). Interpreting vs. translating. In K. Kummer (Ed.), *Proceeding of the 2nd annual conference of the ATA.* Learned Redford: Inpermahon Inc.
Seleskovitch, D. (1987). Context-free language and sense in translation. In Lörscher, Wolfgan and Schultze, R. (Eds.), *Perspectives on Langauge in Performance.* Tubingen: Gunter Narr Verlag.
Seleskovitch, D. (1997). Why interpreting is not tantamount to translating languages. *The incorporated linguist,* 16(2).
Shama'a, N. (1978). 'A Linguistic Analysis of Some Problems of Arabic to English Translation', DPhil Thesis, Oxford University.
Shlesinger, M. (1989). 'Extending the Theory of Translation to Interpretation: Norms as a Case in Point', *Target 1*(1): 111-15.
Shuttleworth & Cowie (1997). *Dictionary of Translation Studies,* Manchester: St. Jerome.
Snell-Hornby, M. ([1987] 1995). *Translation studies*: *An integrated approach.* Amsterdam & Philadelphia: John Benjamins.
Sperber, D., & Wilson, D. (1986). *Relevance*: *Communication and cognition.* Oxford: Blackwell.

Steiner, G. (1998). *After Babel: Aspects of language and translation*. Oxford: New York: Oxford Univ. Press.

Tannen, D. & Wallt, C. (1993). Interactive frames and knowledge schemas in interaction: Examples from a medical examination/interview. In D. Tannen (Ed.), *Framing in Discourse* (pp. 57-76). New York & Oxford: Oxford Univ. Press.

Tannen, D. (1993b). What's in a frame? Surface evidence for underlying expectations. In D. Tannen (Ed.), *Framing in discourse* (pp. 14-56). New York & Oxford: Oxford Univ. Press.

Tannen, D. (1994). The pragmatics of cross-cultural communication. *Applied linguistics, 5(3)*, 189-195.

Tannen, D. (Ed.). (1993a). *Framing in discourse*. New York & Oxford: Oxford Univ. Press.

Toury, G. (1991). 'What are Descriptive Studies into Translation Likely to Yield apart from Isolated Descriptions', in van Leuven-Zwart & Naaijens (eds).

Toury, G. (1995). *Descriptive translation studies and beyond.* Amsterdam & Philadelphia: John Benjamins.

Trosborg, A. (Ed.) (1997). *Text typology and translation*. Amsterdam & Philadelphia: John Benjamins.

Vanderauwera, R. (1985). *Dutch novels translated into English: The transformation of a "minority" literature.* Amsterdam: Rodopi.

Venuti, L. (1995). *The translator's Invisibility. A history of translation.* London & New York: Routledge.

Venuti, L. (1998). *The scandals of translation: Towards an ethics of difference.* London & New York: Routledge.

Vermeer, H. (1983). *Translation theory and linguistics,* in Pauli Roinila, Ritva Orfanos & Sonja Tirkkonen-Condit (eds) *Näkökohtia käänämisen tukimuksesta* (10). 1-10

Vermeer, H. (1989). Skopos and commission in translation action. In A. Chesterman (Ed.), *Readings in translation theory.* Helsinki: Oy Finn Lectura Ab.

Vinay, J. P., & Darbelnet, J. (1958 [1995]). *Stylistique compare du francais et de l'anglais. Methode de traduction,* Paris: Didier; transl. Juan Sager and M-J Hamel as *Comparative Stylistics of French and English: A Methodology for Translation,* Amsterdam & Philadelphia: John Benjamins, 1995.

Wen-li, K. (1995). Culture and idiomaticity in translation. *Babel, 42(4),* 211-221.

Wilks, Y. (1980). Frames, semantics and novelty. In D. Metzing (Ed.), *Frame Conceptions and Text Understanding.* Berlin & New York: Walter de Gruyter.

Wilss, W. (1996). *Knowledge and skills in translator behavior.* Amsterdam & Philadelphia: John Benjamins.

Wilss, W. (1998). Decision making in translation. In M. Baker & K. Malmkjær (Eds.), *Routledge encyclopedia of translation studies* (pp. 57-60). London & New York: Routledge.

Wilss, W. (1999). *Translation and interpreting in the 20th century: Focus on German.* Amsterdam & Philadelphia: John Benjamins.

찾아보기

용어 찾아보기

■ 영문 ■

A language(A언어) ·············· 40
absolute translatability(절대적
　번역가능성) ················ 69, 72
absolute untranslatability(절대적
　번역불가능성) ·············· 69, 73
accent(액센트) ························ 194
acceptability(수용가능성)
　········· 111, 114, 116, 121, 218
accessibility(이해용이성)38, 44, 48,
　64, 78, 87, 88, 89, 97, 183, 216
accuracy(정확도) ····················· 183
act of translating(번역행위) ···· 120
active language(능동언어) ···· 40, 52
adaptation(번안) ············ 167, 175
addressee(피소통자) ············ 5, 12,
　14, 23, 26, 87, 129
adequacy(충분성) ········ 3, 111, 116
aesthetic effect(심미적 효과) ······ 70
aesthetic equivalence(심미적 등가)
···················· 105
aesthetic feature(심미적 특성) ··· 103
aggregate meaning(총체적 의미) · 81
ambiguity(중의성) ···················· 160
amplification(확장) ·················· 132
analysis(분석) ·························· 127
appeal-focused(효과중심) ·········· 138
applied extensions of the discipline
　(응용 확충분야) ··················· 146
applied Translation Studies
　(응용번역학) ················ 143, 145
approaches to Translation Studies
　(번역학에의 접근법) ············ 111
arbitrariness(자의성) ··················· 77
archaic language(의고체) ·········· 103
associated meaning(연관의) ·· 81, 83
association(연상작용) ···················· 82
attention(주의집중력) ······· 184, 193
audial information(청각정보)

228 찾아보기

·················· 214, 217
audience(청중) ················· 5
audience/readership design(청중/독자
　정의) ················ 127, 139
audio-visual text(시청각텍스트) · 202
author(저자) ····················· 5
avoidance of repetition(반복의
　기피) ······················· 118
B language(B언어) ········ 40, 51
background knowledge(배경지식)
　········ 47, 131, 158, 194, 216
belief system(믿음체계) ······ 77, 88
benefit(효용) ················ 26, 27
bi-directional/two-way interpretation
　(쌍방향 통역) ····· 181, 185, 186
biculturalism(양대문화중개능력) ·· 49
bilateral(쌍무적) ················ 186
book review(북 리뷰) ············ 211
borrowing(차용) ··········· 167, 173
bottom-up process(상향식 접근법)
　········ 157, 161, 163, 166, 176
broadcasting interpretation(보도통역)
　································· 182
C language(C언어) ·············· 40
calque(모사) ·············· 167, 173
categorization of interpretation
　(통역의 분류) ················ 181
categorization(범주화) ······· 41, 163

category shift(범주 전환)　167, 169
cautious universalism
　(신중한 보편주의) ············· 78
channel capacity(채널 용량)
　························ 131, 132
channel model(채널 모델)　127, 131
clause(절) ······················· 171
closest equivalent(최(最)근사치) 149
Code of Ethics((전문통역사)윤리강령)
　································· 57
code system(부호체계) ··· 12, 13, 35
code-switching(코드 변환) ········ 161
cognitive complements(인지적
　보완소) ····· 19, 36, 37, 87, 134
cognitive environment(인지환경)
　························ 27, 37, 87, 88
coherence(응결성) ·········· 118, 160
cohesion(응집성) ·················· 160
collocation(연어) ·················· 160
command of language(구사력) · 158
command of one's native language
　(모국어 구사력) ············· 46, 49
command of the source language
　(출발어 구사력) ······· 46, 47, 49
commands of two working languages
　(양대언어 구사력) ················· 49
communication act(커뮤니케이션
　행위) ······················· 11, 44

communication expert(커뮤니케이션
　　전문가) ················· 63
communication failure(의사소통의
　　실패) ················· 44
communication model(커뮤니케이션
　　모델) ················· 54
communication norms(의사소통 규범)
　　···················· 121
communication situation(커뮤니케이
　　션 상황) ··· 7, 8, 14, 18, 55, 76
communication success
　　(커뮤니케이션의 성공) ········ 7,
　　11, 12, 13, 14, 16, 21, 35, 54, 97
communication(의사소통) ········· 94
communicative clue(커뮤니케이션
　　열쇠) ··········· 26, 33, 87, 90
communicative effect(커뮤니케이션
　　효과) ··················· 11,
　　12, 18, 27, 97, 130, 150, 177
communicative intention(커뮤니케이
　　션 의도) ········ 14, 62, 74,
　　87, 88, 130, 131, 160
communicative interaction(소통적
　　상호작용) ··············· 20
communicative translation
　　(소통중심 번역) ············ 1,
　　17, 18, 143, 148, 151, 155
communicator(소통자)

················ 5, 12, 14, 87, 129
community interpretation
　　(커뮤니티 통역) ·· 181, 182, 183
conference interpretation
　　(회의 통역) ············ 181, 182
connotative equivalence
　　(내포적 등가) ·········· 102, 103
connotative meaning(내포의) ······ 82
consecutive interpretation(순차통역)
　　········ 181, 182, 183, 184, 188
consecutive(순차적) ········· 184, 186
constituents of meaning(의미의
　　구성요소) ··············· 69
content(내용) ············ 6, 41, 82
content-focused(내용중심) ········ 138
contextual assumption(맥락 가정)
　　····················· 27, 88
contextual effect(맥락효과) ··· 27, 87
contextual equivalence(맥락적 등가)
　　··················· 98, 106, 110
contextual equivalent(맥락적
　　등가표현) ··············· 105
contextual gap(맥락간극) ·········· 89
contextual information(맥락정보) 87
contextual knowledge(맥락지식) · 37
contextual word(맥락어) ··········· 105
contrastive analysis(대조연구) ··· 118
Convention Establishing the World

Intellectual Property Organization(세계지적소유권기구설립협약) ······································ 212
conventional equivalence(관용적 등가) ······· 98, 108, 174
conventional equivalent(관용적 등가표현) ················ 110
conventional meaning(관용의) ································ 81, 86
conversational turns(대화순서) ································ 30, 54
Cooperative Principle(협동의 원칙) ···················· 27, 28, 34
correspondence(대응) ···················· 43
correspondent(대응어) ·················· 99
cost-benefit model(비용-효용 모델) ·································· 14, 22
cost(비용) ··························· 26, 27
covert translation(내재적 번역) ······································ 144, 151
covert(내재적) ···························· 155
credibility(신뢰도) ······················ 218
cultural baggage(문화요소) ··········· 77
cultural barrier(문화장벽) ·························· 54, 79, 86, 129
cultural consideration(문화적 고려) ·································· 216
cultural contact(문화적 접촉) ···· 110

cultural difference(문화차이) ······· 97
cultural distance(문화적 거리) ···· 21
cultural diversity(문화적 다양성) ·································· 114
cultural experience(문화경험) ······················· 80, 94, 131, 216
cultural frame(문화적 틀) ··········· 95
cultural gap(문화간극) ················· 44, 45, 48, 77, 216
cultural lacunae(문화간극) ········· 160
cultural mediation(문화중개) ················ 45, 48, 78, 129, 216
cultural referent(문화적 지시대상) ·································· 175
culture-specificity of meaning(의미의 문화 특수성) ····· 69, 81
culture-specific(문화특수적) 88, 216
culture-specificity of a message(메시지의 문화특수성) ·········· 40
culture-specificity(문화특수성) ·· 22, 86, 88, 91, 94, 97, 131, 135, 136
culture-neutral(문화중립적) ········ 135
decision-making(의사결정) ········ 115
declarative knowledge(선언적 지식) ···························· 157, 158, 161
decoder(탈부호화 작업자) ············· 5
decoding(탈부호화) ·· 12, 13, 24, 35
delivery rate(전달도) ···················· 51

derived activity(파생행위) ········· 159
descriptive approach to Translation
descriptive use of language
　(기술적(記述的) 언어사용) · 150
dethronement of the ST
　(출발텍스트 지위 격하) ······· 111
deverbalization(탈언어화/의미도출)
　······················· 127, 135, 137
dialectical(변증법적) ·················· 146
dialogue interpretation(대화통역)
　······································ 183, 185
dictionary definition(사전적 의미) 81
Difficults of translation
　(번역의 어려움) ···················· 163
direct interpretation(직접통역방식)
　··· 186
direct translation(직접적 번역)
　·························· 143, 150, 151
directness of translation
　(번역의 직접성) ·········· 111, 116
discourse convention(담화 관습) 122
discourse transfer(담화 전이) ···· 119
documentary translation(기록적 번역)
　·························· 144, 152, 156
dubbed translation(더빙번역)
　················ 199, 214, 215, 217
dynamic equivalence(역동적 등가)
　··········· 98, 130, 132, 143, 149

dynamics of culture(문화역동성) 168
educational interpretation(교육통역)
　··· 183
effect equivalence(효과의 등가) 103
effect of delivery(전달 효과) ···· 216
emotive meaning(감성의) 81, 83, 84
encoder(부호화 작업자) ·················· 5
encoding(부호화) 12, 13, 23, 24, 35
encyclopedic knowledge(백과사전적
　지식) ······································ 47
equifunctional translation
　(기능유지번역) ············ 144, 154
equivalence types(등가 유형) ······ 98
equivalence(등가) ········· 3, 167, 175
equivalent(등가표현)
　············· 85, 99, 101, 169, 175
escort interpretation(수행통역)
　·························· 181, 183, 185
established correspondent
　(굳어진 대응어) ··················· 108
etymological equivalence
　(어원적 등가) ··············· 98, 106
etymological equivalent
　(어원적 등가어) ···················· 84
exoticizing translation(이국적 (번역)
　전략) ················· 144, 153, 154
expectancy norms(번역독자의
　기대규범) ······························ 121

explicature(명시의/외연의(언)외축)
······················· 22, 29, 34, 35,
   81, 82, 87, 103
explicit(명시적) ············ 24, 26, 140
explicitation(외연화) ················· 118
explicitness(명시성) ················· 118
expressive text type
   (표현중심텍스트유형) ·· 127, 202
expressive(표현중심) ················· 138
extralinguistic knowledge(언어외적
   지식) ································ 158
face saving(체면 존중) ················ 9
facilitator(조력자) ······················ 54
fatigue(피로) ···························· 184
faux amis, false friends(잘못
   짝지어진 대응어 쌍) ······· 81, 85
fidelity(충실성) · 3, 75, 76, 78, 216
figure of speech(비유적 표현) ···· 70
first-round communication(일차적
   커뮤니케이션) ········ 16, 54, 129
flouting(위반) ··············· 29, 33, 34
foreignization strategy(이국적
   번역전략) ·························· 167
foreignness(외래성) ··················· 176
form(형태) ······················ 6, 41, 82
formal correspondence(형태적 대응)
   ············ 99, 100, 130, 143, 149
formal equivalence(형태적 등가)

······································· 103
form-focused(형태 중심) ··········· 138
four maxims of conversation
   (대화의 4대 격률) ···· 22, 27, 28
four pillars(4대기둥) ··················· 46
frame and script theory(틀 및
   스크립트 이론) ··············· 81, 97
free translation(의역) ········· 69, 148
functional equivalence(기능적 등가)
   ································· 98, 104
functionalism(기능주의) ···· 127, 137
function-oriented DTS(기능 중심의
   기술적 접근법) ··················· 145
game theory(게임 이론) ··········· 159
general communication
   (일반적 커뮤니케이션) ········ 128
general translation theory
   (일반 번역이론) ············ 143, 145
generalist(제반분야전문가)40, 61, 62
generalization(일반화) ······· 111, 114
Grammar Translation Method
   (문법 번역법) ····················· 153
grammatical equivalent
   (문법적 등가어) ···················· 70
Gravity Model(중력 모델) ········ 192
headset(헤드셋) ························ 184
heterofunctional translation
   (기능변경번역) ···· 144, 154, 162

heterogeneity(이질성) ·············· 216
high-order decisions(상위의 결정)
  ··· 159
homogeneity(동질성) ············ 99, 201
homologous translation
  (기능상응번역) ···· 144, 162, 200
implicature(비(非)명시의/내포의(언)
  내축) ···· 29, 34, 35, 37, 82, 87
implicit information(숨겨진 정보) 24
implicit(암시적) ·························· 35
implicitation(내포화/함축화) ········ 26
inbound translation(모국어로의 번역)
  ····························· 51, 199, 206, 213
incommensurability(비(非)상응성)
  ································· 74, 132
indirect performative(간접화행) ···· 9
indirect translation(간접적 번역)
  ································· 143, 150, 151
inference-making(추론 행위) ······· 26
inference(추론)14, 35, 87, 129, 132
inferred meaning(추론의(推論意))
  ··· 34, 38
information density(정보밀도) ··· 194
information destination
  (정보의 귀결점) ······················ 5
information initiator(정보의
  시원(始源)) ··············· 7, 55, 62
information load(정보부하(負荷))

·· 132
informative intention(정보의도) ··· 6,
  7, 12, 14, 20, 23, 26, 35, 38, 55,
  62, 82, 129, 131, 134
informative text type(정보중심
  텍스트유형) ········ 105, 127, 202
informative(정보중심유형) · 138, 201
in-house translator(상근번역사) · 203
initial norms(번역기본규범) 111, 115
innate(생득적) ························ 95
insight(통찰력) ······················· 112
instrumental translation(도구적 번역)
  ····················· 144, 152, 154, 155
intellectual labor(지적 수고) ······· 26
inter-cultural communication
  (이문화간 커뮤니케이션) ············
  16, 37, 41, 86, 88, 95, 97, 127
inter-lingual translation(언어간 번역)
  ································· 2, 143, 147
interlinear translation(행별 번역)
  ······································· 153, 156
intermediary(중개자) ············· 17, 54
intermediate language(매개언어)
  ······································· 111, 117
International Federation of
  Translators, FIT(세계번역사연맹)
  ··· 40
interpretation audience(통역청중)

.... 201
interpretation booth(통역부스)
　.......................... 184, 185
interpretation mode(통역 방식) · 182
interpretation types, by mode
　(통역 방식별 분류) 181
interpretation types, by situation
　(통역 상황별 분류) 181
interpretation user(통역사용자) ·· 185
interpreting(해석활동) 133
Interpretive Theory of Translation
　(해석이론) 105
interpretive theory of translation
　(해석이론) 18, 19
interpretive use of language
　(해석적 언어사용) 150
inter-semiotic translation(기호간
　번역) 2, 143, 147
intersubjective consensus(간주관적
　합의) 122
intersubjective(간주관적) 112
intra-lingual communication(언어내
　적 커뮤니케이션) 37
intra-lingual translation(언어내적
　번역) 2, 143, 147
intuition(직관) 46
invisibility(불가시성) 176, 177
irony(아이러니) 160

knowledge base(지식기반)
　............................. 27, 49, 158
language acquisition(언어습득) ··· 95
language combination direction
　(언어조합방향) ··· 50, 51, 53, 54
language pair(언어쌍) 100, 117
language user(언어사용자) 97
langue(랑그) 100
law of growing standardization
　(표준성 증가의 법칙) 119
law of interference(언어간섭의 원칙)
　.................................. 111, 119
layout(지면계획) 142
legal interpretation(사법통역) 183
legalese(법률언어) 103
level shfit(층위 전환) 167, 169
lexical gap(어휘 공백) 78, 106, 169
lingua franca(국제공용어) 53
lingua universalis(보편언어) 72
lingua-cultural community
　(언어문화집단) · 37, 79, 94, 104
linguistic barrier(언어장벽)
　.................... 15, 16, 37, 54, 129
linguistic code model(언어학적 코드
　모델) 22, 23
linguistic expression(언어적 표현)
　... 135
linguistic form(언어적 형태) 131

linguistic knowledge(언어지식)
································· 47, 158
linguistic mediation(언어중개)
················ 44, 45, 48, 129
linguistic proofreading(언어감수)
······························· 205
linguistic representation(언어적 표상)
···························· 72, 75
linguistic stimulus(언어자극) ······· 14
linguistico-cultural community(언어
　문화권) 　　36, 37, 42, 77, 79, 85, 94,
　104, 216
listener(청자) ····························· 5, 8
listening(집중하여 듣기) ············ 193
literal translation(직역) ············· 69,
　144, 152, 153, 167, 173, 175
literal vs. free translation
　(직역 대 의역) ······················ 69
literary translation(문학번역)
································· 199, 200
local color(지역문화특성) ·········· 152
macro-level(거시적 차원) ·········· 164
macrocontextual-level
　decision-making(거시문맥적 차원
　의 결정) ······················ 157, 159
many-to-many(多對多; 다대다) ·· 43
marked translation(유표적 번역) 151
mass-media interpretation

(매스미디어 통역) ······· 181, 182
master of tanslation(번역가) ······· 58
Maxim of Manner(양태의 격률) · 28
Maxim of Quality(질의 격률)
································· 28, 32
Maxim of Quantity(양의 격률)
························· 28, 31, 32, 33
Maxim of Relevance(관계의 격률)
································· 28, 31
maxim of the necessary degree
　of precison(중개 필요에 관한
　격률) ······································ 21
maximum output(최대의 효과) ··· 25
meaning unit(의미단위) ···· 184, 188
mediation by interpreter/translator
　(통역사/번역사의 중개) ··········· 1
mediation devices(중개 기재) ··· 160
mediation(중개) ············· 16, 44, 97
medical interpretation(의료통역) 183
medium(매개체) ························ 134
memory aid(기억 도우미) ········ 191
memory load(기억 부하(負荷))
························· 184, 189, 194
memory(기억) ···························· 188
message producer(메시지 생산자)
···· 6, 7, 8, 11, 14, 17, 21, 35
message receiver(메시지 수신자)
·· 6, 8, 11, 12, 14, 16, 20, 88

message sender(메시지 송신자)
　　　……………… 12, 13, 20, 21
message user(메시지 사용자)
　　　………………………… 35, 38
metaphor(은유) ……………… 160
metrical norm(형태규범) … 111, 117
microcontextual-level decision-
　making(미시문맥 차원의 결정)
　　　………………………… 157, 159
minimum input(최소한의 투자) … 25
minoritizing strategy(소수화/이국화
　(번역)전략) …………………… 176
modulation(변조) …………… 167, 174
morpheme(형태소) ………………… 171
natualization/domestication strategy
　(자국화 전략) ……… 176, 17, 167
nature of communication
　(커뮤니케이션의 본질) ………… 22
nil equivalence(영(零)의 등가) · 101
non-literary translation
　(비(非)문학번역) ……… 199, 200
non-verbal communication(비(非)
　언어적 커뮤니케이션) ………… 22
norm(규범) ……………………… 115
normalization(표준화) …………… 118
normative approach(규범적 접근법)
　　　……………………………… 111
normative(규범적) ……………… 112

notes(노트) ……………………… 191
notetaking(노트테이킹)
　　　……………… 184, 191, 193, 194
noun-centered language
　(명사중심 언어) ……………… 171
Nuremberg Trial(뉘른베르크 재판)
　　　……………………………… 184
obligatory shift(의무적 번역 전환)
　　　……………………… 167, 169
oblique translation(간접번역) …… 173
one-to-many equivalence
　(일대다 등가) ………………… 101
one-to-many(一對多; 일대다) …… 43
one-to-nil(一對無, 일대무) ………… 43
one-to-one equivalence
　(일대일 등가) ………………… 101
one-to-part of one-equivalence
　(일대부분 등가) ……………… 101
one-to-one(一對一; 일대일) ……… 43
open system(개방적 체계) ………… 47
operational norms(번역작업규범)
　　　……………………… 111, 115, 117
operative text type
　(효과중심텍스트유형) ·· 105, 127
operative(효과중심) …………… 138
optimal transfer procedures
　(최적 전이 절차) ……………… 141
optional shift(선택적 번역 전환)

.... 167, 169
oral communication(구어
　커뮤니케이션) 8
outbound translation for publication
　(외국어로의 출판번역) 208
outbound translation(외국어로의
　번역) 199, 206, 210, 213
overt translation(공개적 번역) ... 144
paralanguage(준(準)언어) 5
parole(빠롤) 100
partial synonym(부분적 동의어 관계)
　... 75
partial translation theory
　(부분적 번역 이론) 143, 145
parties to communication
　(커뮤니케이션 당사자) .. 28, 177
part-of-speech(품사) 167, 170
passive language(수동언어)
　................................ 40, 52, 53
pause(휴지) 194
performance instructions(이행지침)
　... 115
performance(퍼포먼스) 183
peripheral status(주변적 지위) ... 119
person who translates(번역자) 58
philological translation
　(문헌학적 번역) 144, 153
pivot language(피봇 언어) 181, 186

politeness(공손어법) 9
practical text(실용 텍스트) 201
practical/working memory(실질적
　기억) 188, 189
pragmatic knowledge(화용적 지식)
　... 26
pragmatic/dynamic equivalence
　(화용적 등가) 103
preliminary norms(번역환경규범)
　............................... 111, 115, 116
prescriptive pressure(처방적 압력)
　................................... 120, 122
prescriptive(처방적) 112
prescriptive/normative approach
　(처방적/규범적 접근법) 111
presence of a translator(번역사의
　존재) 177
primary beat(제1박) 192
principle of economy(경제성의 원칙)
　.................... 22, 23, 24, 26, 35
Principle of Effability(번역가능성의
　원칙) 69, 75
principle of equivalent effect
　(등가 효과의 원칙) 130, 143
Principle of Synecdoche(제유의 원칙)
　................................... 135, 137
problems of translation(번역 문제)
　... 163

procedural knowledge(절차적 지식) ·· 157
process-oriented DTS(번역과정 중심의 기술적 접근법) ········ 145
product-oriented DTS(번역결과물 중심의 기술적 접근법) ········ 145
professional consecutive translation (전문순차통역) ···················· 184
Professional Standards(전문가 표준) ··· 57
pronunciation(발음) ··················· 194
prototype(원형) ···························· 73
pubilcation proposal(출판제의서) ·· 199, 211
public service interpretation (공공서비스 통역) ················ 183
pure language(순수언어) ········ 69, 72
pure Translation Studies(순수번역학) ·· 143, 144
quantitative constraint(양적 제약) ·· 217
rank shift(위계 전환) ········ 167, 171
readability(가독성) ··················· 118, 148, 150, 216
reader(독자) ································· 5
redundancy(추가부연설명) ········· 132
referent(지시대상) ························ 76
referential meaning(지시의) ·· 74, 82, 103, 106
referential/denotative equivalence (외연적 등가) ······················ 102
reformulation(재표현) ············· 19, 64, 65, 127, 131
Regime speciale, exotic language (특수어) ································ 53
register(어역) ··················· 8, 84, 154
relation norms(텍스트 관계 규범) ·· 121
relative translatability(상대적 번역가능성) ······· 73, 75, 78, 79
relative universalist's approach (상대적 보편주의적 접근) ····· 69
relavance theory(적합성이론) ···················· 14, 81, 82, 87, 97
relay interpretation(릴레이 통역) ·························· 181, 185, 186
relevant knowledge(유관지식) ····· 47
remote interpretation(원격통역) · 187
replication(재현) ························ 112
reproduction(재생산) ···················· 152
restructuring(재구성) ················· 64, 65, 131, 134
retrieval(도출) ····························· 12, 14, 23, 35, 82, 132
rote memorization(단순암기) ····· 188
same/identical language(동일언어)

························· 12
schemitization(도식화) ········· 92, 94
script gap(스크립트의 간극) · 94, 95
script(스크립트) ············ 92, 93, 94
secondary beat(제2박) ··············· 192
second-round communication
　(이차적 커뮤니케이션) ·········· 16,
　54, 89, 129
semantic fields theory(의미장 이론)
　···························· 81, 89, 97
semantic translation(의미중심
　번역) ···················· 18, 143, 148
sense-for-sense translation
　(의미대의미로의 번역) ·········· 70
sense(센스) ······················· 127, 135
sentence structure(문장구조) ······ 118
sentence(문장) ····························· 171
Septuagint Bible(『70인역 성경』) 71
shared background knowledge
　(공유배경지식) ················ 38, 45
shared cognitive environment
　(공유인지환경) ················ 37, 88
shared knowledge(공유지식) ······· 22
short consecutive interpretation
　(짧은 순차통역) ·········· 182, 184
sign language(수화(手話)) ·········· 23
sign(부호) ···································· 20
signe(시뉴, 기호(記號))

························· 69, 76, 77, 82
signifiant(시니피앙, 기표)
　····· 69, 75, 76, 77, 78, 79, 82
signifié(시니피에, 기의) ············ 69,
　75, 76, 77, 78, 82
similarity(유사성) ······················· 99
simplification(단순화) ················ 118
simultaneous interpretation(동시통역)
　· 181, 182, 183, 185, 187, 188
skopos(스코포스)
　·········· 19, 127, 155, 162, 164
social frame(사회적 틀) ············· 95
social hierarchical relations
　(사회적 위계 관계) ················· 9
social meaning(사회적 의미) 81, 85
social norm(사회적 규범) ········· 121
socio-cultural mediation
　(사회문화적 중개) ················ 44
socio-historical frame(사회역사적 틀)
　································· 95, 96
source culture(출발문화) ·········· 131
source language(출발어) ·· 3, 18, 78
source text(출발텍스트)
　······ 3, 18, 19, 20, 70, 74, 98
speaker(연사) ······························· 5
specialist(특수분야전문가)
　························ 40, 61, 62, 63
speed(속도) ······························· 194

spoken/oral text(구어텍스트) ···· 2, 6
Stenography(속기(速記)) ··········· 191
strategic knowledge(전략적 지식)
································ 157, 158
structure shift(구조전환) ·········· 167
structured knowledge(구조화된 지식)
·· 92
Studies, DTS(기술적 접근법)
································ 111, 113
style(문체) ······························ 118
subject area(주제분야) · 47, 63, 158
subject matter knowledge(주제지식)
························· 47, 158, 194
subjective judgment(주관적 판단)
······································ 112
substitution(단순치환) ················ 43
subtitle translation(자막번역)
························· 199, 214, 215
syntatic structure(통사구조) ······· 153
tanslation shift(번역 전환)
························· 114, 168, 174
target culture(도착문화)
··············· 3, 116, 131, 151, 154
target language(도착어)
························· 4, 50, 78, 79
target reader's act of interpreting
(대상독자의 해석행위)
································ 127, 201

target readership design(독자정의)
····························· 64, 156, 201
target text(도착텍스트)
··············· 3, 18, 20, 74, 98, 151
technical text(전문 텍스트) ······· 201
technical translation(실용·전문번역)
······················· 59, 199, 201, 203
tentative laws of translation
(번역의 잠정적 법칙) ·········· 111
tentative laws(잠정적 법칙) ······· 119
terminologist(용어학자) ············· 57
tertiary beat(제3박) ·················· 192
text-linguistic norm(텍스트-언어적
규범) ························· 111, 117
text-normative equivalence
(텍스트 규범적 등가) ·········· 102
text-profile equivalence
(텍스트 전체의 등가) ············ 98
text amplification(텍스트 확장) · 122
text focus(텍스트의 초점) ········· 138
text genre(텍스트 장르)
········ 103, 115, 127, 139, 154
text producer(텍스트 생산자)
································ 18, 129
text production(텍스트의 생산) ··· 53
text profile(텍스트적 특성) ······· 140
text reception(텍스트의 수용) ····· 53
text types(텍스트 유형)

.... 121, 127, 138, 139, 154
text-external factors(텍스트 외적 요소) 165
text-specific(텍스트 특수적) 165
textual equivalence(텍스트적 등가)
.... 100, 104
textual relations(텍스트적 관계) 3
theme/rheme(주제/논평) 160
theoretical framework(이론틀) ... 122
three-stage transfer model
(삼단계 전이 모델) 127
time lag(시차(時差)) 183, 184
tolerance(용인도) 120
top-down process(하향식 접근법)
.... 157, 159, 161, 163, 176
topic marker(주제표지어) 33
transcoding(바꾸어 적기) 191
transfer(전이) 119, 168
translated text(번역텍스트) 19
translatibilty(번역가능성) 69, 71, 78
translation as a process
(과정으로서의 번역) 158
Translation Brief(번역브리프)
.... 19, 127, 139, 157
translation commission(번역의뢰)
.... 121
translation commissioner(번역발주자)
.... 141

translation device(번역기재) 156
translation function-oriented
(번역기능중심) 143
translation law(번역의 법칙)
.... 115, 122
translation method(번역 방법) ... 138
translation norms(번역규범) 111
translation of audio-visual texts
(영상번역) 202, 214
translation of literary works
(문학작품의 번역) 199, 200
translation phenomenon(번역현상)
.... 113
translation policy(번역정책)
.... 111, 116
translation procedure(번역절차)
.... 167, 172
translation process-oriented
(번역과정중심) 143
translation product-oriented
(번역결과물중심) 143
translation proper(번역의 본령)
.... 148, 155
translation purpose/skopos
(번역의 목적) 139
translation rate(번역요율) 204
translation relationships(번역관계)
.... 114

translation strategy(번역전략) ……… 71, 139, 142, 156, 157, 160, 162, 167, 172, 176
Translation Studies(번역학) 82, 113
translation tactics(번역기법) ……………… 142, 160, 167, 172
translation tradition(번역전통) … 122
translation type(번역유형) · 156, 202
translation unit(번역단위) ………… 99
translation(번역결과물) …… 112, 121
translator's decisiono making (번역사의 결정) ……………… 157
translator(번역사) ………………… 58
transparency of translation (번역의 투명성) ……………… 167
transparency(투명성) ……………… 177
transposition(치환) ………… 167, 174
triadic model(삼각형 모델) ………………… 127, 128, 133
trilogue(삼자간 대화) ………… 40, 55
types of meaning(의미의 유형) ·· 81
unidirectional interpretation (단일방향 통역) ·· 181, 185, 186
unidirectional(단선적) …………… 146
unidirectional(단일방향) ………… 185
unit shift(번역단위 전환) ………… 171
universal faculty of thinking (보편적 사고능력) ……………… 95

universal structure(보편구조) …… 72
Universals of Translation, TU (번역보편소) 111, 117, 120, 122
untranslatability(번역불가능성) ……………………………… 75, 78
untranslatable word(번역불가능어) ……………………………… 106, 164
utterance(발화) …………………… 6
utterer(발화자) ……………… 5, 7, 24
vagueness(모호성) ……………… 160
verbal communication(언어적 커뮤니케이션) ……………… 22
verbatim memory(축어적 기억) 188
verbatim translation(축어역) …… 69
visual sign(시각부호) …………… 23
voice-over(보이스오버) ………… 199, 214, 215, 217
voicing-whispering(생(生) 동시통역) ……………………………… 187
whispering(위스퍼링) …… 181, 182, 183, 184, 185, 187
word-for-word(단어 대 단어) …… 69
word play(언어유희) ……… 103, 160
word(단어) ……………………… 171
World Intellectual Property Organization(세계저작권협약) ……………………………… 212
world knowledge(세상에 대한 지식)

·· 36, 47

written text(문어텍스트)

···················· 2, 6, 200, 202, 214

■ 한글 ■

가독성(readability)
　·················· 118, 148, 150, 216
간접번역(oblique translation) ···· 173
간접적 번역(indirect translation)
　······························ 143, 150, 151
간접화행(indirect performative) ···· 9
간주관적 합의(intersubjective
　consensus) ···························· 122
간주관적(intersubjective) ············ 112
감성의(emotive meaning)
　································ 81, 83, 84
개방적 체계(open system) ············ 47
거시문맥적 차원의 결정
　(macrocontextual-level decisiono
　making) ······················· 157, 159
거시적 차원(macro-level) ············ 164
게임 이론(game theory) ············ 159
경제성의 원칙(principle of economy)
　························· 22, 23, 24, 26, 35
공개적 번역(overt translation) ··· 144
공공서비스 통역(public service
　interpretation) ························ 183

공손어법(politeness) ······················ 9
공유배경지식(shared background
　knowledge) ······················ 38, 45
공유인지환경(shared cognitive
　environment) ···················· 37, 88
공유지식(shared knowledge) ········ 22
과정으로서의 번역(translation as a
　process) ································ 158
관계의 격률(Maxim of Relevance)
　······································· 28, 31
관용의(conventional meaning)81, 86
관용적 등가(conventional
　equivalence) ·········· 98, 108, 174
관용적 등가표현(conventional
　equivalent) ···························· 110
교육통역(educational interpretation)
　·· 183
구사력(command of language) · 158
구어 커뮤니케이션(oral
　communication) ······················· 8
구어텍스트(spoken/oral text) ···· 2, 6
구조전환(structure shift) ············ 167

구조화된 지식(structured knowledge) ··· 92
국제공용어(*lingua franca*) ············ 53
국제회의통역사협회(International Association of Conference Interpreters, AIIC) ·· 40, 51, 56
굳어진 대응어(established correspondent) ····················· 108
규범(norm) ······························· 115
규범적 접근법(normative approach) ··· 111
규범적(normative) ······················· 112
기능 중심의 기술적 접근법 (function-oriented DTS) ······ 145
기능변경번역(heterofunctional translation) ·········· 144, 154, 162
기능상응번역(homologous translation) ·········· 144, 162, 200
기능유지번역(equifunctional translation) ················· 144, 154
기능적 등가(functional equivalence) ···································· 98, 104
기능주의(functionalism) ····· 127, 137
기록적 번역(documentary translation) ······················· 144, 152, 156
기술적 언어 사용(descriptive use of language) ···························· 150
기술적 접근법(descriptive approach to Translation Studies, DTS) ···································· 111, 113
기억 도우미(memory aid) ········· 191
기억 부하(負荷)(memory load) ···························· 184, 189, 194
기억(memory) ···························· 188
기의(시니피에, signifié) ··············· 75
기표(시니피앙, signifiant) 75, 76, 79
기호간 번역(inter-semiotic translation) ············· 2, 143, 147
내용(content) ·················· 6, 41, 82
내용중심(content-focused) ·········· 138
내재적 번역(covert translation) ······································ 144, 151
내재적(covert) ···························· 155
내포의(connotative meaning) ······· 82
내포적 등가(connotative equivalence) ················ 102, 103
노트(notes) ······························· 191
노트테이킹(notetaking) ···················· 184, 191, 193, 194
뉘른베르크 재판(Nuremberg Trial) ··· 184
능동언어(active language) ···· 40, 52
다대다(多對多; many-to-many) ·· 43
단선적(unidirectional) ················ 146
단순암기(rote memorization) ····· 188
단순치환(substitution) ··················· 43

단순화(simplification) ·········· 118
단어 대 단어(word-for-word) ······ 69
단어(word) ························· 171
단일방향 통역(unidirectional
　　interpretation) ···· 181, 185, 186
단일방향(unidirectional) ············ 185
담화 관습(discourse convention) 122
담화 전이(discourse transfer) ···· 119
대상독자 정의(readership definition)
　　································ 127, 139
대상독자의 해석행위(target reader's
　　act of interpreting) ············ 127
대응(correspondence) ················· 43
대응어(correspondent) ················· 99
대조연구(contrastive analysis) ··· 118
대화순서(conversational turns)
　　······································ 30, 54
대화의 4대 격률(four maxims of
　　conversation) ·········· 22, 27, 28
대화통역(dialogue interpretation)
　　································ 183, 185
더빙번역(dubbed translation)
　　················ 199, 214, 215, 217
도구적 번역(instrumental translation)
　　·················· 144, 152, 154, 155
도식화(schemitization) ·········· 92, 94
도착문화(target culture)
　　············ 3, 116, 131, 151, 154

도착어(target language)
　　························ 4, 50, 78, 79
도착텍스트(target text)
　　············ 3, 18, 20, 74, 98, 151
도출(retrieval)
　　··········· 12, 14, 23, 35, 82, 132
독자(reader) ···························· 5
독자정의(target readership design)
　　························ 64, 156, 201
동시통역(simultaneous interpretation)
　　· 181, 182, 183, 185, 187, 188
동일언어(same/identical language) 12
동질성(homogeneity) ·········· 99, 201
등가 유형(equivalence types) ······ 98
등가 효과의 원칙(the principle of
　　equivalent effect) ······· 130, 143
등가(equivalence) ·········· 3, 167, 175
등가표현(equivalent)
　　············ 85, 99, 101, 169, 175
랑그(langue) ························· 100
릴레이 통역(relay interpretation)
　　································ 181, 185, 186
매개언어(intermediate language)
　　································ 111, 117
매개체(medium) ······················· 134
매스미디어 통역(mass-media
　　interpretation) ·········· 181, 182
맥락 가정(contextual assumption)

································ 27
맥락가정(contextual assumption) · 88
맥락간극(contextual gap) ············ 89
맥락어(contextual word) ············ 105
맥락적 등가(contextual equivalence)
····················· 98, 106, 110
맥락적 등가표현(contextual
  equivalent) ······················ 105
맥락정보(contextual information) 87
맥락지식(contextual knowledge) · 37
맥락효과(contextual effect) ········· 27
맥락효과(contextual effect) ········· 87
메시지 사용자(message user)
························ 35, 38
메시지 생산자(message producer)
···· 6, 7, 8, 11, 14, 17, 21, 35
메시지 송신자(message sender)
···················· 12, 13, 20, 21
메시지 수신자(message receiver)
·· 6, 8, 11, 12, 14, 16, 20, 88
메시지의 문화특수성(culture-
  specificity of a message) ····· 40
명사중심 언어(noun-centered
  language) ························ 171
명시성(explicitness) ················· 118
명시의(explicature)
  ··· 22, 29, 35, 81, 82, 87, 103
명시적(explicit) ········ 24, 26, 140

모국어 구사력(command of one's
  native language) ············ 46, 49
모국어로의 번역(inbound translation)
  ······················ 199, 206, 213
모사(calque) ················ 167, 173
모호성(vagueness) ················ 160
문법 번역법(Grammar Translation
  Method) ························ 153
문법적 등가어(grammatical
  equivalent) ························ 70
문어텍스트(written text)
  ················· 2, 6, 200, 202, 214
문장(sentence) ···················· 171
문장구조(sentence structure) ······ 118
문체(style) ························· 118
문학번역(literary translation)
  ······················ 199, 200
문학작품의 번역(translation of
  literary works) ············ 199, 200
문헌학적 번역(philological
  translation) ················ 144, 153
문화간극(cultural gap)
  ············ 44, 45, 48, 77, 216
문화간극(cultural lacunae) ········ 160
문화경험(cultural experience)
  ················ 80, 94, 131, 216
문화역동성(dynamics of culture) 168
문화요소(cultural baggage) ········ 77

찾아보기 | 247

문화장벽(cultural barrier) ······················ 54, 79, 86, 129
문화적 거리(cultural distance) ···· 21
문화적 고려(cultural consideration) ·· 216
문화적 다양성(cultural diversity) ·· 114
문화적 접촉(cultural contact) ···· 110
문화적 지시대상(cultural referent) ·· 175
문화적 틀(cultural frame) ············ 95
문화중개(cultural mediation) ················ 45, 48, 78, 129, 216
문화중립적(culture-neutral) ········ 135
문화차이(cultural difference) ······· 97
문화특성(local color) ·················· 152
문화특수성(culture-specificity) 22, 86, 88, 91, 94, 97, 131, 135, 136
문화특수적(culture-specific) 88, 216
미시문맥 차원의 결정 (microcontextual-level decision-making) ········ 157, 159
믿음체계(belief system) ········ 77, 88
바꾸어 적기(transcoding) ············ 191
반복의 기피(avoidance of repetition) ·· 118
발음(pronunciation) ···················· 194
발화(utterance) ······························· 6

발화자(utterer) ···················· 5, 7, 24
배경지식(background knowledge) ············ 47, 131, 158, 194, 216
백과사전적 지식(encyclopedic knowledge) ···························· 47
번안(adaptation) ················ 167, 175
번역 문제(problems of translation) ·· 163
번역 방법(translation method) ··· 138
번역 전환(tanslation shift) ························· 114, 168, 174
번역가(master of tanslation) ········ 58
번역가능성(translatibilty) 69, 71, 78
번역가능성의 원칙(Principle of Effability) ···························· 69
번역결과물 중심의 기술적 접근법 (product-oriented DTS) ········ 145
번역결과물(translation) ······· 112, 121
번역결과물중심(translation product-oriented) ······························ 143
번역과정 중심의 기술적 접근법 (process-oriented DTS) ········ 145
번역과정중심(translation process-oriented) ······························ 143
번역관계(translation relationships) ·· 114
번역규범(translation norms) ······· 111
번역기능중심(translation function-

oriented) ························· 143
번역기법(translation tactics)
················ 142, 160, 167, 172
번역기본규범(initial norms) 111, 115
번역기재(translation device) ······ 156
번역단위 전환(unit shift) ············ 171
번역단위(translation unit) ············ 99
번역독자의 기대규범(expectancy norms) ························· 121
번역발주자(translation commissioner) ································ 141
번역보편소(Universals of Translation, TU)
················· 111, 117, 120, 122
번역불가능성(untranslatability)
······························· 75, 78
번역불가능어(untranslatable word)
····························· 106, 164
번역브리프(Translation Brief)
················ 19, 127, 139, 157
번역사(translator) ························· 58
번역사의 결정(translator's decisiono making) ························· 157
번역사의 존재(presence of a translator) ························· 177
번역요율(translation rate) ··········· 204
번역유형(translation type) · 156, 202
번역의 목적(translation purpose/skopos) ················ 139
번역의 법칙(translation law)
································ 115, 122
번역의 본령(translation proper)
································ 148, 155
번역의 어려움(difficulties of translation) ························· 163
번역의 잠정적 법칙(tentative laws of translation) ························· 111
번역의 직접성(directness of translation) ················ 111, 116
번역의 투명성(transparency of translation) ························· 167
번역의뢰(translation commission)
································ 121
번역자(person who translates) ···· 58
번역작업규범(operational norms)
························· 111, 115, 117
번역전략(translation strategy) ··········
71, 139, 142, 156, 157, 160,
162, 167, 172, 176
번역전통(translation tradition) ··· 122
번역절차(translation procedure)
································ 167, 172
번역정책(transation policy)
································ 111, 116
번역텍스트(translated text) ·········· 19
번역학(Translation Studies) 82, 113

찾아보기 | 249

번역학에의 접근법(approaches to Translation Studies) ············ 111
번역행위(act of translating) ······ 120
번역현상(translation phenomenon) ································ 113
번역환경규범(preliminary norms) ······················ 111, 115, 116
범주 전환(category shift) ·· 167, 169
범주화(categorization) ········· 41, 163
법률언어(legalese) ····················· 103
변조(modulation) ··············· 167, 174
변증법적(dialectical) ················· 146
보도통역(broadcasting interpretation) ································ 182
보이스오버(voice-over) ················ 199, 214, 215, 217
보편구조(universal structure) ······· 72
보편언어(*lingua universalis*) ········ 72
보편적 사고능력(universal faculty of thinking) ························ 95
부분적 동의어 관계(partial synonym) ·· 75
부분적 번역 이론(partial translation theory) ··············· 143, 145
부호(sign) ································· 20
부호체계(code system) ··· 12, 13, 35
부호화 작업자(encoder) ················· 5
부호화(encoding) 12, 13, 23, 24, 35

북 리뷰(book review) ··············· 211
분석(analysis) ··························· 127
불가시성(invisibility) ········· 176, 177
B언어(B language) ··············· 40, 51
비(非)명시의(implicature) ··············· 29, 34, 35, 37, 82, 87
비(非)문학번역(non-literary translation) ················· 199, 200
비(非)상응성(incommensurability) 74
비(非)언어적 커뮤니케이션(non-verbal communication) ········· 22
비용-효용 모델(cost-benefit model) ·· 14, 22
비용(cost) ·························· 26, 27
비유적 표현(figure of speech) ···· 70
빠롤(parole) ······························ 100
4대기둥(four pillars) ··················· 46
사법통역(legal interpretation) ···· 183
사전적 의미(dictionary definition) 81
사회문화적 중개(socio-cultural mediation) ······················ 44
사회역사적 틀(socio-historical frame) ································ 95, 96
사회적 규범(social norm) ·········· 121
사회적 위계 관계(social hierarchical relations) ······················ 9
사회적 의미(social meaning) 81, 85
사회적 틀(social frame) ··············· 95

삼각형 모델(triadic model)
.... 127, 128, 133
삼단계 전이 모델(three-stage transfer model) 127
삼자간 대화(trilogue) 40, 55
상근번역사(in-house translator) · 203
상대적 번역가능성(relative translatability) · 73, 75, 78, 79
상대적 보편주의적 접근(relative universalist's approach) 69
상위의 결정(high-order decisions)
.... 159
상향식 접근법(bottom-up process)
.... 157, 161, 163, 166, 176
생(生) 동시통역(voicing-whispering)
.... 187
생득적(innate) 95
선언적 지식(declarative knowledge)
.... 157, 158, 161
선택적 번역 전환(optional shift)
.... 167, 169
세계번역사연맹(International Federation of Translators, FIT)
.... 40
세계저작권협약(World Intellectual Property Organization) 212
세계지적소유권기구설립협약 (Convention Establishing the World Intellectual Property Organization) 212
세상에 대한 지식(world knowledge)
.... 36, 47
센스(sense) 127, 135
소수화/이국화(minoritizing) 176
소통의도(communicative intent) .. 14
소통자(communicator)
.... 5, 12, 14, 87, 129
소통적 상호작용(communicative interaction) 20
소통중심 번역(communicative translation) 1, 17, 18, 143, 148, 151, 155
소통행위(communication act) 44
소통효과(communication effect)
.... 150, 177
속기(stenography; 速記) 191
속도(speed) 194
수동언어(passive language)
.... 40, 52, 53
수용가능성(acceptability)
.... 111, 114, 116, 121, 218
수행통역(escort interpretation)
.... 181, 183, 185
수화(sign language: 手話) 23
순수번역학(pure Translation Studies)
.... 143, 144

순수언어(pure language) ······· 69, 72
순차적(consecutive) ··········· 184, 186
순차통역(consecutive interpretation)
　　········ 181, 182, 183, 184, 188
숨겨진 정보(implicit information) 24
스코포스(skopos)
　　············ 19, 127, 155, 162, 164
스크립트(script) ············ 92, 93, 94
스크립트의 간극(script gap) · 94, 95
시각부호(visual sign) ················· 23
시뉴(signe, 기호) ····· 69, 76, 77, 82
시니피앙(signifiant, 기표)
　　··················· 69, 76, 77, 78, 82
시니피에(signifié, 기의)
　　··················· 69, 76, 77, 78, 82
시차(time lag; 時差) ········ 183, 184
시청각텍스트(audio-visual text) · 202
신뢰도(credibility) ····················· 218
신중한 보편주의(cautious
　　universalism) ······················· 78
실용전문번역(technical translation)
　　·· 199, 203
실용텍스트(practical text) ·········· 201
실질적 기억(practical/working
　　memory) ···················· 188, 189
심미적 등가(aesthetic equivalence)
　　··· 105
심미적 특성(aesthetic feature) ··· 103

심미적 효과(aesthetic effect) ······· 70
쌍무적(bilateral) ························ 186
쌍방향 통역(bi-directional/two-way
　　interpretation) ···· 181, 185, 186
C언어(C language) ······················ 40
아웃바운드 번역(outbound
　　translation) ························· 210
아이러니(irony) ························· 160
암시적(implicit) ···························· 35
액센트(accent) ·························· 194
양대문화중개능력(biculturalism) ·· 49
양대언어 구사력(commands of
　　two working languages) ······· 49
양의 격률(Maxim of Quantity)
　　··························· 28, 31, 32, 33
양적 제약(quantitative constraint)
　　·· 217
양태의 격률(Maxim of Manner) · 28
어역(register) ················ 8, 84, 154
어원적 등가(etymological
　　equivalence) ················ 98, 106
어원적 등가어(etymological
　　equivalent) ···························· 84
어휘 공백(lexical gap) 78, 106, 169
어휘/의미 중심 번역(semantic
　　translation) ···························· 18
언어간 번역(inter-lingual translation)
　　······························· 2, 143, 147

언어간섭의 원칙(law of interference)
·· 111, 119
언어감수(linguistic proofreading) 205
언어내적 번역(intra-lingual
　　translation) ············· 2, 143, 147
언어내적 커뮤니케이션(intra-lingual
　　communication) ····················· 37
언어문화권(linguistico-cultural
　　community) 36, 42, 77, 85, 216
언어문화집단(linguistico-cultural
　　community) ······ 37, 79, 94, 104
언어사용자(language user) ············ 97
언어습득(language acquisition) ··· 95
언어쌍(language pair) ········ 100, 117
언어외적 지식(extralinguistic
　　knowledge) ··························· 158
언어유희(word play) ··········· 103, 160
언어자극(linguistic stimulus) ······· 14
언어장벽(linguistic barrier)
　　················· 15, 16, 37, 54, 129
언어적 커뮤니케이션(verbal
　　communication) ····················· 22
언어적 표상(linguistic representation)
　　·· 72, 75
언어적 표현(linguistic expression)
　　··· 135
언어적 형태((linguistic form) ····· 131
언어조합방향(language combination
　　direction) ············ 50, 51, 53, 54
언어중개(linguistic mediation)
　　···························· 44, 45, 48, 129
언어지식(linguistic knowledge)
　　···································· 47, 158
언어학적 코드 모델(linguistic code
　　model) ···························· 22, 23
A언어(A language) ······················ 40
역동적 등가(dynamic equivalence)
　　············ 98, 130, 132, 143, 149
연관의(associated meaning) ·· 81, 83
연사(speaker) ································· 5
연상작용(association) ··················· 82
연어(collocation) ························ 160
영(零)의 등가(nil equivalence) · 101
영상번역(translation of audio-visual
　　texts) ··························· 202, 214
외국어로의 번역(outbound
　　translation) ·········· 199, 206, 213
외국어로의 출판번역(outbound
　　translation for publication) · 208
외래성(foreignness) ····················· 176
외연의/비(非)명시의(언)내축
　　(explicature) ··························· 34
외연적 등가(referential/denotative
　　equivalence) ························ 102
외연화(explicitation) ··················· 118
용어학자(terminologist) ················ 57

찾아보기 | 253

용인도(tolerance) 120
원격통역(remote interpretation) · 187
원형(prototype) 73
위계 전환(rank shift) 167, 171
위반(flouting) 29, 33, 34
위스퍼링(whispering) 181, 182, 183, 184, 185, 187
유관지식(relevant knowledge) 47
유사성(similarity) 99
유표적 번역(marked translation) 151
은유(metaphor) 160
응결성(coherence) 118, 160
응용 확충분야(applied extensions of the discipline) 146
응용번역학(applied Translation Studies) 143, 145
응집성(cohesion) 160
의고체(archaic language) 103
의료통역(medical interpretation) 183
의무적 번역 전환(obligatory shift) 167, 169
의미단위(meaning unit) 184, 188
의미대의미로의 번역(sense-for-sense translation) 70
의미의 구성요소(constituents of meaning) 69
의미의 문화 특수성 (culture-specificity of meaning) 69, 81
의미의 유형(types of meaning) .. 81
의미장 이론(semantic fields theory) 89
의사결정(decision-making) 115
의사소통 규범(communication norms) 121
의사소통(communication) 94
의사소통의 실패(communication failure) 44
의역(free translation) 69, 148
이국적 번역전략 (foreignization/exoticizing/minioritizing strategy) 144, 153, 154, 167
이론틀(theoretical framework) ... 122
이문화간 커뮤니케이션(inter-cultural communication) 16, 37, 41, 86, 88, 95, 97, 127
이질성(heterogeneity) 216
이차적 커뮤니케이션(second-round communication) 16, 54, 89, 129
이해용이성(accessibility) 38, 44, 48, 64, 78, 87, 88, 89, 97, 183, 216
이행지침(performance instructions) 115
인바운드 통역·번역(inbound interpretation/translation) 51

인지적 보완소(cognitive complements) ……… 19, 36, 37, 87, 134
인지환경(cognitive environment) ……… 27, 37, 87, 88
일대다 등가(one-to-many equivalence) ……… 101
일대다(one-to-many; 一對多) …… 43
일대무((one-to-nil; 一對無) ……… 43
일대부분 등가(one-to-part of one-equivalence) ……… 101
일대일 등가(one-to-one equivalence) ……… 101
일대일(一對一, one-to-one) ……… 43
일반 번역이론(general translation theory) ……… 143, 145
일반적 커뮤니케이션(general communication) ……… 128
일반화(generalization) ……… 111, 114
일차적 커뮤니케이션(first-round communication) …… 16, 54, 129
자국화 전략(natualization/domestication strategy) ……… 176, 17, 167
자막번역(subtitle translation) ……… 199, 214, 215
자의성(arbitrariness) ……… 77
잘못 짝지어진 대응어 쌍(faux amis, false friends) ……… 81, 85

잠정적 법칙(tentative laws) ……… 119
재구성(restructuring) ……… 64, 65, 131, 134
재생산(reproduction) ……… 152
재표현(reformulation) ……… 19, 64, 65, 127, 131
재현(replication) ……… 112
저자(author) ……… 5
적합성이론(relavance theory) … 14, 81, 82, 87, 97
전달 효과(effect of delivery) …… 216
전달도(delivery rate) ……… 51
전략적 지식(strategic knowledge) ……… 157
전략적 지식(strategic knowledge) ……… 158
전문가 표준(Professional Standards) ……… 57
전문번역(technical translation) ……… 59, 201
전문순차통역(professional consecutive translation) …… 184
전문텍스트(technical text) ……… 201
전문통역사 윤리강령(Code of Ethics) ……… 57
전이(transfer) ……… 119, 168
절(clause) ……… 171
절대적 번역가능성(absolute

translatability) ·············· 69, 72
절대적 번역불가능성(absolute untranslatability) ············· 69, 73
절차적 지식(procedural knowledge) ··· 157
정보밀도(information density) ··· 194
정보부하(負荷)(information load) ··· 132
정보의 귀결점 (information destination) ························· 5
정보의 시원(始源)(information initiator) ···················· 7, 55, 62
정보의도(informative intention) ·· 6, 7, 12, 14, 20, 23, 26, 35, 38, 55, 62, 82, 129, 131, 134
정보중심 텍스트유형(informative text type) ······················· 105
정보중심유형(informative) ··················· 127, 138, 201, 202
정보처리용량 ························· 131
정확도(accuracy) ·················· 183
제1박(primary beat) ················· 192
제2박(secondary beat) ·············· 192
제3박(tertiary beat) ················ 192
제반분야전문가(generalist) ······························ 40, 61, 62
제유의 원칙(Principle of Synecdoche) ············· 135, 137

조력자(facilitator) ····················· 54
주관적 판단(subjective judgment) ··· 112
주변적 지위(peripheral status) ··· 119
주의집중력(attention) ········ 184, 193
주제/논평(theme/rheme) ············· 160
주제분야(subject area) · 47, 63, 158
주제지식(subject matter knowledge) ····························· 47, 158, 194
주제표지어(topic marker) ············· 33
준(準)언어(paralanguage) ············· 5
중개 기재(mediation devices) ··· 160
중개 필요에 관한 격률(the maxim of the necessary degree of precison) ······························· 21
중개(mediation) ············· 16, 44, 97
중개자(intermediary) ············ 17, 54
중력 모델(Gravity Model) ········ 192
중의성(ambiguity) ····················· 160
지면계획(layout) ····················· 142
지시대상(referent) ····················· 76
지시의(referential meaning) ······························ 74, 82, 103, 106
지식기반(knowledge base) ····························· 27, 49, 158
지적 수고(intellectual labor) ········ 26
직관(intuition) ························· 46
직역 대 의역(literal vs. free

translation) ················· 69
직역(literal translation) ··········· 69,
　　144, 152, 153, 167, 173, 175
직접적 번역(direct translation)
　　·················· 143, 150, 151
직접통역방식(direct interpretation)
　　······························ 186
질의 격률(Maxim of Quality)28, 32
집중하여 듣기(listening) ·········· 193
짧은 순차통역(short consecutive
　　interpretation) ··········· 182, 184
차용(borrowing) ············· 167, 173
채널 모델(channel model) 127, 131
채널 용량(channel capacity)
　　··························· 131, 132
처방적 압력(prescriptive pressure)
　　··························· 120, 122
처방적 접근법(prescriptive
　　approach) ····················· 111
처방적(prescriptive) ················ 112
청각정보(audial information)
　　··························· 214, 217
청자(listener) ···················· 5, 8
청중(audience) ······················ 5
체면 존중(face saving) ············· 9
총체적 의미(aggregate meaning) · 81
최(最)근사치(closest equivalent) 149
최대의 효과(maximum output) ··· 25

최소한의 투자(minimum input) ··· 25
최적 전이 절차(optimal transfer
　　procedures) ··················· 141
추가부연설명(redundancy) ········· 132
추론 행위(inference-making) ······· 26
추론(inference)14, 35, 87, 129, 132
추론의(inferred meaning; 推論意)
　　··························· 34, 38
추상언어 ····························· 73
축어역(verbatim translation) ······· 69
축어적 기억(verbatim memory) 188
출발문화(source culture) ·········· 131
출발어 구사력(command of the
　　source language) ····· 46, 47, 49
출발어(source language) ······ 18, 78
출발어(source language) ············ 3
출발텍스트 지위 격하(dethronement
　　of the ST) ···················· 111
출발텍스트(source text) ······· 3, 18,
　　19, 20, 70, 74, 98
출판제의서(pubilcation proposal)
　　··························· 199, 211
충분성(adequacy) ········· 3, 111, 116
충실성(fidelity) · 3, 75, 76, 78, 216
층위 전환(level shfit) ······· 167, 169
치환(transposition) ·········· 167, 174
『70인역 성경』(Septuagint Bible) 71
커뮤니케이션 당사자(parties to

커뮤니케이션(communication) ……… 28, 177
커뮤니케이션 모델(communication model) ……………………… 54
커뮤니케이션 상황(communication situation) · 7, 8, 14, 18, 55, 76
커뮤니케이션 열쇠(communicative clue) ……………… 26, 33, 87, 90
커뮤니케이션 의도(communicative intention) …………… 14, 62, 74, 87, 88, 130, 131, 160
커뮤니케이션 전문가(communication expert) ……………………… 63
커뮤니케이션 행위(communication act) …………………………… 11
커뮤니케이션 효과(communicative effect) 11, 12, 18, 27, 97, 130
커뮤니케이션의 본질(nature of communication) ……………… 22
커뮤니케이션의 성공(communication success) ………………… 7, 11, 12, 13, 14, 16, 21, 35, 54, 97
커뮤니티 통역(community interpretation) …… 181, 182, 183
코드 변환(code-switching) ……… 161
탈부호화 작업자(decoder) …………… 5
탈부호화(decoding) ·· 12, 13, 24, 35
탈언어화(deverbalization) ·· 135, 137

탈언어화/의미도출(deverbalization) ………………………………… 127
텍스트-언어적 규범(text-linguistic norm) ………………… 111, 117
텍스트 관계 규범(relation norms) ……………………………… 121
텍스트 규범적 등가(text-normative equivalence) ……………… 102
텍스트 생산자(text producer) ……………………………… 18, 129
텍스트 외적 요소(text-external factors) …………………… 165
텍스트 유형(text types) ……… 121, 127, 138, 139, 154
텍스트 장르(text genre) ……… 103, 115, 127, 139, 154
텍스트 전체의 등가(text-profile equivalence) ………………… 98
텍스트 차원의 등가(textual equivalence) ………………… 100
텍스트 특수적(text-specific) …… 165
텍스트 확장(text amplification) · 122
텍스트의 생산(text production) … 53
텍스트의 수용(text reception) …… 53
텍스트의 초점(text focus) ……… 138
텍스트적 관계(textual relations) …· 3
텍스트적 등가(textual equivalence) ……………………………… 100, 104

텍스트적 특성(text profile) ······· 140
통사구조(syntatic structure) ······· 153
통역 방식(interpretation mode) · 182
통역 방식별 분류(interpretation types, by mode) ······························· 181
통역 상황별 분류(interpretation types, by situation) ························ 181
통역부스(interpretation booth) ······························ 184, 185
통역사/번역사의 중개(mediation by interpreter/translator) ············· 1
통역사용자(interpretation user) ·· 185
통역의 분류(categorization of interpretation) ······················ 181
통역청중(interpretation audience) 201
통찰력(insight) ··························· 112
투명성(transparency) ·················· 177
특수분야전문가(specialist) ······························ 40, 61, 62, 63
특수어(*Regime speciale*, exotic language) ······························· 53
틀 및 스크립트 이론(frame and script theory) ················· 81, 97
파생행위(derived activity) ·········· 159
퍼포먼스(performance) ··············· 183
표준성 증가의 법칙(law of growing standardization) ··················· 119
표준화(normalization) ················· 118

표현가능성의 원칙(Principle of Effability) ···························· 75
표현중심(expressive) ··················· 138
표현중심텍스트유형(expressive text type) ··················· 127, 202
품사(part-of-speech) ··········· 167, 170
피로(fatigue) ······························· 184
피봇 언어(pivot language) ········ 181
피봇(pivot language) ··················· 186
피소통자(addressee) ············· 5, 12, 14, 23, 26, 87, 129
하향식 접근법(top-down process) ············ 157, 159, 161, 163, 176
함축(implicitation) ························ 26
해석이론(Interpretive Theory of Translation) ············· 18, 19, 105
해석적 언어사용(interpretive use of language) ···························· 150
해석활동(interpreting) ················ 133
행별 번역(interlinear translation) ······························ 153, 156
헤드셋(headset) ··························· 184
협동의 원칙(Cooperative Principle) ······························ 27, 28, 34
형태(form) ····················· 6, 41, 82
형태규범(metrical norm) ··· 111, 117
형태소(morpheme) ······················ 171
형태적 대응(formal correspondence)

·················· 99, 100, 130, 149
형태적 등가(formal equivalence) 103
형태중심(form-focused) ············ 138
화용적 등가(pragmatic/dynamic
    equivalence) ······················ 103
화용적 지식(pragmatic knowledge)
  ·· 26
확장(amplification) ···················· 132
회의 통역(conference interpretation)

······························· 181, 182
효과 중심(appellative-focused) ·· 138
효과의 등가(effect equivalence) 103
효과중심(operative) ··················· 138
효과중심텍스트유형(operative
    text type) ······························· 127
효용(benefit) ·························· 26, 27
휴지(pause) ································· 194

인명 찾아보기

정호정 ······ 58, 122, 204, 206, 208
최정화 ·· 191
Alpert ·· 159
Baker ·· 10, 83, 104, 117, 118, 119
Bakker, Koster & Leuven-Zwart
  ·· 175
Bassnet ··· 155
Bassnett ··· 70
Blum-Kulka & Levenston ········ 118
Catford ············ 99, 100, 168, 172
Cheong ···················· 87, 107, 118
Chesterman ······················· 3, 120
Cicero ·· 70
Coseriu ······························· 75, 76
Dejean ····························· 133, 191

Delisle ································ 99, 201
Dries ·· 215
Durieux ······································· 201
Even-Zohar ··································· 3
Ferdinand de Saussure ··············· 76
Fillmore ······························· 92, 96
Gile ·· 192
Gliozzo ································ 89, 91
Grice ···································· 22, 27
Gutt ·· 14,
  22, 26, 34, 82, 87, 88, 89, 128,
  151
Hatim ·························· 26, 34, 171
Hickey ·· 78
Holmes ······························ 144, 146

House …… 151
Humboldt …… 73
Hurtado-Albir …… 3
Hussein …… 11
Jakobson …… 147, 155
Kade …… 101, 169
Koster & Leuven-Zwart …… 168
Kußmaul …… 49, 50, 94, 164
Köller …… 3, 103, 104
Lasswell …… 18, 160
Lederer …… 36, 37, 46, 49, 50, 51, 133, 135
Lörscher …… 160
Luther …… 71
Mason …… 64, 139, 201
Merkel …… 45
Miller …… 189, 190
Munday …… 70, 71, 104, 113, 116, 138
Neubert & Shreve …… 104
Newmark …… 18, 70, 104, 148, 149, 200
Nida …… 3, 18, 41, 100, 131, 149
Nida & Taber …… 36, 82, 100, 130, 131, 132, 149
Nord …… 19, 20, 21, 49, 50, 113, 128, 140, 151, 161, 162, 163, 164, 200

Popovič …… 168
Pym & Turk …… 72, 73, 75
Reiss …… 128, 137, 138, 151, 154
Reiss & Vermeer …… 104, 113, 128, 151
Ryle …… 158
Hussein …… 10
Saussure …… 77, 82
Schank & Abelson …… 93
Schleiermacher …… 73, 176
Seleskovitch …… 3, 36, 51, 62, 63, 105, 133
Shama'a …… 119
Shlesinger …… 118
Shuttleworth & Cowie …… 215, 216
skopos …… 137
Sperber & Wilson …… 34
St. Jerome …… 70, 71
Steiner …… 70
Störig …… 71
Thiery …… 191
Toury …… 3, 113, 114, 115, 116, 117, 118, 119, 120, 146
Trier …… 89
Vanderauwera …… 118, 119
Vassilyev …… 89
Venuti …… 176, 177
Vermeer …… 3

Vinay & Darbelnet ········· 172, 175
von Wright ···························· 20
Benjamin ······························· 72
Wen-li ·································· 95
Wilhelm von Humboldt ············ 73
Wilss ······················ 158, 159, 160